数字图书馆发展研究

王芬林 吴 晓 著

國家圖書館出版社

图书在版编目（CIP）数据

数字图书馆发展研究／王芬林，吴晓著. —北京：国家图书馆出版社，2012.7

ISBN 978－7－5013－4808－4

Ⅰ.①数… Ⅱ.①王… ②吴… Ⅲ.①数字图书馆—发展—研究 Ⅳ.①G250.76

中国版本图书馆 CIP 数据核字（2012）第 140154 号

责任编辑：高爽

书名	数字图书馆发展研究
著者	王芬林　吴　晓　著

出版　国家图书馆出版社（原北京图书馆出版社）

（100034 北京市西城区文津街 7 号）

发行　010 － 66139745　66151313　66175620　66126153

66174391（传真）　　66126156（门市部）

E－mail　btsfxb@ nlc. gov. cn（邮购）

Website　www. nlcpress. com→投稿中心

经销　新华书店

印刷　北京佳顺印务有限公司

开本　710×1000（毫米）　1/16

印张　16.75

字数　300 千字

版次　2012 年 7 月第 1 版　2012 年 7 月第 1 次印刷

书号　ISBN 978－7－5013－4808－4

定价　62.00 元

对数字图书馆的系统思考与研究

——写在王芬林系列成果出版之际

七年理学教育背景，十年科技情报从业经历，十二年数字图书馆建设实践，期间直接参与了全国文化信息资源共享工程从无到有发展跨越的全过程，长期的知识积累、工作实践和思考研究，终于结出硕果，王芬林女士将她的两部系列专著《数字图书馆发展研究》和《数字图书馆实践思考——文化共享工程的发展与创新之路》摆到了世人面前。

由于是校友，也因为近年来承担了与文化共享工程相关的多项课题，我对王芬林女士是熟悉的。十六岁被北京大学录取，称得上是同龄人中的佼佼者；二十二年的专业实践，芬林女士在工作中积累，在实践中思考，并随时把实践和思考的结果记录下来，积少成多，集腋成裘，自然是不发则已，一发便是成体系的系列化成果。她的思考和研究不是偶发的、随意的，而是有计划、有步骤，从梳理数字图书馆的发展开始，到思考数字图书馆的建设实践，相信将来在该领域还会有进一步的拓展和延伸。

《数字图书馆发展研究》是芬林女士系列成果中的基础性著述，阐述了她对数字图书馆基本概念、基本原理、发展历程、国内外现状的理解和认识，体现了她在数字图书馆方面的深厚积累。介绍数字图书馆基本知识和原理的书很多，作为一本专著，"规定动作"在所难免。在浏览书稿时，我特别关注了作者对数字图书馆建设的独到思考。数字图书馆成功的要素是什么？怎样对数字图书馆进行评价？这是作者重点思考的问题。"认识决定成败"，数字图书馆不是传统图书馆信息化的代名词，不能把数字图书馆理解为一个信息化工程、项目或一个数字资源库。数字图书馆服务以网络为依托，应用的是网络技术，使用的是网络资源，参与的是网络群体，服务的是网络社会，实质上是一个整合、组织和利用各类网络资源的知识服务系统。作者提出的如上思考，给了数字图书馆以更多的人文关怀和社会性解读，新颖独到，令人深思，说明作者在理解和认识的过程中，同时也在思考、在批判、在升华。作者还较为系统地梳理总结了美国、英国、法国、日本、俄罗斯等主要国家的数字图书馆发展状况，一方面帮助读者了解数字图书馆建设在全球的发展；另一方面也体现了作者的开阔视野,全面、系统、客观地审视了中国数字图书馆发展的水平和能力。

《数字图书馆实践思考——文化共享工程的发展与创新之路》,则把文化共享工程作为数字图书馆的一个实践案例,探讨数字图书馆建设中遇到的实际问题。文化共享工程和数字图书馆的交汇点在哪里?作者的一个基本观点回答了这一问题:文化共享工程是数字图书馆在文化信息资源服务中的实际应用,是服务型数字图书馆。这意味着什么?意味着文化共享工程不是一个立足于突破数字图书馆前沿技术的项目,而是一个以提供资源、服务基层、服务群众为目标的工程。因此,文化共享工程建设的重点围绕资源建设和提供而展开:怎样规划和建设资源,怎样传输资源,怎样利用资源开展服务,怎样保证资源利用的合法性,怎样评价资源利用和服务开展的效果,等等。这些内容是该书探讨的主要内容。十多年来,芬林女士亲历了文化共享工程从筹备到启动到今天实现全国广覆盖的全过程。书中总结的经验、概述的模式、剖析的问题、提出的对策,都明显地体现了她在实践中总结反思、在领悟中提升发展、在理论指导下升华完善的特点。

由于职业和研究方向的缘故,我一直比较关注文化共享工程在基层公共图书馆建设和发展中发挥的重要作用。在许多场合我表达过一个观点:文化共享工程带动和促进我国基层公共图书馆数字化、网络化事业实现跨越式发展。十多年前,我国基层,特别是中西部经济欠发达地区的基层公共图书馆,数字化、网络化几乎是一片空白。文化共享工程的资金、设备、资源、技术、人才培训,让我国基层公共图书馆迅速具备了数字资源提供能力和远程服务能力,图书馆的现代化水平迅速提高。今天,公共图书馆的数字化、网络化水平在所有公共文化服务机构中走在前列,与这些年来文化共享工程的实施以基层公共图书馆为主要依托密切相关。作者在书中总结概括的文化共享工程数字资源建设与整合的方式、数字资源的传输手段和多样化的地方传输模式、数字资源的服务模式和服务成效、数字资源建设的知识产权保护实践、文化共享工程的绩效考核体系,都是以基层公共图书馆为主要阵地创造和实现的。这又从另一角度印证了作者提出的基本观点:文化共享工程就是服务型的数字图书馆。

芬林女士在书中对文化共享工程建设服务型数字图书馆的实践作了全面的总结、分析、提炼和探究,对中国其他的文化惠民工程、信息化工程以及他国的信息化项目建设均具有借鉴意义。文化共享工程是中国政府在信息时代缩小数字鸿沟、消除知识差距、保障人民基本知识和信息权利的创举。放眼当今世界,各国政府面对信息时代的挑战,不约而同地都在实施一些政府主导或引导的信息化项目,以期缩小数字鸿沟，弥合知识差距。发达国家如美国的"社区科技中心计划（Community Technology Centers Program）"、英国的"学习资料数字化和学习型社区网络（Digitisation for Learning Materials and the Community Grids for Learning）"；发展中国家如印度的"数字农村（Digital Village）"和"墙上之窗（A Hole in the Wall）"项目、智利的"图书馆网络（Biblioredes：Abretu Mundo）"项目、南非的"数字之门（Digital Doorway）"项目等。但像中国政府实施文化共享工程这样大规模的政府项目，在全国范围内把计算机公共接入点大规模地延伸到社区乡村，通过计算机网络把知识和信息送到老百姓身边，如此创举在当今世界堪称举世无双。因此，以国际视野来研究文化共享工程，向世界推广文化共享工程在保障公众知识和信息权利方面取得的实际成效，也应是未来文化共享工程研究的重要任务之一。

党的十七届六中全会提出了建设社会主义文化强国的宏伟目标。基本建立覆盖全社会的公共文化服务体系、努力实现基本公共文化服务均等化，是文化强国战略对公共文化提出的明确要求。覆盖全社会的公共文化服务体系，必须以互为补充、相辅相成的固定设施体系、流动服务体系和数字传播体系为载体。文化共享工程作为我国的一项重大文化惠民工程，在公共数字文化体系建设中，如何发挥主导作用真正实现文化信息资源的共建、共享和共用；"云技术"怎样为文化共享工程提供更好的技术支撑；等等，都是新时期文化共享工程面临的新任务，也是迫切需要进一步研究的新课题。希望能不断看到芬林女士新的研究成果。

北京大学教授　李国新
2012 年 7 月

目　　录

1 数字图书馆的定义

随着现代信息技术的飞速发展,以及图书馆和其他相关信息服务机构在数字化服务方面的长期积累和投入,数字图书馆的理念已逐步深入人心,为普通大众所接受。但是,关于什么是数字图书馆,它涉及多大的范围和领域,具体提供什么样的服务,这些问题却因人而异,有着不同的答案。这一方面是由于数字图书馆这一概念还没有形成普遍认可的定义,特别是它所具备的显著的跨学科特征,使得其在所跨学科的每一领域内都有自己具体的特点、要求和问题,从而使得这一定义本身就很难准确限定;另一方面,则是由于数字图书馆的理论定义与工程建设中的实际情况往往又存在一些差异和冲突,使得人们在现实生活中往往陷入困惑。因此,我们将在引入多种数字图书馆概念定义的同时,通过多种角度来解释和说明数字图书馆的概念,为读者理解数字图书馆在信息化背景下的发展奠定基础。

1.1 最早关于数字图书馆的描述

现今公认的最早的关于数字图书馆的描述是范内瓦·布什(Vannevar Bush)于 1945 年 7 月在《大西洋月刊》所发表的《诚如所思》(As We May Think)中提到的 Memex[1]。文中通过对 Memex 的功能性描述,反映了 20 世纪 50 年代人类对于数字图书馆的理想设计。其中关于 Memex 说明的章节内容如下:

Consider a future device for individual use, which is a sort of mechanized private file and library. It needs a name, and to coin one at random, "memex" will do. A memex is a device in which an individual stores all his books, records, and communications, and which is mechanized so that it may be consulted with exceeding speed and flexibility. It is an enlarged intimate supplement to his memory.

It consists of a desk, and while it can presumably be operated from a distance, it is primarily the piece of furniture at which he works. On the top are slanting translucent screens, on which material can be projected for convenient reading. There is a keyboard, and sets of buttons and levers. Otherwise it looks like an ordinary desk.

In one end is the stored material. The matter of bulk is well taken care of by improved microfilm. Only a small part of the interior of the memex is devoted to storage, the rest to mechanism. Yet if the user inserted 5000 pages of material a day it would take him hundreds of years to fill the repository, so he can be profligate and enter material freely.

Most of the memex contents are purchased on microfilm ready for insertion. Books of all sorts, pictures, current periodicals, newspapers, are thus obtained and dropped into place. Business correspondence takes the same path. And there is provision for direct entry. On the top of the memex is a transparent platen. On this are placed longhand notes, photographs, memoranda, all sort of things. When one is in place, the depression of a lever causes it to be photographed onto the next blank space in a section of the memex film, dry photography being employed.

There is, of course, provision for consultation of the record by the usual scheme of indexing. If the user wishes to consult a certain book, he taps its code on the keyboard, and the title page of the book promptly appears before him, projected onto one of his viewing positions. Frequently-used codes are mnemonic, so that he seldom consults his code book; but when he does, a single tap of a key projects it for his use. Moreover, he has supplemental levers. On deflecting one of these levers to the right he runs through the book before him, each page in turn being projected at a speed which just allows a recognizing glance at each. If he deflects it further to the right, he steps through the book 10 pages at a time; still further at 100 pages at a time. Deflection to the left gives him the same control backwards.

A special button transfers him immediately to the first page of the index. Any given book of his library can thus be called up and consulted with far greater facility than if it were taken from a shelf. As he has several projection positions, he can leave one item in position while he calls up another. He can add marginal notes and comments, taking advantage of one possible type of dry photography, and it could even be arranged so that he can do this by a stylus scheme, such as is now employed in the telautograph seen in railroad waiting

rooms, just as though he had the physical page before him. ①
上述文字的大致意思是:

考虑一下未来个人使用的设备,它将是一个机械化的个人图书馆。它需要一个名字提醒人们注意,"MEMEX"就可以。MEMEX 是这样一种机械化设备,人们可以在其中存储他所有的书、记录和信件,同时可以很高的速度和极强的灵活性完成检索。作为辅助设备,它是人脑的无限扩大。

它由一张桌子构成,大概可以远距离操作。桌子上有一个倾斜的半透明的屏幕,资料可以投影到上面进行阅读。还有一个键盘,一系列按钮和把手。除此以外,它就是一张普通的桌子。

它的一端是存储的材料。体积问题由于采用了改进的缩微胶片而得到很好的解决。MEMEX 内部只有很少一部分用于存储,其他的部分都是机械。即使用户每天塞进去 5000 页材料,也需要几百年才能把它的仓库填满。所以使用过程中完全可以挥霍一点,自由地填进去各种东西。

MEMEX 的大部分内容都是直接买来的,可以直接插入。各种书籍、图片、现行的期刊、报纸都可以这样得到并插入其中进行阅读。商业信函也可以用同样的方法,并且还备有直接输入的设备。桌子上有一个透明的平板,可以较长期地存放注释、注解、照片、备忘录等各种各样的材料。把材料放在上面,按下一个按钮就可以对它进行照相,并存到 MEMEX 的胶片库中下一个空白位置——这里就要用到干式照相。

这里当然也有用于咨询的记录,它们来自于日常的索引工作。如果用户想从一本书中查找资料,他只需在键盘上轻轻敲出这本书的代码,这本书的封面就会马上投射到他面前的一个浏览位置上。系统会记住经常使用的书的代码,这样他就不需要经常去翻代码本了。如果真的要去查代码本,只需轻轻敲一下键盘,这些代码就会投射出来供他查找。此外,他还有一个额外的游标可以使用。把这个游标拉到右边,这本书就在他面前一页页地投射出来,速度正好可以让人清晰地浏览每一页。再向右拉一点,浏览的速度就会变成每次 10 页,再搬过去一点还能以每次 100页的速度浏览。向左搬这个游标则能向后翻页。

还有一个键可以让用户直接回到索引的第一页。用户的图书馆中的每一本书都可以用这种方式调出来查看,并且要比从书架上查找方便得

---

① 引自 As We May Think 的第六章节,关于 memex 的内容主要参考第六及第七章节。

多。由于有多个投影位置，因此用户可以在调另一本书时把第一本书留在桌面上。利用干式照相的优势，用户可以在书边上加上注解和评论；当然也可以重新设计，比如可以像我们在火车站候车室里见到的自动电报机一样，使用刻写的方案，就如同面对真实的纸张一样。

从今天的角度来看 Memex 显得有些原始，并且从某些方面来看，还有些不尽合理之处，而且甚至不是一个数字化的系统——它是基于微缩胶片的，信息根本没有数字化。但是它所提出的数据压缩、信息加工保存、快速检索、屏幕与键盘结合的操作形态等对于日后的计算机及数字图书馆的发展都起到了重要的指导作用，因此被认为是数字图书馆最早的理论描述。

至于数字图书馆（Digital Library）一词的出现，则要推迟到 Memex 提出的 40 多年之后。现在较为认可的关于 Digital Library 最早的书面材料是 Robert E. Kahn 和 Vinton G. Cerf 在 1988 年 3 月发表的"The Digital Library Project Volume I：The World of Knowbots，（DRAFT）：An Open Architecture For a Digital Library System and a Plan For Its Development"。作者在文中对于数字图书馆的技术架构、应用和实施都做了详细的论述，是现代数字图书馆理论研究的最早文献之一。

1.2 数字图书馆概念的相关叙述

随着信息技术的快速发展，人们对于数字图书馆有了更为深入和广泛的认识与理解，并且由于出发点和落脚点的差异，对于数字图书馆的定义形成了许多不同说法，可以说是仁者见仁、智者见智。这里我们并不试图整合这些定义或明确支持其中的某一观点，而是摘录其中部分较有代表性的定义作为参考。

IFLA（国际图书馆协会联合会）关于数字图书馆的定义是：数字图书馆是高质量数字化馆藏的在线汇集，依据国际普遍接受的馆藏发展原则制作、收藏和管理，以协调统一和可持续的方式开放馆藏，并辅以必要的服务，使读者能够借阅和使用其资源[2]。

原文：A digital library is an online collection of digital objects，of assured quality，that are created or collected and managed according to internationally accepted principles for collection development and made accessible in a coherent and sustainable manner，supported by services necessary to allow users to retrieve and exploit the resources.

2001 年美国总统信息技术咨询委员会（PITAC，President's Information Technology Advisory Committee）报告《数字图书馆：获取人类知识的通用途径》中定

义："数字图书馆：获取人类知识的通用途径。所有公民在任何时间、任何地点都可以使用与互联网连接的数字设备，搜寻到所有人类知识。通过利用互联网，他们可以访问到由传统图书馆、博物馆、档案馆、大学院校、政府机构、专门组织，甚至世界各地的个人所创建的数字藏品。这些新的图书馆提供的是传统图书馆、博物馆、档案馆的馆藏资料的数字版本，其中包括文本、文件、视频、声音及图像。它们所提供的强大技术实现能力，使用户能够改善其查询功能，对查询结果进行分析，并且改变信息的形式以便交互。高速网络使各个不同数字图书馆群的用户能够协同工作，对其各种发现相互进行交流，并使用仿真环境、科学遥感仪器、流式音频和视频。不管数字信息存放的物理位置在什么地方，先进的搜索软件都能找到，并及时提供给用户。在这样的美好前景中，任何教室、任何群体和个人都会与世界最大的知识资源近在咫尺。"

原文：All citizens anywhere anytime can use any Internet-connected digital device to search all of human knowledge. Via the Internet, they can access knowledge in digital collections created by traditional libraries, museums, archives, universities, government agencies, specialized organizations, and even individuals around the world. These new libraries offer digital versions of traditional library, museum, and archive holdings, including text, documents, video, sound, and images. But they also provide powerful new technological capabilities that enable users to refine their inquiries, analyze the results, and change the form of the information to interact with it, such as by turning statistical data into a graph and comparing it with other graphs, creating animated maps of wind currents over time, or exploring the shapes of molecules.

Very-high-speed networks enable groups of digital library users to work collaboratively, communicate with each other about their findings, and use simulation environments, remote scientific instruments, and streaming audio and video. No matter where the digital information resides physically, sophisticated search software can find it and present it to the user. In this vision, no classroom, group, or person is ever isolated from the world's greatest knowledge resources.[3]

Gary Marchionini 在其为《图书情报学百科全书》所写的"数字图书馆研究与发展"中指出，"数字图书馆是在不同群体中有不同意义的概念。对于工程和计算机科学群体而言，数字图书馆是一个管理结构化的多媒体数据的新型分布式数据库服务设施的隐喻。对于政治与商业群体而言,这个词代表一种新的世界情报资源与服务的市场。对未来派群体而言,数字图书馆代表着韦尔斯的'世界大脑'①的表现形式"。

原文:Digital library is a concept that has different meanings in different communities. To the engineering and computer science community, digital library is a metaphor for the new kinds of distributed data base services that manage unstructured multimedia data. To the political and business communities, the term represents a new marketplace for the world's information resources and services. To futurist communities, digital libraries represent the manifestation of Wells' World Brain. The perspective taken here is rooted in an information science tradition. [4]

数字图书馆的概念并不仅仅是一个有着信息管理工具的数字收藏的等价词,数字图书馆更是一个环境,它将收藏、服务和人带到一起以支持数据、信息,乃至知识的全部流程,包括从创造、传播、使用、到保存的全过程②。

美国研究图书馆协会(ARL)③归纳了流行的数字图书馆的各种定义中具有共性的五个要素:数字图书馆不是一个单一实体;数字图书馆需要链接许多信息资源的技术;多个数字图书馆及信息机构之间的链接对最终用户透明;全球范围存取数字图书馆与信息服务是一个目标;数字图书馆的收藏并不局限于文献的数字化替代品,还扩展到不能以印刷形式表示或传播的数字化人造品。

美国数字图书馆联盟(DLF)的定义是:数字图书馆是一个拥有专业人员等相关资源的组织,该组织对数字式资源进行挑选、组织、提供智能化存取、翻译、传播、保持其完整性和永存性等工作,从而使得这些数字式资源能够快速且经济地被特定的用户或群体所利用④。

康奈尔大学的名誉教授 William Y. Arms 在其专著 *Digital Libraries* 中对于数字图书馆的定义是:具有服务功能的整理过的信息收藏,其中信息以数字化格式存储并可通过网络存取。该定义的关键在于信息是整理过的。

---

① 世界大脑是英国科幻作家韦尔斯(H. G. Wells)在 1938 年的作品,描述了一个全新的、自由的、综合的、权威的和永久的"世界百科全书",也就是世界大脑,它能够帮助公众最有效地获得全球统一的信息资源,并进而推进世界和平。相关资料可参看 World Brain,或 Wikipedia 的世界大脑。http://en.wikipedia.org/wiki/World_Brain

② NSF"分布式知识工作环境"专题讨论会,1997

③ ARL(Association of Research Libraries)是一个在涉及美国以及加拿大的非营利性的研究型图书馆组织。相关内容可参考:http://www.arl.org/

④ 上述定义引自:李培.数字图书馆原理及应用.北京:高等教育出版社,2004

原文:a managed collection of distributed digital objects（contents）,and services（functionality）associated with the discovery,storage,retrieval,and preservation of those objects in a context of networks,specifically the Internet. ①

中国工程院院士高文关于数字图书馆的定义是:数字图书馆是以电子方式存储海量的多媒体信息并能对这些信息资源进行高效的操作,如插入、删除、修改、检索、提供访问接口的信息保护等。并且具有三个核心定位:数字图书馆应该是中国的一个国家数字文化平台;还应该是一个国家数字教育平台;也是一个国家数字资源中心[5]。

另外,国家图书馆还专门针对自身建设的国家数字图书馆工程给出了对应的定义:"国家数字图书馆是网络环境和数字环境下图书馆新的发展形态,是通过计算机技术、网络通信技术、多媒体技术等高新技术,搭建基于网络环境的资源建设系统平台,实现传统文献的数字化,及各类数字资源的组织、整合、管理和保存;是提供公共文化服务的全媒体服务平台;是面向专业机构和决策机构提供专业信息服务的学术性服务平台;是展示优秀中华文化、提升我国文化软实力的文化交流平台。"[6]

1.3　数字图书馆概念的理解

由于描述者角度、观点和方法的差异,上述数字图书馆的概念和定义也各有不同。有的倾向于将数字图书馆看作是一个宏观的信息聚合和服务体,如美国总统信息技术咨询委员会(PITAC)的报告;有的倾向于将其看作是一个具体的功能实体,如 IFLA 的定义;而有的则更加明确地界定为是现有服务体的延伸,如国家图书馆关于国家数字图书馆的定义。

但是无论哪种描述,都明确地显示出数字图书馆绝不仅仅是传统图书馆的数字化,而是在新的时代、新的背景下,全新的、信息化、数字化、网络化的知识管理和服务体。不过,这种理念性的说明在现实中还是会遇到一些问题。

首先,现代的图书馆工程建设中往往包含了大量的信息化建设工作,因此在建设方案中往往将图书馆建设与数字图书馆建设并提,最典型的就是国家图书馆二期工程和数字图书馆工程的建设。这就使得普通读者时常难以区分两者的关系与差别,因而常常认为数字图书馆是图书馆的一个功能组成,或者干脆将图书馆建筑信息化和业务流程的自动化看做是数字图书馆。

---

① Digital Libraries 的电子版可以参考:William Y. Arms 的个人主页. http://www. cs. cornell. edu/wya/ DigLib/

其次,由图书馆建设的数字图书馆工程往往既包括馆内环境建设,又包括数字资源服务,还包含馆内传统业务信息化改造等工作;而由网络信息服务商(如Google 等)建设的数字图书馆项目通常只有数字资源服务,而不存在场地和场馆信息化问题。即使都是数字资源服务,图书馆自主建设的数字图书馆和网络信息服务商提供的数字资源服务在服务内容、方式上也往往存在相当的差异。而这些都很难直接利用上述的数字图书馆的定义来区分。

数字图书馆的建设和发展本身就是一个循序渐进、逐步实现的过程,对于它的理解和认识也必然是一个逐步变化和完善的过程,并与当时社会经济环境、技术条件和人类认识水平直接相关。因此,在这个过程中就会出现一些阶段性的相关定义,如自动化图书馆,数字化图书馆,以及最新的云图书馆等。因此,下面我们将引入几个相关概念,来深入理解数字图书馆的内涵。

1.3.1 模拟与数字

数字图书馆产生的前提是数字技术的出现。而所谓的数字技术是与模拟技术相对应的概念。关于数字技术与模拟技术的关系,对于大多数民众来说,最容易理解的可能就是模拟电视和数字电视。从生活角度来说,模拟电视与数字电视的差别主要是通过增加一台数字机顶盒,增加了几十个甚至上百个频道,并具备了一定的交互功能。从技术角度来说,数字电视是指从节目的采集、录制到发射、传输、接收等所有环节中,都采用数字电视信号或对数字电视信号采用数字处理和调制的方法的电视系统。与之对应的模拟电视就是在上述环节中采用模拟技术的电视系统。总之,数字电视所使用的全部是数字数据,模拟电视使用的全部是模拟数据。

关于模拟数据,也称为模拟量,是相对于数字数据而言的,指的是取值范围是连续的变量或者数值。例如温度、压力,以及常见的电话、无线电和电视广播中的声音和图像。而书籍、报刊所承载的文字、图表、图片从本质上说也是一种模拟数据。

数字数据是模拟数据经量化处理后得到的离散的值,典型的就是计算机中用二进制代码表示的字符、图形、音频与视频数据。

对这两个概念更宽泛的理解就是,数据在数字化处理以前,全部可以认为是模拟的。数字化完成后就形成了数字数据,在今天的计算机里就成为 0 和 1 组成的离散代码,而且模拟数据和数字数据通过数/模转换技术能够实现相互转换。由于数字数据和模拟数据可以对应并相互转换。因此,理论上凡是模拟数据都可以用数字数据取代,反之也是如此。一个数据从采集、获取、保存、传输、复制、检索、再现等各个阶段都可以采用模拟技术或数字技术。也就是整个信息的所有状态都可以是模拟形式的,也可以是数字形式的。

将概念范围进一步扩大。我们在谈论数字技术营造的各种工作、生活和娱乐环境时,我们称之为虚拟世界。也就是将数字技术产生的世界与现实世界相对应,形成现实世界与虚拟世界,模拟与数字相对应的关系结构。

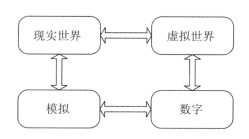

图 1-1　虚拟世界与现实世界的关系

虽然,从道理上来说数字技术所能做到的,在模拟条件下也可以做到。但是,在现有技术条件下,很多时候使用模拟技术的成本极高,甚至只能依赖数字技术才能实现。比如,天气预报的海量数值计算,如果不采用数字计算机,则其计算所需时间和人力成本将远远超出社会生活所能接受的范畴,而变得无意义。因此,在现实生活中,我们通常的解决方法就是:首先将现实世界的信息抽象后转换成数字数据,然后利用虚拟环境(虚拟世界)下的数字信息处理系统进行加工,得到有效的结果后,再从数字数据转换成模拟信号,供人们使用,从而服务于现实世界。正如下图 1-2 所示。

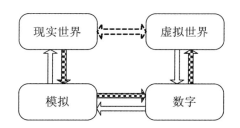

(注:这里只是简单的图示,在实际环境中,情况往往很复杂)

图 1-2　虚拟世界与现实世界的相互作用

比如现在的银行卡,首先是将我们手中的钱转化为数字信息,然后存储在银行建设的数字化体系中(一个银行系统的虚拟环境),人们通过各种终端设备联系这个数字化体系,使用自己所需的资金,而不需要再随身携带大量现金。不过,由于数字信息在传输、复制、加工和使用方面具备显著的优势,在数字环境下也必然产生一些现实环境难以出现的新规律、新联系和新生态,这些新的关联关系极大地促进其内部信息融合的同时,也会反映到现实世界当中,这既可能是一种新的便利,也可能是对现实世界的冲击。

总之,这种转化的本质就是利用不同技术手段的特点和优势,降低解决实际问题的难度和成本,从而推进社会发展。这种思路在生活中其实普遍存在,比如供电系统,在传输过程中会升高电压,以便降低传输过程中的能量损耗;在使用过程中又要降低电压以便适应人的需要,就是一种利用技术转换手段解决实际问题的办法。

将这种联系对应到图书馆领域。图书馆是一个信息收集、整理、保存和服务的机构,通过数字化技术就能够提高其信息收集、整理、保存和服务的能力,降低成本,同时创造一些新的服务手段,并最终方便用户使用。因此,我们可以将数字图书馆理解成为虚拟世界中的图书馆。

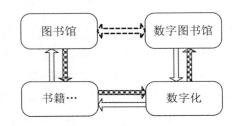

图 1-3　图书馆与数字图书馆的相互作用

因此,规划和建设数字图书馆就需要充分了解信息的数字化方法,以及如何利用信息技术构建"虚拟"的数字图书馆,同时也需要对整个"虚拟世界"的生态有着准确的把握。这就涉及另外两个概念,信息化和数字化。

1.3.2　信息化与数字化

信息化和数字化是信息时代下的两个重要概念,但是由于使用范围和角度的不同,两者有时差别显著,有时又是同一概念的不同表述。这里我们通过分析两者的内涵差异,来分析数字图书馆的信息化与数字化属性。

信息化一词最早是由日本学者梅棹忠夫(Tadao Umesao)在 1963 年发表的《信息产业论》中提出的,基本描述是:"信息化是指通讯现代化、计算机化和行为合理化的总称。"其后,信息化一词翻译后传到西方,于 70 年代被西方世界广泛使用,并传播到我国。在 1997 年召开的首届全国信息化工作会议上,将信息化和国家信息化定义为:"信息化是指培育、发展以智能化工具为代表的新的生产力并使之造福于社会的历史过程。国家信息化就是在国家统一规划和组织下,在农业、工业、科学技术、国防及社会生活各个方面应用现代信息技术,深入开发广泛利用信息资源,加速实现国家现代化进程。"实现信息化就要构筑和完善开发利用信息资源、建设国家信息网络、推进信息技术应用、发展信息技术和产业、培育信息化人才、制定和完善信息政策等六个要素的国家信息化体系。在《2006—2020 年国家信息化发展战略》中,对于信息化的描述是:"充分利用信息技术,开发利用信息资源,促进信息交流和知识共享,提高经济增长质量,推动经济社会发展转型的历史进程"。[7]

从中我们可以看出,信息化是一个进程,既是技术的进程,同时也是社会的进程[8]。它所包含的不仅仅是技术的变化和技术应用问题,更是一个社会利用现代科技发展和演进的过程;它所涉及的不仅仅是生产力的发展,更是生产关系、社会关系和人们思维的变革,关于信息化的研究必然要与社会的生产活动紧密联系。

数字化一词的起源现在还难以定论,但是尼葛洛庞帝(Negroponte)所写的《数字化生存》(*Being Digital*)①中所提到的数字化理念则是数字化一词被社会广泛接受和传播的重要节点。今天我们认为数字化就是将信息转变为可以度量的数字、数据,再以这些数字、数据建立起适当的数字化模型,把它们转变为一系列二进制代码,引入计算机内部,进行统一处理的过程。

这样的定义其实包含了两层含义:一、数字化首先需要将信息转化为数字形式;二、这样的数字信息,必须是可以统一处理的,必须能够被指定的体系所接受,并可查询、可修改、可分析。也就是说数字化是以服务于指定的系统为目标的,信息从模拟转化为数字形式,只是数字化的一个开头而不是全部。这样的概念看起来很明白的,但是在数字图书馆发展历程中,确实出现过对于数字化的错误理解——只是将信息转化为数字形式即告完成,而未能实现统一的处理。其结果就是耗费了大量精力和成本后,非但无法使用,还为日后的工作带来了巨大的历史包袱。

综上所述,信息化和数字化实质上是信息技术发展过程中的两个层面的论述。信息化关注的是社会转型过程中,技术、社会、人,以及生产力、生产关系、社会关系间联动与发展。数字化关注的则是如何将具体问题用数字技术来实现。

数字图书馆作为人类知识的重要载体和信息服务的关键节点,既是信息技术不断发展的产物,更是整个社会信息化潮流中的必然结果。没有整个社会的信息化变革,仅仅依靠技术上的转变,数字图书馆是无法生存和发展的;没有数字化的

---

① 《数字化生存》是由美国麻省理工学院教授尼葛洛庞帝写的关于未来学的书。此书的流行和传播对二十世纪信息时代的启蒙、发展产生了深远的影响,该书深入浅出地讲解了信息技术的基本概念、趋势和应用、巨大的价值和数字时代的宏伟蓝图,阐明了信息技术、互联网对时代和人们生活的影响和价值,是跨入数字化新世界的最佳指南。作者尼葛洛庞帝成为了信息技术投资和趋势分析领域的教父,他的知名度和因此带来的无形价值不可估量。

技术,数字图书馆则是无法实现的。因此,对于数字图书馆来说,它既是信息化的,也是数字化的。从发展的角度和宏观层面,更关注它的信息化定位和作用;从工程建设和具体工作角度来说,更关注它的数字技术手段。因此,研究数字图书馆的发展,首先要用信息化的思维方法来观察,然后用数字技术手段来衡量。当然,在具体的工程项目实践中,有时信息化和数字化是不具体区分的,往往将信息化看做是数字化工程的另一种表述。这需要人们在实践过程中稍加留意。

1.3.3　工业革命与信息革命

从人类历史发展角度来看,人类社会生产力的变革经历了农业生产、工业革命和信息革命(正在进行中)的三次主要发展阶段,并分别推动形成了农业社会、工业社会和信息社会(还处在发展形成阶段)三个社会形态。

图书馆形成于农业社会,在工业社会中获得了快速的发展和壮大,成为社会信息服务的关键节点。而数字图书馆则是在工业社会向信息社会过渡过程中,出现的全新的信息服务理念,它在利用现代信息技术改造传统图书馆信息服务方式的同时(注意不是改造图书馆),也深刻地融入到社会信息化进程中,成为信息社会的组成部分。

工业革命是人类历史上社会生产力解放的重大事件,以蒸汽机和电力电气化为代表的工业技术在极大地推动社会生产发展的同时,也改造了人类社会,形成与之相匹配的工业社会文明。工业社会中,一方面社会需要具备一定知识和技能的庞大的产业群体,另一方面现代印刷技术和出版发行行业的诞生使得书籍的广泛复制、传播和积累成为可能。在这样的背景下,传统图书馆得到了极大的发展,从农业社会里统治者的御用机构转化为工业社会下全民的公共设施,图书馆的社会服务职能显著提升。

信息革命发端于人类社会的第三次浪潮[①],并进而形成席卷全球的生产和社会变革。正如 2000 年 G8 峰会上谈到信息革命时指出的:"信息技术是影响 21 世纪发展的最强劲的驱动力量。它不仅对人们生活、学习和工作的方式产生了极为深刻的影响,而且也对政府与公民社会互动的传统方式构成冲击。它正在迅速成

---

　　① 　美国未来学家阿尔文·托夫勒于(Alvin Toffler)1980 年正式提出"第三次浪潮"概念,并在《第三次浪潮》(The Third Wave)一书中详细地阐明了他的观点。托夫勒把人类历史上开始发展农业、建立封建制度称为"第一次浪潮",把产业革命、建立资本主义制度称为"第二次浪潮"。托夫勒进一步指出:人类社会正在经历着一场最深刻的大变革,它在几十年的时间就可以波及全球,这就是第三次浪潮。在书中,托夫勒预见的未来是:跨国企业将盛行;电脑发明使 SOHO(在家工作)成为可能;人们将摆脱朝九晚五工作的桎梏;核心家庭的瓦解;DIY(自己动手做)运动的兴起……而这些预言如今大多已成为了现实。

为世界经济增长的重要引擎。"①相对于工业社会,信息革命给新的社会带来以下方面的重要改变:①互联网成为信息时代下最主要和最基本的信息载体,互联网不仅仅超越了传统媒介成为最具竞争力的第四媒体,更重要的是它逐步成为各种政治、经济、社会、文化活动的交流平台,将整个世界联系在一起;②社会生产业务流程实现网络化和数字化,数字化技术和网络化管理使得全社会的生产力水平大为提高,经过不断的信息化发展,社会生产、政府管理、企业组织等都已步入甚至完成了流程管理的数字化和网络化,电子政务(e-Government)、电子商务(e-Commerce)、企业资源计划(ERP)正是这一过程的具体体现;③宏观管理与微观操作深入结合,在工业社会条件下,机构通过层层组织来完成社会生产活动,高层关注于宏观管理,基层关注于细节的微观活动,两者间通过中间层的汇总和传达实现沟通,而在信息时代下,社会生产的网络化和数字化,使得所有的生产活动都能详细记录并可查,所有的统计都可以自动完成并提交,高层可以直接看到微观操作的行为,基层也可以更为直接地了解到全局的动向,社会整体的宏观与微观结合更加深入;④知识经济和网络经济成为社会发展强大动力,互联网的普及和社会生产的网络化,使得基于互联网的经济发展成为可能,网络购物、网上交易、社会网络等网络下的经济形态成为社会发展新动力,巨大的网络信息和长期积累的业务数据使得以信息技术为基础的知识经济成为社会发展的必然需求;⑤网络为社会生产生活提供了无限的创新平台,网络的发展,使之成为人类社会交往、知识传播、生产协作和管理互动的交流平台,网络的快捷和跨时空性使得新思路、新方法、新理念不断诞生,持续地冲击着人们的传统理念,成为社会创新的基础平台。

数字图书馆正是应对这一变革的产物。上述的五个关键改变对于数字图书馆的产生和定位都起了重要的作用。作为网络时代下的知识服务体,数字图书馆以信息技术为基础,通过数字化和网络化的手段将人类信息资源进行重新组织和加工,形成新的信息和知识服务方式,并通过互联网为全社会提供服务。它远远不是传统图书馆业务的数字化形式,它所关注的不是如何管理和使用好书籍,而是以知识经济和网络经济为内涵的,以知识服务为目标的,依托于互联网而生存发展的文化传播和服务的平台,是网络时代下的全民的文化设施。

---

① 原文:Information and Communications Technology (IT) is one of the most potent forces in shaping the twenty-first century. Its revolutionary impact affects the way people live, learn and work and the way government interacts with civil society. IT is fast becoming a vital engine of growth for the world economy. It is also enabling many enterprising individuals, firms and communities, in all parts of the globe, to address economic and social challenges with greater efficiency and imagination. Enormous opportunities are there to be seized and shared by us all. Okinawa Charter on Global Information Society(全球信息社会冲绳宪章). http://en. g8russia. ru/g8/history/okinawa2000/3/index-print. html.

1.3.4　与传统图书馆的差别

上述三对概念所描述的正是数字图书馆建设和发展中所需面对和关注的几个根本问题。从这三个角度出发,我们可以得出以下的关于数字图书馆的理解,即:数字图书馆是以信息化思路为核心建设理念,以数字化服务为主要手段的网络信息服务体。它诞生于工业社会向信息社会转型的时期,并将在信息社会中承担重要的信息和知识服务功能。

首先,数字图书馆的服务内容,也就是信息本身以及信息服务必须是数字化的,而不仅仅是传统纸质书籍和借还书业务。这就意味着数字资源的收集和整理将是数字图书馆一切活动的前提,而基于传统介质的业务数字化改造,如 RFID、自助借还书系统、网络订阅和催还等服务虽然也是信息技术应用成果,但它们都不属于数字图书馆的业务范围。

其次,数字图书馆的建设和服务理念必须是以信息化思路为先导的,而不是试图将现有图书馆业务通过数字化形式来展现。虽然数字图书馆起源于人们对于图书馆传统业务的改造,是图书馆在数字环境下的一种再现。但是,数字世界有其自身的规律和特点,人们建设数字图书馆就是要严格遵循信息时代的规则,而不是因循守旧于传统业务。比如在数字服务中使用"册"数来约束用户并发数量,虽然看起来是版权问题,但实质是传统业务理念和业务思维的制约所致,与信息化的思路格格不入。

最后,在工业社会向信息社会转型过程中,数字图书馆也处在不断发展变化的状态中,并随着整个社会信息化的进步而进步。数字图书馆的建设离不开其所处的社会信息化背景,不可能超越这一时代环境,直接实现理论上理想的知识服务。这主要不是技术层面的问题,而是涉及整个社会经济生活与人们行为和思维习惯。

为了更好地理解这些因素,我们将从信息载体、业务模式、技术应用和与读者关系等四个角度来分析数字图书馆与传统纸媒介图书馆的不同。在分析之前,我们先对传统图书馆做个界定,这里传统图书馆不是说没有使用信息技术,而是说它的核心业务是以印本书籍为中心的,为了保证这种业务的开展,自动化技术和网络技术的应用都是可能的。

（1）信息载体的差别

传统图书馆与数字图书馆在信息载体也就是介质上的差别是非常直观的,传统图书馆的书刊、杂志依托于纸张,微缩图像依托于胶片,录音录像带依托于磁带。数字图书馆的信息则存在于各种电脑和服务器之中,并以磁盘等形式保存。

如果抛开这些载体介质在形态上的差别,我们可以看到数字图书馆与传统图书馆间更为深刻的差别,那就是信息与介质间的联系。

传统图书馆的信息与介质是紧密联系不可分割的。一个信息会严格地对应到一个介质或介质分段。比如，书中的一个引人入胜的故事，它一定存在于某一本或薄或厚的纸质书中，而且这个对应关系是确定的，甚至可以是唯一的（不考虑副本，或者将副本看做是另一种对应）。即使是一些电子化或光学处理的馆藏也是如此，磁带、胶片这些电磁和光学材料中所包含的信息也是与确定的磁带和胶片相对应的。正是由于这种一一对应的关系，才使得图书馆的馆藏对于它而言极有价值，也使得介质的长期保存成为图书馆的一项重要工作。

数字图书馆的信息与介质则不需要明确对应关系，甚至可能无法确定这种物理上的对应关系。数字信息本质来说就是一段 0 和 1 的数字流。存储介质无论是磁介质的磁盘，还是电介质的固态存储等，他们的每一个存储区段是没有分别的。同一段信息可以存储在介质的任何一个位置，而这个介质可能在一起，也可能远隔万里，对于信息管理来说只要能索引到这些数据就可以了，而不是必须将数据汇聚到指定的位置。我们将这种特点称为"信息与载体的分离"。这种信息与载体分离的特点正是数字技术的巨大优势所在，它使得信息的快速复制和传播成为可能。同时对于数字资源的保存提出了不同以往的新挑战。

（2）业务模式的差别

传统图书馆是以图书馆管理业务为核心的，也就是图书的采集、编辑、典藏和流通等工作，对于读者而言就是图书的借阅还。

数字图书馆的所有资源都是数字化的，并且介质与内容实现了"分离"，因此可以不存在任何实体物质的流通与交换，所有的业务活动都以数字化和网络化的形式进行；利用检索技术用户可以直接寻找所关心的信息，而不是根据层层分类去查找、翻阅；数字图书馆利用信息技术可以自动将信息进行汇总和整理，形成可供用户使用的信息结构，而不仅仅是传统的编目结构。

当然，信息化潮流给数字图书馆带来的变革远远不只是图书馆内部数据形式和业务流程的变化。信息化在改变图书馆业务流程的同时，极大地改变了图书、报刊的编辑、出版、发行、流通、消费和阅读等各个阶段。也就是说信息化已经或正在深刻地改变着传统图书馆的上游图书的出版发行行业、下游的用户使用以及整个信息服务的生态环境。信息化的发展将打破传统出版、发行、流通、图书馆之间的层层壁垒，使得整个行业链条出现重新整合甚至是融合，数字图书馆因此不会仅仅是图书馆人的信息化项目，任何握有数据信息的机构，甚至是握有信息处理技术的公司和组织都能建设自己的数字图书馆，而且其服务效果可能更好。

（3）技术应用的差别

技术应用的显著差异是人们对于数字图书馆与传统图书馆的第一感觉，也是最直观的认识。在普通读者眼中往往将一排排放满书籍的书架看做是传统图书馆的标志特征，而将一行行的机柜和终端电脑视为数字图书馆的标志。因此，将新技术作为传统图书馆与数字图书馆的核心差别。但是，通过前面的分析我们可以看出。这样的区分实际是将图书馆信息化与数字图书馆的概念进行了混淆，忽略或者完全没有关注到两者间的根本差异。

在我们看来，传统图书馆与数字图书馆在技术应用上存在着根本的差异，这一差异不是书架与电脑的差异，而是应用目标的差异。传统图书馆技术应用的目标是辅助并提高传统业务效率，而数字图书馆技术应用的目标则是根据社会信息化的发展，利用信息技术重新组织和提供信息服务。也就是说传统图书馆的技术应用所针对的目标是图书馆的图书业务，数字图书馆技术应用针对的目标则是信息本身。因此，尽管两者都会用到同样的计算机、同样的存储、同样的网络，以及同样的终端，但是他们的服务目标和内容是不同的。

传统图书馆技术应用主要是加强业务管理和提高书籍流通效率，通常会涉及OA、财务管理、流通管理、设备管理等多个方面，在规模较大的图书馆里这类技术应用甚至是非常复杂的，比如图书的自助借还书系统、图书的 RFID 系统，以及手机借还书业务等。但是由于这些系统所针对的都是传统图书馆业务管理的信息化，其所管理的基本信息仍然是书籍。

数字图书馆的技术应用则是以知识的组织和服务为核心，其关注的是知识和信息。其技术应用方向主要集中在大规模数据组织、海量信息分析和检索、大用户并发访问、知识和信息抽取机制等数据操作和管理层面，呈现出极强的技术化倾向，传统的业务和服务逻辑将相对弱化。而这将导致未来的数字图书馆向少数几个大型的数据管理机构集中，小型数字图书馆一般只是这类机构的一个映射而已。

（4）与读者关系的差别

信息技术带给数字图书馆的变化不仅仅是前面所说的三个技术和业务差别，更为重要和关键的是数字图书馆的发展将改变"图书馆"与读者间的关系。

传统理念中，图书馆是一个专业的服务机构，读者是单纯的用户。图书馆拥有庞大的信息和知识，具备完善的服务能力，能够提供专业化的服务。读者就是用户，来到图书馆就是查找信息、接受服务。两者是一种明确的服务与被服务的关系。

但是数字图书馆却远不仅是如此。数字图书馆加强资源汇聚、改造业务模式、提升服务能力只是其技术应用的基本目标。在互联网环境下，人与人的沟通变得异常简单和方便，原有的社会组织关系将被突破，新的以网络为渠道的人际和社会关系将逐步建立。利用网络可以极大聚集公众的信息与力量，汇聚整个社会的知识与财富。在这样的社会环境中,数字图书馆将从单纯的服务机构向服务平台演化,读者将由单纯的用户向信息社会的参与者与建设者转变。数字图书馆既是社会信息化变革的成果,也是这一变革的动力,从根本上推动人类的社会发展。

关于数字图书馆与传统图书馆的差异,还有一种更为简洁的观点,那就是"数字图书馆非图书馆"[9]。根据这一观点,"数字图书馆"这一名称是由英文"Digital Library"直译而来,其本意强调的是"Library"作为"库"的概念,而不是"图书馆",只是由于人们已经习惯于将其翻译为"数字图书馆"而沿用至今[10]。"数字图书馆之所以被称为数字'图书馆',更多的可能只是一种借用和比喻,象征它在存储知识、传播知识方面具有与传统图书馆类似的功能和作用,而并未确定其属于传统意义上的图书馆之列。"[11]

这一观点与前述内容中关于数字图书馆的定位与认识在核心观点上并无本质差异,但是鉴于我国现阶段数字图书馆建设常常与传统图书馆高度结合的现状,我们并不刻意强调这种"馆"与"库"的名称差异,而更关注他们在具体发展和运行上的实际差异。

参考文献

[1] Vannevar Bush. As We May Think. The Atlantic Monthly,1945(7)

[2] IFLA/UNESCO Manifesto for Digital Libraries. Manifesto endorsed by the 36th session of the General Conference of UNESCO. http://www. ifla. org/publications/iflaunesco-manifesto-for-digital-libraries

[3] Report to the President on Digital Libraries:Universal Access to Human Knowledge. http://www. nitrd. gov/Pubs/pitac/index. html

[4] Gary Marchionini. Research and Development in Digital Libraries. http://ils. unc. edu/ ~ march/digital_library_R_and_D. html

[5] 高文. 数字图书馆概念与挑战. http://www. ccnt. com/library/luntan/gao/gao1. htm

[6] 国家图书馆数字图书馆推广工程宣传项目中关于数字图书馆的定义. http://tg. nlc. gov. cn/main/gcjs_1/201108/t20110818_47872. htm

[7] http://www. gov. cn/jrzg/2006 - 05/08/content_275560. htm

[8] 科学技术部国际合作司编译. 知识社会——信息技术促进可持续发展. 北京:机械工业出版社,1999

[9] 陈源蒸. 数字图书馆非图书馆. 大学图书馆学报,2005(4)

[10] 高文,刘峰,黄铁军. 数字图书馆:原理与技术实现. 北京:清华大学出版社,2000

[11] 徐引篪,黄颖. 数字图书馆建设中的公私合作模式. 中国图书馆学报,2003(3)

2 信息革命的影响

今天我们谈到信息革命通常是指 20 世纪 70 年代以来，由计算机普及所引发的现代信息技术革命。但是就人类发展史来看，信息技术的变革却不仅于此。应该说人类历史上已经经历过两次重大的信息技术方面变革，分别诞生了纸张与印刷术，电报和电话以及电视。这两次重大的信息技术变革对于传播和保存人类知识、促进人类社会的信息交流、推动整个人类社会的发展和进步都有着重大而深远的意义，并且它们都具有显著的技术革命特征。但是，就其对经济社会发展、人类社会关系及社会结构的影响而言，这两次技术变革与当代以现代信息技术为基础的信息革命在性质上还有相当的不同。其原因在于，这些技术发明和进步主要以塑造新的传播方式或形成和带动相关行业为主，尚达不到产业革命的水平，更没能成为社会变革的直接动力，与人类社会发展史上的农业革命和工业革命这样里程碑式的社会变革还有显著差距。

当代信息革命则是以信息技术产业发展和社会整体信息化转变为特征的，是全面涵盖整个社会的政治、经济、军事、文化的系统性变革。它的发展正在推动人类社会由工业社会向信息社会转变。正如联合国在 2000 年召开的千年首脑会议中所确认的："信息与通信技术在创造一个以知识为基础的全球经济方面占有中心地位，在促进经济增长、可持续发展及消除发展中国家和经济转型国家的贫穷并帮助他们有效地融入全球经济方面有着非常重要的作用。"①从而肯定了以信息技术为代表的信息革命对于整个人类社会发展的重要意义。

信息革命对于政治的影响表现为：一方面，信息化加强了政府的治理能力。通过信息化既可以提高政府行政效率和管理水平，更能够加强与群众的联系与沟通，

---

① 原文："We recognize a wide consensus that information and communication technologies (ICT) are central to the creation of the emerging global knowledge based economy and can play an important role in accelerating growth, in promoting sustainable development and eradicating poverty in developing countries as well as countries with economies in transition and in facilitating their effective integration into the global economy." Development and international cooperation in the twenty-first century: the role of information technology in the context of a knowledge-based global economy. 5 – 7 July 2000. http://www.un.org/documents/ecosoc/docs/2000/e2000 – l9.pdf

成为党和政府联系群众的重要纽带①;另一方面,由互联网所产生的新的信息传播和政治运用能力催生了新的政治力量,从而对原有体制形成冲击,2011 年由突尼斯爆发的阿拉伯世界的革命浪潮就显现出了网络媒介在政治领域的重大影响力;同时,信息鸿沟和信息化差距也将进一步加深国际间的关系壁垒,国际社会间的南北差距将更加显著。

信息革命对于经济的影响表现为:信息技术直接参与到社会生产之中,在提升生产效率的同时,也改造了产业结构和产业关系,生产社会化程度进一步提高;信息技术极大地推动了经济全球化的发展,生产资料在全球范围内的优化配置得以实现,我国入世以来经济的快速腾飞正是得益于这一进步;另外,信息技术在改造生产的同时,也改造了经济生活,人们的消费行为、消费方式,乃至生活方式迅速与网络相融合,成为社会生活的又一重要潮流。

军事领域始终是信息技术应用的最前沿阵地。信息技术对于军事来说不仅仅是效率,更关乎胜败和生死存亡。因此,信息革命的最早体现往往集中在军事领域。早在 1990 年的海湾战争时期,美军依托全面的信息化装备实现了"以少打多"、定点攻击、导弹打导弹等近乎表演式的战争行动,就使全世界深刻地意识到了信息化战争的巨大威力。今天的军事信息革命已深入到了全面改造整个军事领域的程度,形成了信息战、信息化战场、信息化指挥、信息化后勤的全面军事信息化,一个失去战场信息化控制权的部队已经不可能成为战场上的胜利者。自春秋战国以来的"十则围之,五则攻之,倍则战之"②的战争准则,在信息化战争面前已完全改变。

信息革命对于社会文化的影响同样深远。2000 年,在一场由美国著名的综合性战略研究机构兰德公司举办的关于当代信息技术革命的研讨会上,学者们就形成一个共识,即当代信息革命的发展取决于市场、政府、社会和文化四种力量的相互作用③,信息革命所产生的各种成果并不仅仅源于市场力量和政府政策所形成的激励先进技术发展的驱动力量,而且与国家的社会和文化价值密切相关。需要

---

① 2008 年 6 月,中共中央总书记、国家主席胡锦涛同网民进行了在线交流时,提出:"随着信息技术的快速发展,互联网已经成为人们获取信息的重要渠道,成为党和政府联系群众的重要纽带。"

② 出自《孙子兵法》,原文:"故善用兵者,屈人之兵,而非战也;拔人之城,而非攻也;毁人之国,而非久也。必以全争于天下,故兵不顿而利可全,此谋攻之法也。故用兵之法,十则围之,五则攻之,倍则分之;敌则能战之,少则能守之,不若则能避之。故小敌之坚,大敌之擒也。"

③ 出自:Richard Hundley, et al. The Global Course of the Information Revolution Political, Economic, and Social Consequences Proceedings of an International Conference. http://www.rand.org/pubs/conf_proceedings/CF154.html.

注意的是,这里所说的文化不仅仅包含传统意义上的文学文艺类型的文化,而是涉及更为广泛的、牵涉整个社会文化生活的大文化概念。这就需要考虑社会生活中人类群体的组织形态、机构组织管理结构、人们知识结构等文化的生存土壤,以及文化传统和文化传播等文化自身的发展与变化。数字图书馆正是这个大环境下的信息技术创新的产物。

2.1 对社会组织形态的影响

在工业社会,由于工业化大生产的需要,形成了高度组织化和集中化的工业生产模式。一个生产企业可以拥有数万甚至数十万员工,这些人根据工业流水线生产的要求,被严密地组织起来,去完成各自指定的工作任务,整个企业呈现出高度的组织性、纪律性和集中性。整个工业社会又由这些具备高度组织性的企业构成,从而形成了具有高度组织性和纪律性的社会组织形态。美国曼哈顿的高楼大厦,一个大楼里有数万工作人员;我国现在的许多工业园区里的规模化生产基地,都是这种工业社会高度组织的集中体现。

但在信息社会环境下,随着信息革命的深入,生产自动化、智能化程度显著提高,传统产业工人的数量开始降低,代之以智能化工业设备和知识产业工人。同时,由于互联网的高度发达,很多员工可以不再出现在工作现场,而通过网络远程完成操作和工作任务。由于信息沟通渠道的畅通和快捷,一方面是产生了办公地点分散化、工作时间自由支配的趋势;另一方面,产品设备的复杂程度越来越高,对人们在知识和管理规范性方面的要求也在增加,从而促进了管理内聚而工作环境分散的社会组织形态的形成。一个企业可以在同一个办公楼里,也可以在多个地点协同办公,还可以是全球性的协作办公,甚至是全部在家里办公。美国的硅谷、北京上地开发区里平整的小楼,宽阔甚至平时没多少人的街道,正是信息革命对于社会组织形态产生改变后的外在体现,与曼哈顿、CBD 的高楼大厦,熙熙攘攘的人群形成了剧烈的反差。

发达的通讯网络手段在推进产业布局更加自由的同时,也使得原本由于过度分散而无法形成的微小市场成为社会发展的又一动力源,与之相对应的就是数量庞大的"小微企业"和以网络在线交易平台为渠道的新"个体户"(也可以认为是小微企业的一种)。而这些社会生产领域的微小组织由于其数量极其庞大(2010 年,在我国占全社会企业总数的99%①)，充满活力而被公认为整个社会发展的重要动力。

更为重要的是，即时通讯工具、手机、社会网络(SNS)、博客等新兴信息传播手段的兴起，使得人们在互联网上组成了一种全新的、动态的网络社会群体。这个群体通常以兴趣爱好和热点内容为核心，具有极强的价值观念，并且往往与现实社会往往没有任何直接联系，呈现出极大的内在聚合和外在自由、分散的特点。他们既是网络文化的消费者，也是网络文化的创造者，是网络时代下人类群体的社会组织形态最鲜明体现。

信息社会条件下，人们关联更加紧密而形式更为分散的社会组织形态使得人们的生活方式、社会交往、心理状态、文化需求等都发生了显著的改变。传统图书馆以大建筑、大书库、大用户量为特征的形态更符合工业社会状态下人们的思维、行为和组织方式。在信息革命的背景下，相对分散化的社区图书馆以及作为支撑的总分馆服务模式更适合社会的需要。而数字图书馆不仅仅能够走进社区更能走到每个人的家庭和身边，能够成为不同群体、不同个人的专项服务工具，是这个时代下理想的社会服务工具。

2.2　对组织结构的影响

在工业社会中，政府、企业、事业单位一般都采用了金字塔式的分层管理组织结构。信息由下向上层层传递、决策自上而下层层执行，中间的每层机构都承担着承上启下、分担压力、细化目标的作用。这种层层负责的组织结构是与工业社会高度组织性和纪律性的特点相匹配的，但也导致了信息传递缓慢和失真的情况。

现代信息技术的广泛应用则从根本上动摇了这种金字塔式的组织结构。

(1)在经济领域，传统的商业贸易极度依靠渠道管理，有所谓的"渠道为王"的理论，也就说产品的销量与厂家对于渠道的建设和管理水平直接相关。厂家一般不直接面对用户，而是通过总代理商、分销商、经销商等一级级地将产品销售任务分解，并最终提供给用户。但在信息社会的环境下，用户可以通过互联网直接获得所需商品的所有信息，在整个渠道链中寻找最合适的供应者。这就使得渠道层级间的价格差和用户信息优势荡然无存，整个渠道不得不逐步扁平化，中间层的功能

① 我国官方现在还没有正式明确的小微企业标准，上述数据来源于：王辉，赵岚岚."十二五"时期如何加快小微企业发展.中国经贸导刊,2010 (21)

逐渐弱化。现在流行的网购模式就是渠道弱化的现实反映。这种网店加快递的商业模式，使得用户在减少支出的同时也增强了对物品的选择范围和能力，极大地冲击了传统的以店面和柜台为形式的商业网络。

（2）在机构管理方面，通过有效的信息系统，基层的业务数据和信息可以直接利用计算机网络收集整理并汇总提交，而不需要通过中间层来完成上述工作。无论是高层决策者还是基层员工都可以直接利用信息系统获得所需数据，两者仅仅是由于权限的不同而在信息内容上有所差异。另一方面，高层的决策指令可以通过信息系统直接下发到执行者手中，由于中间层级的层层转发而造成的时间延误和信息扭曲将被彻底杜绝，中间层的工作内容和权利也将大幅度减少。在权利进一步集中的同时，指令执行能力也将进一步加强。可以说，信息化水平越高，组织里的中间层级将越少，人员将越精简。整体金字塔架构的高度将会显著降低。

（3）在图书馆领域，尤其是对于我国的公共图书馆来说，由于其在行政管理上隶属于当地政府部门，在业务指导方面听从上一级公共图书馆，因此也存在着类似的管理金字塔现象，这种结构对于纸介质图书馆的管理和流通是有利的，但是对于数字信息服务却是相当不利的。数字图书馆的出现将在技术层面突破了这一限制，从而有利于强化资源整合力度，增强基层图书馆活力。但是，受到资金分配和管理体制的现实约束，现阶段各类数字图书馆项目普遍存在依托现行图书馆层级体系建设的现状，从而极大地削弱了信息技术的应用效能。对于这一问题，这一方面需要社会整体信息化的进一步发展，从根本上触动现有建设体制；另一方面也需要管理者和决策者对于信息化有更好的理解与认识，改变以传统基建思路的推进信息化建设的方法。

除此之外，信息革命还将从另一个角度对组织结构产生冲击，进而对图书馆的组织建设和发展产生影响。那就是在信息革命的驱动下，图书的生产、出版、发行、流通领域也会出现非常剧烈的渠道扁平化趋势，从而根本上动摇整个图书相关行业，图书馆自然也不能置身事外。而数字化的出版、发行也必然对数字图书馆的建设和发展产生重大影响。

2.3　对知识结构的影响

人类的知识结构是与其所处的社会发展状态直接相关的，不同的社会发展状态决定了当时人们的总体知识结构，而人们的知识结构水平反过来又制约或推进社会的发展和进步。

在农业时代,人们的识字率很低,只有少数人拥有读书的权利,从而形成了少数精英统治整个社会的局面,社会发展和进步非常缓慢。

在工业社会,中等或高等教育逐渐普及,仅仅识字已不能满足社会的需求。社会对于人的要求是具备基本的学习能力,并能根据工作的要求迅速掌握相关技能。因此形成了"学会数理化,走遍天下都不怕"的理念。人们通过学校教育和岗位实践后就能够很好地适应工作要求,并能长期稳定下来。社会化大生产得以稳步推进,社会生产力得以快速发展。

在信息革命背景下,这种情况发生了更为深刻的改变。首先是信息技术的发展导致了"信息爆炸"[①](Information Explosion)的发生。在信息社会条件下,人类知识积累呈现出了以几何速度增长的趋势。早在 1998 年,美国总统国情咨文中就指出,人类知识总量大概每 5 年就会翻一番[②]。而信息的急剧膨胀带来一个直接后果就是人们知识的快速老化,人们不得不持续不断地更新自身的知识以适应社会的变化。其次,在社会生产生活全面信息化的背景下,尽管数理化知识依然重要,但是信息技术已成为社会的主流,不会使用计算机的人就是"文盲",计算机技能已成为人们知识结构中最为关键的部分。而今天,网络应用能力更成为计算机技能的根本要素。再次,网络的发达,尤其搜索引擎和移动互联网的崛起,使得人们可以随时随地获得广泛的信息和服务,同时也能在任何空闲的时候为他人提供信息服务和帮助。许多需要背诵、记忆和经验积累的知识可以通过网络获得,人们将把更多的注意力放在思考问题和解决问题方面,人们的知识结构更加向自己所关注的方面集中。最后,信息技术的高度发达使得信息技术产品出现了所谓的"黑盒"现象,就是高度复杂的信息技术产品通过层层的封装和人机界面优化,提供给用户一个简单甚至傻瓜的使用界面。除了一部分进行信息系统设计和开发的人员需要较高的理论功底和较全面的信息化知识水平外,大多数人只是了解如何操作和使用这些设备,也就是人才知识结构的"两极化"。这种两极化的一个典型现象就是在招聘环节,一边是高级职位普遍没有合适人选,另一是普通职位人才过剩,出现

---

① 信息爆炸就是对信息近几年来快速发展的一种描述,形容其发展的速度如爆炸一般席卷整个地球。信息爆炸表现在五个方面:a. 新闻信息飞速增加。b. 娱乐信息急剧攀升。c. 广告信息铺天盖地。d. 科技信息飞速递增。e. 个人接受严重"超载"。据统计,一个人所掌握的知识半衰期在 18 世纪为 80—90 年,19—20 世纪为 30 年,20 世纪 60 年代为 15 年,进入 80 年代,缩短为 5 年左右。还有报告说,全球印刷信息的生产量每 5 年翻一番,《纽约时报》一周的信息量即相当于 17 世纪学者毕生所能接触到的信息量的总和。近 30 年来,人类生产的信息已超过过去 5000 年信息生产的总和。

② 原文:Think about this,the entire store of human knowledge now doubles every 5 years. President Clinton's 1998 State of the Union Address. http://www. washingtonpost. com/wp-srv/politics/special/states/docs/sou98. htm

所谓白领的"蓝领化"。

如果说十多年前名噪一时的"72小时网络生存测试"①所反映的是在那个时代下,人们的知识结构尚不能满足网络社会生活的基本需求的话。如今,一个不会网络购物、不懂得使用搜索引擎、没接触即时通讯的年轻人,即使不能说是一个脱离主流社会的人,但至少是一个知识结构严重欠缺的人,在工作和生活中难免会走许多不必要的弯路。今天,即使是一直被认为是学历偏低,知识结构严重不完善的农村进城务工人员,在网络应用方面也毫不逊色于城市中成长起来的人们。

为有效地应对这样的变革,跟上时代的步伐,人们在掌握信息技术基本技能的同时,对于信息时代下的知识服务也提出了明确的要求。一个随时在线、随时可查、信息完备的知识库就成为信息社会下每个人生存的必需品。今天,它的地位主要是由网络搜索引擎所承担的,不过随着数字图书馆的发展,在未来数字图书馆也将逐步成为人们生活中的必需品。

2.4 对文化传播的影响

信息技术革命的巨大成功,推动了人类社会政治、经济、生活等各方面的发展。不过,信息革命最直接的受益者则是信息本身。信息技术的每一次跨越都直接增强了信息的传播能力,推动了信息传播水平的发展,而这当中对于文化传播的影响是最容易被感知的。

文化既是人类历史的积淀,也是生活中休戚相关的亲身体验,具有显著的动态性,需要通过文字、图像、语言、动作等多种手段的综合形式来展现,因此在多媒体技术和宽带网络接入技术普及之前,利用网络传播文化的能力还非常有限。那个时候网络传播更适合于以纯数据、文字或者语音为主的活动,因此信息技术最早成功应用的行业就是电信、银行和税务系统等。随着多媒体采集、加工、传输和展现技术的成熟,互联网宽带开始进入千家万户,多媒体终端也从桌面走到了人们的口袋中,基于现代信息技术的网络文化传播就迅速地迸发出其生机和活力,网络也由此从单纯的生产工具演变为社会生活和娱乐中心。

---

① "72小时网络生存测试"是由一个叫"梦想家"的网站,在1999年9月组织的网络生存测试活动。活动组织者从全国报名的几千名报名者中选出了12位志愿者,分别被异地的安排在北京、上海、广州的,独立封闭的酒店里。志愿者需要通过主办者提供的现金和限额信用卡,利用互联网来获得所需事物和其他东西,并且需要坚持72小时。这次测试是对那个时代用户的网络认知和消费观念、企业的网络服务能力、网络支付能力,以及物流配送系统等的一次全面检验。

在工业社会里，文化传播主要依靠的是书籍、报刊、电影、电视等传统媒体，这些媒体都有着显著的工业化大生产背景，即需要足够的资金和人力积累才能形成一定的影响力，文化传播因此受控于主要媒介，传播内容以社会主流文化为主，小众文化难以发展和传播。互联网的出现，打破了这一局面：一方面信息发布和传播成本急剧减少，只要建设一个网站，甚至只要有一个微博就能够向整个世界宣传自己的思想和主张；另一方面人们通过互联网可以很容易地搜索到自己所关注的信息。网站、即时通讯、博客、微博、SNS 等一系列的新渠道，使得传播者和受众能够直接交流，跳过了烦琐的中间环节，整个社会文化传播呈现出了复杂的，甚至看来有些无序的网络关系。

这样的环境在创造网络文化繁荣的同时，也创造出新的网络文化业态。一批批新兴的网络文化企业成为时代经济和文化的领跑者。与此同时，网络文化与社会文化和社会生活进一步融合，网络成为群众交流思想，抒发感情的渠道，成为国家政治生活的重要阵地。

网络现在已成为人类文化的主要蕴藏地和文化传播最快捷的通道，传统的图书、报刊、电视、电影反过来都需要依靠网络来传播和宣传自己。图书馆作为工业时代下人类文化最主要的保存和传播机构也受到了极大的冲击，以网络服务为基本形式的数字图书馆应时代的需要，成为信息革命下文化保存与传播的重要工具，为社会文化生活的发展提供强有力的支撑。

2.5 对传统文化的影响

现代信息技术的出现，尤其是互联网的蓬勃发展对于传统文化来说是一把双刃剑，一方面是信息技术的发展为保护传统文化提供了一条新的可行路径；另一方面它也在更深层次上冲击着传统文化的生存基础。

信息技术对传统文化的保护，首先体现在数字技术不断提高的多媒体记录、加工和保存能力，为传统文化的保存和传承提供了便利的手段。利用数字技术，传统手工工艺、技能技艺、文化活动、社会习俗和文化知识等都能够很好地被记录并保存下来，为传统文化主要以身口相传为特点的传承方式提供了有效的补充甚至是备份。

信息技术的传播优势是其对传统文化保护的又一重大帮助。现代工业文明的发展，使得人类居住、学习、工作、旅行的方式有了极大的变化，人们在国家内，甚至是国家间大规模的迁移，离开了其所生存和依赖的传统文化，这就使得传统文化一方面失去了继承人,另一方面人们也失去了接受自身传统文化的机会和条件。不过,依托互联网强大的传播能力,传统文化能够挣脱地理因素的制约,使得人们不再因距离的限制而失去与自身历史和文化的联系,为传统文化的延续提供了更为广阔的环境。

当然,信息革命带来的冲击同样也在更深层次上冲击着传统文化的生存土壤。传统文化的延续和发展往往与其地域性和相对的封闭性有关,又直接受到当地社会经济文化的影响。现代信息技术所具备的巨大信息传播优势,使得先进文明、主流文化、时尚元素和现代生产生活方式能够在同一时刻传遍世界的每一个角落,并直接冲击着传统文化的生存土壤,尤其是年轻一代。面对这种文化的冲突,在充分吸收世界先进文化的同时,如何有效地保存和发扬传统文化,维护本民族本地区居民的社会生活和传统就成为一个国家和政府的重要工作。我国非物质文化遗产保护工作正是在这样的背景下所开展的文化保护与传承活动,为中华民族文化多样性的保存和发展提供了有效的支撑。

图书馆作为人类知识和信息的重要保存机构,不仅仅是现代知识和文明的传播工具,同样也是社会民族文化的重要保护机构。过去它主要依靠文献、胶片和照片等形式提供一种静态的记录,在数字技术成熟后,图书馆不仅仅是增加了一种更加便捷的资源存取手段,更为重要的是利用数字网络,可以将数字化的传统文化进行高度汇聚和整合,从而形成真正意义上的数字图书馆。传统图书馆既是这个数字图书馆的资源提供者,也是这个数字图书馆的服务对象。

2.6 对图书馆的影响

通过上述分析,我们可以看到信息革命在推进人类社会发展进步的同时,也改造了人类社会的方方面面,也不可避免地影响到了图书馆的生存环境,同时对图书馆的发展产生了不可忽视的重大影响。在信息革命的驱动下,人类社会组织形态由高度集中向自由分散转化,城市中心图书馆的服务功能也开始相对减弱,社区图书馆功能有所加强。而我国由于工业化尚未完成,呈现出工业化与信息化并行发展的局面,城市的发展一方面表现出中心功能进一步加强的趋势,另一方面也展现出城市功能区划更加合理的局面。城市中心图书馆和社区图书馆普遍呈现出快速发展的趋势。

信息时代背景下,人们将更多通过数字形式获得知识,互联网的畅通使得人们无论在哪里都能够找到所需信息,从而失去了到图书馆查找资料的必要性。而传统图书馆从采购图书到最后上架服务的漫长流程和有限的图书副本,也难以满足知识经济下人们对于知识快速获取的要求。

信息革命所引发的图书出版和发行业的产业变革以及整个网络文化传播体系的形成,则将从根本上重塑整个社会文化知识的传播链条。一方面,电子图书将快速崛起,并逐步成为图书的主体,纸质图书的发行量将开始减缓增长甚至萎缩;另一方面,图书的电子化使得重塑后的出版发行行业本身就能够建设数字图书馆,由于其处于产业上游,将对传统图书馆以及它所建设的数字图书馆产生根本性的冲击。

因此,在信息革命所引发的社会生活和产业变革下,传统图书馆将会逐渐感受到冲击,并逐步失去其在社会知识服务领域内的关键地位。但是,由于纸质图书不可能因此而消亡,传统图书馆仍将继续发展。在信息化社会中,人们分散工作和居住的特点使得社会重心由城市中心逐步向社区转移。通过与城市中心图书馆的联网,并依靠发达的物流,社区图书馆的作用和地位将得到加强。尽管社区图书馆也会受到数字化的冲击,而减弱其传统图书阅览功能,但其作为社区的公共学习和交流场所的地位仍将会有所加强。而中心图书馆在继续提高其传统业务水平的同时,作为社会传统文化保存机构的地位将进一步加强。信息时代下,知识在迅速膨胀和快速更新的同时,传统文化也容易被遗忘和丢失,图书馆作为一个传统的积累和保存机构在这方面有着相当的优势,将承担其更加重要的作用。另外,图书馆所保存的历史文献和纸质图书,除了作为信息载体外,它本身也是社会历史文化的一部分,对于国家和民族有着重大意义。

与信息时代下图书馆所面对的挑战与转变所不同的是,数字图书馆将迎来巨大的成长和发展机遇。人类知识结构的两级化趋势,使得人们对于知识的需求更加强烈和急迫。高层技术人员对于知识的深度和广度要求很高,传统的知识积累手段无法满足要求,专业的、具备知识服务能力的数字图书馆就成为专业技术人员的强大而不可或缺的知识宝库。知识和产品的快速更新,使得"蓝领化"的普通大众对于简单便捷的普及型知识库需求强烈,依托这样的知识库,人们在更好地接受各种"傻瓜"型设备和产品的同时,能够将更多的精力用于主要工作,而这些都将成为数字图书馆发展的直接动力。信息生产和出版发行领域内的产业变革,使得传统的社会分工被打破。出版、发行、图书数字化企业、网络信息服务商、图书馆等都能够掌握电子化的图书,并根据自身需要建设自己的数字图书馆,从而形成百花齐放的局面。这必将极大地推动数字图书馆在建设水平和服务能力上的提高,并最终形成以用户需求为导向的数字图书馆。

3 数字化的机遇与挑战

信息化大潮下,数字图书馆将以全新的面貌呈现在世人面前,并为大众提供随时随地的知识服务。这就需要建设者们对信息时代下的数字化浪潮有着清醒的认识,既要看到数字化带来的便利,更要看到数字化给现有业务带来的挑战。充分认识数字化冲击的影响,对于数字图书馆的建设将有决定性的意义。下面我们通过观察胶片业、数字电视和出版业三个领域在数字化冲击下的变化,来探讨数字化对于行业发展的影响以及数字化进程中的关键因素,并由此分析数字图书馆所面临的机遇和挑战。这三个领域分别代表了数字化冲击已经来临、数字化冲击深入发展、数字化冲击已经完成的三个状态。

3.1 从胶片业的发展看数字化的影响

谈到数字化对于一个行业的影响,在人们生活中最常见,也最容易想起的就是胶片的数字化历程了。因为那些在人们内心中充满了欢乐、美好、辉煌,或许是悲伤、失落和无奈的记忆的相片世界已经被数字化彻底改变,随之改变的还有整整一代胶片人的命运。

3.1.1 胶片行业的数字化冲击

胶片是一个与摄影、摄像相伴而生的事物。对于普通中国人来说,谈起胶片首先会想起的是它上面所承载的往昔岁月和曾经的记忆,然后或许就会想到柯达、富士和乐凯这三个品牌,尤其是那个曾经是民族骄傲的、红黄色相间外包装的乐凯胶卷。然而这一切早已淡出了我们的视野,今天只有在极个别的情况下,我们才会需要洗几张照片,也才会偶然地看到那些曾经熟悉的商标。这一切的原因就是数码相机的普及。

图 3-1　曾经熟悉的三个胶卷(从左开始,分别是乐凯、富士、柯达)

20 世纪 80 年代,随着人们生活水平的提高,照相逐渐成为人们生活中不可或缺的部分,傻瓜相机、彩色胶卷成为人们记录美好生活的必需品。柯达、富士和乐凯这三巨头瓜分了国内市场,形成"三足鼎立"的局面。乐凯作为行业内唯一能够与世界品牌同台唱戏的国内企业,在获得巨大市场份额的同时,也成为那个时代民族品牌的骄傲。2000 年乐凯处于顶峰时,占有了国内的电影胶片领域大约 70% 的份额,黑白和彩色胶片的份额也分别达到了 50% 和 30%,并出口到 40 多个国家,当年主营业务收入 7.58 亿,净利润达到了 2.15 亿[1]。然而一年之后,乐凯就急剧衰退。2001 年,乐凯净利润下降了 30%,只有 1.398 亿元,主营业务收入下降到 6.38 亿[2];2002 年,净利润进一步下滑到 1.24 亿,主营业务降到 5.93 亿元[3]。到 2011 年 9 月,这个曾经辉煌的企业,悄然并入了中国航天科技集团,成为其全资子公司。虽然胶片仍然是其产品之一,但是其市场影响力早已不复存在。

在数字化的冲击下,国际巨头们同样无法逃脱数字化的冲击。柯达是世界上最大的感光胶片公司,曾经控制了全球 55% 以上的胶片市场。柯达曾被评为全球十大驰名商标之一。而且在数字领域柯达同样也是开拓者,1976 年就研制出了世界第一台数码相机,到 1991 年时已拥有了 130 万像素的数字相机。但是由于柯达长期依赖传统胶片行业,满足于胶片产品的市场份额和垄断地位,最终也没能完成向数字领域的全面转型。2000 年时,柯达的传统影像部门销售额达到 143 亿美元。但是随之而来的数字化冲击,使其胶片市场受到严重打击,到 2003 年仅剩 41.8 亿美元,跌幅达到 71%[4],2006 年和 2007 年又分别开始出售了它的数码和医疗成像部门。2012 年 1 月 19 日,柯达及其美国子公司在纽约提交了破产保护申请。这个曾经说出"你只要按下快门,其他的交给我们"的世界巨头,在相机如此普及的今天却不得不面对随时将会来临的破产命运。正如富士公司后来所说:"彩色胶卷的整个世界总需求量在 2000 年达到最高点,之后每年平均以 30% 左右的比例在下滑。"而在 2000 年,数码相机的销量翻倍。

3.1.2　经验与思考

胶片作为一个曾经非常辉煌的行业在数字化的冲击下,仅仅几年就迅速溃散而撤出历史舞台,让人深省。这其中既有其必然性,也存在着行业特殊性所致的偶然。

首先,数字技术取代胶片有其内在必然性。尽管由于技术条件所限,直至今天数码相机在成像效果的某些方面与传统胶片相机仍有一定差距。但是数码相机的综合优势使其在与胶片相机的对抗中全面胜利:数码相机使用存储卡可以反复使用,和胶片相比可以不计工本的拍摄,从而可以抓拍到更多精彩的镜头;数码相机的回放功能,拍摄完可以马上看到效果,避免了拍摄因失误带来的遗憾;数码照片不需要冲印,且可以通过网络或 U 盘实现共享;数码相机连拍速度非常快,高级的专业单反机可以每秒连拍 10 张以上,并且专业级数码相机的清晰度已经超过了135 胶片相机。正是这些在成本和操作方面的巨大优势,使得数码相机在很短时间内就取代了传统的胶片相机。

其次,胶片行业的迅速萎缩也有其行业特殊性。虽然胶片行业的技术门槛很高,几家垄断企业也形成了完整的、可控的产业链。但是数码相机完全跳出了原有的生产和销售体系,以一种完全不同的方式实现了同样的功能,垄断企业苦心经营的生产环节产业链和用户环节链条对于新的挑战都变得毫无意义。另外,胶片行业是一个相对简单的行业,缺少足够的中间环节作为缓冲,基本是厂家与用户直接面对。因此用户一旦选择了其他道路,原有的体系就会在转眼间崩溃,很难有迂回的余地。

对于数字图书馆建设者来说,胶片行业的数字化冲击给了我们以下启示:

①数字照片能够取代传统照片,数字图书也完全有可能取代纸介质图书,尽管这个过程可能会漫长得多。

②数字技术并不一定只是传统技术的数字化实现,它可能是一条与原有技术完全不同的道路,只不过实现目标相似而已。这就使得数字技术完全可能以"出其不意"的方式改变原有产业链条和社会关系。今天我们建设的数字图书馆大多还只是将传统业务以数字化形式展现,并未真正感受到来自于图书生产、流通、发行、传播等领域数字化的影响。但是,当整个书刊的生产和传播领域全面实现数字化后,数字图书馆也必将面临生存环境颠覆性改变后不得不变革的局面。

③数字化冲击一旦来临就会很剧烈。数字技术的改造不是一蹴而就的,但是

一旦整个行业的数字化条件成熟,数字技术就会显现出"不鸣则已,一鸣惊人"的局面。因此,数字图书馆建设者需要高度关注数字时代下文化信息产业的发展,从一个更宏观的角度来看待数字图书馆的地位和作用,才能具备应对变化的能力。

④用户永远都是上帝。在服务行业里,用户永远都拥有最终的决定权。数字图书馆不仅仅是一个公共服务机构,更处在一个充分竞争的环境当中,数字出版、网上书城、手机阅读平台等都拥有数字图书馆的功能,数字图书馆如果缺少竞争意识,缺乏网络环境下的服务能力,用户很快就会选择其他方式。

3.2 电视领域的数字化影响

与胶片领域的数字化危机不同,电视领域的数字化是由本行业和政府联合推动的,无论是国内还是国外都大体如此。另一个不同点在于,电视的数字化步伐无论在国内还是国外都比较坎坷,与胶片行业的数字化进程形成了鲜明的对比。

3.2.1 电视的数字化推广

数字电视(Digital Television,DTV)是与模拟电视相对应的一个概念,简单来说就是将电视信号从模拟形式转换为数字形式的电视系统。其涵盖范围非常广,不仅包括了在家中通过数字机顶盒看到的有线数字电视;还包括了针对车载屏幕的地面数字电视,针对手机等手持设备的手机数字电视(如 CMMB),针对卫星用户的卫星数字电视(ABS-S 或 DVB-S)①。即使对于家里的数字电视,也可以进一步细分为单向数字电视、双向数字电视、高清数字电视、3D 数字电视等类型。

数字电视起源于人们改造模拟电视性能不足的期望。在电视模拟化的时代,模拟信号容易受到外界干扰,且由于频率带宽有限,无法承载更多的电视节目,加之人们对于高清电视节目和互动服务的追求,共同推动了人们利用数字技术改造电视的行动。美国为此在 1989 年成立了"先进电视服务顾问委员会"(ACATS),并于 1995 年形成了美国的数字高分辨率电视标准。根据该计划,到 2006 年时实

---

① CMMB 是英文 China Mobile Multimedia Broadcasting(中国移动多媒体广播)的简称,是国内面向手机多种移动终端的电视系统,2006 年 10 月 24 日,由国家广电总局正式颁布了中国移动多媒体广播(俗称手机电视)行业标准。后根据国家政策 CMMB 在手机应用上需要与 TD 手机结合。这一结合事实上约束了 CMMB 系统的发展。ABS-S(Advanced Broadcasting System-Satellite)标准是我国的卫星信号传输标准,在性能上与 DVB-S2 相当。在我国,ABS-S 主要用于中星九号的直播星服务。DVB-S(Digital Video Broadcasting-Satellite)为数字卫星广播系统标准。

现模拟向数字的全面转化。

我国政府对于数字电视的推动一直持有非常积极的态度。国家广电总局在其"2015年远景目标发展规划"中明确提出:到2005年,全国有四分之一的电视台开通数字电视节目,2010年全面实现广播电视的数字化,2015年停止模拟电视播出。

应该说从技术角度来看,数字电视代替模拟电视具备显著的优势:

首先,数字电视清晰度高、抗干扰能力强、音质也好。即使在同等分辨率的情况下,由于数字电视不存在传输过程中的噪音积累,且难以被干扰,其清晰度要高于普通电视。数字高清电视的视觉效果则更加突出,在屏幕宽度与电视到人眼距离为1:3的情况下,几乎可以达到真实事物的表现效果。

其次,数字电视可以提供更多的节目。数字电视通过视频压缩技术后,在模拟频道一个节目带宽(8MHz)的情况下,可以传送6—8套同质量节目。可以接收的节目总数从模拟信号的30多套增加到200套。

其三,可以开展多种个性化服务和增值业务。利用双向数字电视可以开展视频点播、时移电视、交互电视、网站服务、金融业务等互动业务,即使是单向数字电视也可以实现数据广播和付费电视业务。电视从单纯的内容播出设备,转变成与用户交互的平台和家庭生活的娱乐中心。

但是,这样一个先进的技术,在政府和行业的联合推动下,却没有像数字相机那样受到群众的普遍欢迎。以我国数字电视推广进程为例,在2000年到2003年的全国推广期,各个城市几乎无一例外地遭遇了"两万户瓶颈",也就是说一个城市的数字电视用户一旦达到两万户的装机量就很难继续普及了。以非常发达的苏州为例,2001年时开始推广,2002年时就达到了20 000台,但2003年仅增加了1000台。经过三年的努力,全国机顶盒用户数不过区区的16.8万户。不得已,广电总局改变了原有的市场为主、用户自愿的推广模式,从2004年开始大力推广"青岛模式"的整体平移战略——各地广电部门采取分片分区,一家送一个机顶盒后,直接断掉模拟信号,实行强制升级,也就是后来大家所经历的电视数字化过程。通过这种行政干预的方式,数字电视普及率得以迅速提高,到2005年底,全国机顶盒保有量就突破了682万,其中当年新增560万,但这其实也只有原先规划的2005年3000万目标的四分之一不到[5]。到2011年4月,我国有线数字电视用户达到9516.8万户,有线数字化程度达到50.81%[6]。可以说,没有政府的强制令,数字电视推广过程必然困难重重。但是,随之而来的是强制升级导致的一些家庭,特别是困难家庭的强烈反对,广电总局不得不下发文件指出不得强制全部关闭模拟信号,必须保留一定的模拟频道。

3.2.2 经验与思考

数字电视推广过程中的波折,究其原因可以从以下几个方面来考虑:

①早期的数字电视是单向的,与模拟电视在功能和性能差距不大,增加的频道内容同质化极高,缺乏观看价值,但却增加了用户的月租费。

②数字机顶盒与电视配套使用的方式,大大增加了操作复杂性。

③我国电视系统诸侯割据的局面导致机顶盒不能通用。电视行业的地区垄断特点,又导致各地电视台在免费赠送一个机顶盒后,第二个机顶盒普遍收费极高(只有极少数地区赠送两台),而这与我国家庭普遍拥有多台电视的现实情况相抵触,极大地阻碍了数字电视在家庭中的扩展。

④数字电视配套增值业务推进缓慢。除了收费频道外,其他业务推进速度都极其缓慢,再加上机顶盒性能的低下,导致新业务的使用效果很不理想。

更为重要的是,在数字电视缓慢推广的这十几年间,互联网作为一个新兴媒体迅速崛起。数字电视原先给人们构想的各种美好未来,不是在电视上,而是在网络上率先实现了。相比之下数字电视更加难以被大众接受。数字电视发展的曲折道路值得人们深省,尤其对于那些将高新技术看做是业务发展唯一法宝的决策者来说,更需要深入思考。

第一,充分认识技术的先进性不是事物发展的一切

数字电视技术的先进性是大家公认的。但是,数字电视的推广过程中,人们过度强调了技术的先进性,甚至是过度看重了这种技术先进性可能带来的经济收益,而忽视了群众的真实感受和需求。从根本上来说,任何先进技术都是在更好地满足大众需求的前提下,才会被大众所接受。数字电视所增加的那些"无用"的频道,相对有所改善的清晰度,对于群众来说都不属于重要因素。而用户因此所感受到的高价格、操作难、无法看多个电视等问题却极度影响用户使用,这都是严重影响数字电视发展的重要因素。

第二,数字化的发展要与社会整体信息化水平相适应

数字电视从概念出现时就为大众描绘了许多具有美好前景的功能。但在当时条件下,社会总体信息化水平尚不具备相应的能力,因此数字电视的很多美好功能只能停留在纸面上。而当社会信息化进程开始高速推进时,数字电视却由于市场过度分散、技术体制不统一而无法形成强大的动力,反倒落后下来。现在,数字电视的所有功能都能通过网络电视和IPTV很好的实现,其先进性和不可替代性已不复存在。唯一的技术优势就是数字电视播出的安全控制,但这又与用户无关。

第三，分散和壁垒是信息化的最大阻碍

数字电视推广过程中，人们往往会将广电和电信部门的数字化进程进行对比。电信部门由于具备垂直管理的优势，在业务管理机制和技术体制上都可以做到全国一盘棋，从而极大地发挥了网络规模化的优势。而广电部门由于各地各自为政，网络无法联通，标准无法统一，没能形成统一的大市场，结果就是市场无力推动行业的发展，群众也就越发不愿接受这种摊派的"先进技术"，最后只得依靠行政手段来解决问题。但是，行政手段能做到的只是推广。市场分散导致的造血功能不足，始终是数字电视发展的重大瓶颈。

3.3　数字化冲击下的出版业

出版行业是一个与图书馆以及数字图书馆的生存与发展密切相关的行业。因此，它所承受的数字化冲击对于数字图书馆的发展更具现实意义，而且不同于胶片和电视行业，出版业所面对的数字化冲击不是过去时，也不是完成时，而是现在进行时。这可以通过下面的例子感觉到。

"数字化冲击"本身是一个没有任何行业特点的词组，但是当我们用 Google 搜索"数字化冲击"时，第一页总共 11 个链接中，与出版行业直接相关的是 6 个；第二页 10 个链接中也有 6 个是直接相关的。用百度搜索"数字化冲击"时，第一页 10 个链接中，与出版行业直接相关的同样是 6 个；第二页 10 个链接中也有 4 个是直接相关的。由此可见，如今的"数字化浪潮"的潮头已经指向了出版行业。这可以从以下几个方面来判断：

首先，从产值来看。据国家新闻出版总署统计，2010 年，我国数字出版产业总产值已达 1000 亿元，超过了传统出版业的产值规模。而且预期今后仍将以每年 30% 的速度增长，更是大大超越了传统出版业。其中手机出版收入、网络游戏收入、网络广告收入成为出版产业中产出最高的三部分[7]。

其次，数字阅读用户急剧增加，公众的数字阅读习惯已经初步养成。截至 2010 年底，我国的网民数为 4.57 亿，其中手机上网用户已达 3.03 亿。据《第八次全国国民阅读调查》的统计，我国国民上网阅读率与图书阅读率已基本接近（上网率为 49.9%，阅读率为 52.3%），上网时间已超过了读书和读报时间的总合，手机阅读时间也超过了平均每天 10 分钟[8]。

此外，据国外数据显示，2009 年，美国有 507 家报纸发行量锐减。在日本，位居世界第二的报纸《朝日新闻》出现 130 年来首次财政赤字。出版业的秩序正在改变。胶片行业 2000 年的行业拐点何时、会以怎样的形式出现已经成为出版业关注的焦点。

　面对数字化浪潮的冲击,出版行业并不因循守旧,而且早在 30 多年前,出版行业就经历了一次重大的数字化考验。当时,中国还处在传统的铅印时代,要印刷一个版面需要印刷工人手工去拣字拼版。由于汉字字数繁多,排架组织复杂,拣字成为一件极其辛苦繁重的工作,不仅极大地影响了出版效率,而且铅字本身污染很大,严重危害工人身体健康。改变这一局面的就是后来被誉为"当代毕昇"的王选教授,他主持发明的汉字激光照排系统成功地解决了计算机汉字编辑排版的问题。这一成果开创了汉字印刷的一个崭新时代,引发了我国报业和印刷出版业"告别铅与火,迈入光与电"的技术革命,彻底改造了我国沿用上百年的铅字印刷技术,仅用了短短数年时间,就从铅字排版直接跨越到激光照排。自此以后,出版行业始终是信息技术应用的先锋行业,形成了资源数字化、出版管理数字化、编辑数字化、发行数字化等业务体系。

　但是,今天的数字化浪潮不同以往,它来自于更深的层次,冲击的是出版行业的生存基础。面对来自新兴的网络媒体的冲击,特别是传统出版行业在数字化平台建设方面的薄弱,出版行业已经逐步形成了一个共识,那就是在"数字出版"的大潮中,传统出版行业的优势在于其高质量的内容生产——即选题和内容制作方面的优势。这一优势不会因为数字时代下传播机制的改变而改变。因此,在未来的数字出版体系中,今天的传统出版行业将会以内容制作为主,而将平台建设和终端建设让位给更具竞争力的企业。

　这是一个看起来非常理想和双赢的结果。但是,现实也许远远不会那么美丽。因为在数字出版条件下传统出版行业结构将被打破,各方都可以相互进入,强势一方完全可以直接取代弱势一方,而数字出版的最大特色就是将出版流程的前端和后端,即作者和读者直接联结在一起。传统的中间时间和成本极大地被压缩,数字媒体平台建设方具备了跳开出版商直接面对作者与读者的能力。最为典型的就是"亚马逊"从一个电子图书销售商向出版商的华丽转变。

　出版行业的数字化冲击还在进行中,最终的结果还不能准确预料。但可以肯定的是,数字出版绝不只是传统出版的数字化,它必将改变甚至重洗整个出版行业。传统出版商面对数字化冲击的应对将给数字图书馆的建设以启迪,同时,数字出版所带来的图书电子化也将深刻改变图书馆和数字图书馆的命运。

3.4 数字图书馆的机遇与挑战

数字化冲击着人们生活的方方面面,信息传播的多样性以及图书报刊的数字化,在系统性地改变出版、发行和流通领域的同时也在深刻地影响着图书馆的未来,数字图书馆的出现使得这一趋势更加明显。数字图书馆的诞生对于图书馆人来说既是机遇又是挑战,同时也给了许多网络信息服务商及数字资源服务商一次公平的机遇。但无论最终发展如何,面对数字化浪潮,数字图书馆本身都将成为最终的受益者。

3.4.1 数字化的机遇

(1)数字化转换带来的机遇

图书的数字化转换有三个直接的优点,一是复制成本极低,在设备容量允许的条件下几乎没有成本;二是占用空间极小,一个拇指大小的 8G 容量的 U 盘就可以存放 4000 本以文本形式存储的百万字书籍,即使是 PDF 格式的书籍也可以存放 400 本(按照每百万字 20MB 计算);三是传递非常方便,同样是一本百万字书籍,在 1Mb/s 的家庭网络接入条件下,文本仅需要不到 20 秒,PDF 格式也不过是几分钟而已,但是对于纸介质图书,即使是在同一城市自己取也需要几个小时,如果通过快递则需要等待几天。

这些优点对于图书的传播和使用以及数字图书馆的发展都有着极为重要的意义。复制成本的降低使得图书的广泛传播成为可能,人们不必受制于经费的不足而无法大规模生产和购买。即使一个小型数字图书馆也可以拥有与国家图书馆同等规模的藏书量。要知道在过去,即使像明清朝这样的大统一王朝都无力给《永乐大典》做第二个副本。存放空间的压缩使得图书保存不再是一个严重的建筑和管理问题,庞大的书库通常都是图书馆管理维护工作中的难点,并且毫无生机可言。传播速度的加快则为图书的传递和使用带来了极大的便利,人们在订阅图书后等待的时间再也不用天来计算,也不用像在图书馆中查找图书那样在海量的书架群中转圈,甚至可以做到随时、随地、随身的查找和阅读。因此,对于图书馆,尤其是那些遍布城乡的中小图书馆而言,数字技术意味着一个革命性的变化,他们可以在没有大的馆舍和充裕资金的情况下就拥有海量的图书。

（2）数字处理能力带来的机遇

图书数字化后，计算机就具备了对于图书信息的加工、整合和检索能力，从而极大地提升了图书馆的工作效率和使用的方便程度。在图书馆的传统工作中，书目编录和查找都是一件非常枯燥的事情，要完成对于图书的词汇索引任务几乎就是一件让人崩溃的工作。例如对于拜伦（Byron）诗集的词汇索引编辑工作耗时长达25年（1940—1965）[9]，而同样的工作，在项目接近尾声时，通过当时的计算机来完成最多几天就可以了，这其中实际建立索引的时间也就几分钟而已。这个索引的最终成果——285 000张索引卡片，即使在当时也仅仅用一个硬盘就能放下。可以想象，这样一个几乎可以耗掉一个人全部工作年限的工作，在最后时刻被一台机器在几天内完成是多么悲剧的事情。

因此，利用数字技术实现图书馆管理的信息化就成为图书馆发展的重要方向。于是，基于机读的MARC和联机的编目系统等相继出现，用户则可以通过图书馆联机公共检索目录（OPAC，Online Public Access Catalogue）查询书目和二次文献信息。但是真正的飞跃则来自于数字图书馆的出现，当书籍内容直接完成数字化后，人们可以不再烦恼于海量资料的翻阅，而是直接去查询书中的内容。资料查找过程的痛苦程度极大地降低了。

（3）数字化社会带来的机遇

数字化社会（信息社会）是数字技术发展的最终成果，数字技术与整个社会生产和生活相融合，改造了传统社会生产关系和生活秩序，并进而改造了人们的思维和交流方式。面对网络时代和知识经济的到来，人们对于知识的渴求更加强烈。基于互联网的数字图书馆作为社会信息服务体系的重要支撑平台，符合了信息时代下人们通过数字途径获得知识的使用习惯，可以在任何时间、任何地点为人们提供可靠的知识帮助，并成为广大用户的知识交流平台。拥有广泛用户支持的数字图书馆必将会迎来美好的前景。

3.4.2 数字化的挑战

（1）信息发布的多样性稀释了图书的地位

互联网的崛起，成功地塑造了"第四媒体"①的成长。信息的发布不再局限于原有的书刊报纸等形式，网站、博客、微薄、SNS、网络电视等迅速成为新的信息发布

---

① 即网络媒体，也叫第四媒体。人们按照传播媒介的不同，把新闻媒体的发展划分为不同的阶段——以纸为媒介的传统报纸、以电波为媒介的广播和基于电视图像传播的电视，它们分别被称为第一媒体、第二媒体和第三媒体。

渠道,并占有重要地位。相比纸介质传媒,这些新媒体发布成本更低、传播速度更快、扩散范围更广,同时又与读者间建立直接的互动关系,更容易被大众所接受,从而成为社会信息发布的主渠道之一。今天,无论国内外,绝大多数网络媒体还没有报纸和电视台,但是所有知名的书报出版社、电视台都建立了发达的网络发布平台,这就足以证明第四媒体的重要地位。

相比网络媒体的崛起,传统出版物则显得后继乏力。尽管在我国传统出版物仍处于总量的增长阶段(报纸发行量已经开始下滑),但环顾发达国家,已经能够看到在新媒体的冲击下,传统信息出版业的危机。在这样的大势下,传统媒介不仅仅失去了其信息发布及时性的特点,更动摇了其信息权威性和用户覆盖率的地位,今天人们查找信息时首先想到已经是网络,而不是图书馆,即使身在图书馆的人也是如此。信息发布渠道的转变从根本上动摇了图书馆信息服务机构的地位,在这种形势下数字图书馆必须准确把握信息化变革所带来的机遇,充分意识到信息时代下人们思维、学习和交流模式的改变,有效地利用信息化服务和信息技术手段提供符合时代需要的知识服务,才能获得发展的希望。

(2)读者信息获取与阅读习惯发生根本性转变

在工业社会时代,人们获得信息,尤其综合信息和历史信息时几乎只能依靠图书馆。但是在网络时代下,人们可以利用电脑、手机在任何地点搜寻所需的资料,图书馆已经不是必去的场所。数字图书馆虽然提供了网络访问的通道和方法,但要想从浩如烟海的网络环境中脱颖而出,绝非易事,毕竟互联网里的开放信息服务有很多,数字图书馆只是其中之一。

伴随着获取方式改变的是人们阅读习惯的调整,个人电脑、手机、多媒体移动终端(如 PAD 和 MP4)的大量普及,使得多媒体信息服务成为人们获取信息的主要形式,数字阅读也呈现出爆发性增长的趋势,这一切都对传统图书产生了极大的负面影响。数字图书馆如果仅仅停留在传统图书数字化服务的概念上,则必将与大众需求渐行渐远。而且有限的资金和技术条件,以及数字资源的版权限制又使得互联网上的开放服务雪上加霜。

(3)技术实现复杂度显著提高

面对网络时代下的海量数据信息和群众不断提高的知识需求,大规模的数据中心就成为数字图书馆开展服务的基础条件,就如图书馆馆舍是图书馆的基础一样。但是,要提供可靠的知识服务,就需要拥有海量数据的分布存储机制、高并发响应的用户服务设备、可靠的信息和知识组织系统、智能的用户需求分析技术等尖端计算机技术,而这些都远超一般服务机构的资金和人才实力,即便是最大的图书馆在这方面也只能做有限的尝试。因此,面对来自于技术难度的挑战,数字图书馆更为合理地选择是像出版行业一样将专业的技术服务让渡给专业机构和公司,自己专注于信息组织和内容建设,而不是贪大求全。

3.4.3 数字图书馆的选择

图书馆人对于数字浪潮的冲击有着清醒的认识,从一开始就紧密跟踪信息技术的最新成果,及时应用于图书馆领域,从而推动了图书馆信息化的发展,并逐步形成了关于建设数字图书馆的理念和思路。但是,数字图书馆技术的巨大复杂性、网络时代下人们需求的多样性、社会信息传播体系的剧变等都对数字图书馆今后的发展提出了严峻的挑战。

数字图书馆的发展不仅仅是一个技术问题,它更是一个社会问题和产业问题。在信息时代的背景下,要发展数字图书馆就要明确自己的优势与不足,将自身融入到整个社会信息化体系当中,才能更好地发挥自身的价值和优势,而不是过度专注于原有业务模式和范围,寸步不让、寸土必争。社会生产力的提高必然要求有更加细致的分工合作,在农业社会人类进行了第一次大分工,工业社会对人类和产业进行了更细的分工,信息社会下这种分工机制将更加细致和微妙。图书馆、网络信息服务商、数字资源服务商、信息平台建设机构,以及原本与图书馆无关的出版发行行业、图书流通和零售机构等都有可能参与到数字图书馆的建设和服务中来,并根据自身特点选择好自己的位置。面对数字出版的浪潮,出版行业选择了坚持自己的内容优势,与平台商进行合作共建,在数字图书馆领域,虽然这一浪潮还未真正到来,但是出版界的选择可供我们深入思考和分析,从而做出更加合理的选择。

参考文献

[1]中国乐凯集团胶片公司 2000 年年度报告. http://www. luckyfilm. com. cn/files/siteFiles/ 2000nb. pdf

[2]中国乐凯集团胶片公司 2001 年年度报告. http://www. luckyfilm. com. cn/files/siteFiles/ 2001nb. pdf

[3]中国乐凯集团胶片公司 2002 年年度报告. http://www. luckyfilm. com. cn/files/siteFiles/ 2002nb. pdf

[4]蔡恩泽. 百年柯达 痛苦转型. 新财经,2009(6)

[5]金水贵. 中国有线数字电视的发展对策研究. 北京:北京交通大学,2007

[6]格兰研究. 2011 年 4 月有线数字电视用户达 9516. 8 万户. http://www. dvbcn. com/2011 - 05/

31 – 74854. html

［7］欧阳友权,柏定国. 2011:中国文化品牌报告. 北京:世界图书出版公司,2011

［8］中国新闻出版研究院全国国民阅读调查课题组. 第八次全国国民阅读调查十大结论. 出版参考,2011(5)

［9］Ian H. Witten,Alistair Moffat,Timothy C. Bell. 深入搜索引擎——海量信息的压缩、检索与查询. 北京:电子工业出版社,2009

4 从信息技术的发展变化理解数字图书馆

信息技术本身是一个非常宽泛的概念,可以说任何与信息处理相关的技术都可以视为信息技术。文字、印刷,甚至包括烽火等都是信息技术的一种形式。不过,今天我们谈到的信息技术通常只是针对以数字技术和微处理技术为基础的"现代信息技术"。

"现代信息技术"的概念起源于 20 世纪 70 年代,以英特尔公司的 4004 微处理器的诞生为标志。并逐步形成了微电子、计算机、通讯和软件等多个领域。而这些正是数字图书馆赖以生存发展的基础和条件。这里我们以周宏仁的《信息化论》[1]中关于现代信息技术的阶段划分与发展来分析信息技术对于数字图书馆发展的影响和意义。

4.1 信息技术的发展

一般来说信息技术的发展有三个重要的里程碑,分别是 1946 年第一台数字计算机 ENIAC(Electronic Numerical Integrator And Computer)的诞生①,1971 年英特尔公司发明的 4004 微处理器,以及 20 世纪 90 年代出现并迅速崛起的互联网。

从今天的角度来看,无论是体积庞大的 ENIAC,还是第一个微处理器 4004 都相当原始。比如:ENIAC 占地超过 180 平方米,重量高达 30 多吨,但却只有 17 468 个真空管(当时还没有晶体管,更没有芯片)②,计算能力也只有每秒 5000 次加法的水平。而 4004 也只有 2300 个晶体管,与 2011 年时主流的 Intel I7 处理器最高达到 22.7 亿个晶体管的集成水平,相差了 100 万倍。

但是,从本质来说,数字计算机的结构自诞生起就未发生过显著变化。我们今

---

① 虽然大多数书籍都将 ENIAC 看做是世界上第一台数字计算机,不过严格地说,ENIAC 只是第一台得到实际应用的数字计算机,真正的第一台数字计算机应该是"阿塔纳索夫 – 贝瑞"计算机(Atanasoff-Berry Computer,简称 ABC),由艾奥瓦州立大学的约翰·文森特·阿塔纳索夫(John Vincent Atanasoff)和他的研究生克利福特·贝瑞(Clifford Berry)在 1937 年至 1941 年间开发。这里我们仍然沿用大多数材料中的说法,并不严格追究这一历史问题。
② 晶体管问世于 1947 年 12 月,是由美国贝尔实验室的肖克利、巴丁和布拉顿组成的研究小组研制出的一种点接触型的锗晶体管。

天所接触到的计算机,从专业角度来看都是"冯·诺依曼"体系结构①的计算机。其基本特征是:计算机采用存储程序的方式,指令和数据放在存储中;按照程序顺序执行指令;数据以二进制形式表示;以运算器为中心,I/O 设备与存储器件的数据传输都要经过运算器。可以说这些特征对于今天的任何一台计算机都是可以符合的。

正是由于这种体系结构的稳定,信息技术才得以快速发展,信息技术行业才能通过衡量存储规模、CPU 数量以及网络带宽容量等,对信息技术的发展进行研究,并逐步形成了一些广为大家认可的"定律"。这其中最有名气的是广为大众所知的摩尔定律,除此之外还有贝尔定律、吉尔德定律,以及麦特卡尔定律等。

摩尔定律是由英特尔(Intel)创始人之一的戈登·摩尔(Gordon Moore)提出的。其内容为:当价格不变时,集成电路上可容纳的晶体管数目,约每隔 18 个月便会增加一倍,性能也将提升一倍。换言之,每一美元所能买到的电脑性能,将每隔 18 个月翻两倍以上②。今天,我们看待摩尔定律时早就习以为常。但是,如果考虑到摩尔提出该定律时,集成电路问世刚刚 6 年,而他所在的实验室也只能将 50 个晶体管和电阻集成在一个芯片上,并且这个定律在计算机行业快速发展变化的历程中已经稳定维持了超过 40 年。摩尔定律的价值和意义就非同凡响了。摩尔定律对于计算机行业的意义在于,它使得整个行业认识到信息技术发展的几何增长趋势,要想在这个行业内生存和发展就必须能够适应这种变化。对于数字图书馆建设者来说,摩尔定律给予的是一种基本理念,那就是在信息时代,需求和能力的变化都会是爆炸性的。传统图书馆百年不变的建设思想和服务方法是无法适应这一环境的,数字图书馆建设者必须拥有清醒的信息技术发展理念,而不仅仅是用传统的业务观点来审视和观察。

贝尔定律是由著名的 DEC 公司副总裁贝尔(Gordon Bell)在 1972 年提出的,其基本观点是:如果保持计算机能力不变,微处理器的价格和体积每 18 个月减少一半。这个定律基本可以看做是摩尔定律的一种反向说明。因此,有人会提到信息技术的三大定律,就是将该定律与摩尔定律看做是同一理论的不同表述。

吉尔德定律描述的是:在未来 25 年(1996 年发表),主干网的带宽每 6 个月增

---

① 约翰·冯·诺依曼(John von Neumann,1903 – 1957)在 1945 年发表了《存储程序通用电子计算机方案》(Electronic Discrete Variable Automatic Computer EDVAC),以及 1946 年的《电子计算机逻辑设计初探》,共同构成了计算机历史上具有里程碑意义的冯·诺依曼体系结构的理论基础。

② 摩尔本人最开始提出的是 1 年增加一倍,后来修正为 2 年一倍。18 个月的时间是后来经他人修正的数据。

长一倍,其增长速度是摩尔定律预测的 CPU 增长速度的 3 倍,并预言将来上网会免费。吉尔德定律的提出者是被称为"数字时代三大思想家"[①]之一的乔治·吉尔德。吉尔德定律中所描述的主干网增长速度比 CPU 的增长速度要快得多,制约用户使用的网络带宽在技术上早已不是问题,更多的只是用户的需求和成本问题。而随着时间的推移,网络费用会逐渐降低,甚至走向免费。人们也会因为每时每刻都生活在网络之中而忘却自己已经在"网上冲浪"(Surfing the Internet)。基于这种网络快速膨胀的预期,人们对于依托网络而提供的各种服务给予了极高的期待,并付诸实践。互联网的快速发展、各种新兴网络服务的诞生,以及数量庞大的传统业务向网络的快速转移都验证了该定律的正确性,而这一切都得益于高速宽带网所造就的数量庞大的网民。高速的网络使得许多理想中的功能很快变为现实,而在仅仅几年前这些功能似乎还是神话。因此在网络时代,只有准确地把握这一方向,事业才能跟上时代的步伐。对于数字图书馆的建设者来说,就要摆脱传统的"围墙"思想,将数字图书馆看成是开放的网络世界中的一个共享、互动的信息中心,而不只是实体场馆内的数字化信息服务。

麦特卡尔定律是由著名的 3COM 公司创始人麦特卡尔(Robert Metcalfe)所提出的,其基本内容是:网络的价值与网络节点数量的平方成正比。简单地说就是:在网络时代信息共享程度越高,使用者越多,其价值就越大。这种观点与传统的理念存在一定的差异。传统观念讲的是"物以稀为贵",在工业时代,公司的价值是与其用户数量成正比的,但是却不能共享,更不能免费。但在网络条件下,这样的思路完全被颠覆了,最为典型的就是像 QQ、360 这种完全免费的系统。在工业时代,这样的公司是不可能生存下来的,但在网络时代,由于他们拥有了巨大的用户群体,也就拥有了巨大的网络资源,极大地冲击了原有的行业版图,动摇了原有行业的游戏规则,从而获得了巨大的成功。

相比前三个定律来说,麦特卡尔定律对于数字图书馆的建设影响最大。因为前三者挑战的只是人们对于速度的适应能力,而麦特卡尔定律所揭示的则是一种颠覆性的理念。在传统图书馆建设理念中,图书馆的价值在于其拥有的资源数量,特别是其拥有的特色、孤本书籍的数量,即"镇馆之宝"决定了图书馆的价值。而在网络时代,数字图书馆的价值在于其开放范围,和其共享的程度。以传统思路建设的数字图书馆强调馆藏资源数量(以 TB 代替册数),即使技术水平很高,也只是

---

① 另外两位分别是提出"地球村"和"媒介就是讯息"观点的麦克卢汉,以及《数字化生存》的作者尼葛洛庞帝。

互联网上的一个孤立节点,只能成为信息服务者的一个资源,而不会成为网络条件下的信息服务的核心。缺乏网民的有效支撑和访问,这样的数字图书馆即使连接了世界,也很难真正走出图书馆的围墙,最终只会是传统图书馆的一种延伸。

关于这四条定律的关系,微软副总裁张亚勤在《变革中的思索》一书中给了一个简单的总结:"网络革命中的四条戒律构成了一个稳固的三角形,摩尔定律和贝尔定律是这个图形的第一个点,吉尔德定律和麦特卡尔夫定律则是其余的两个点,四条定律相互支撑,又彼此制约。"[2]

当然我们要看到这些"定律"与我们在学习中接触到的各种数学和物理定律并不相同。这些"定律"只是关于信息技术发展趋势的一种定性描述,而非定量化说明。因此,对于这些定律,重点不在于它们与信息技术的发展是否严格对应,而在于它所揭示的信息技术发展普遍规律,并由此来指导数字图书馆的建设和服务。

4.2　信息技术发展的阶段性与数字图书馆的发展

信息技术的三个里程碑代表了信息技术三个重要发展阶段的开端,即主机阶段、PC局域网阶段和互联网阶段。与这三个阶段相对应,图书馆的信息化和数字图书馆的建设也有着不同的发展和变化。

4.2.1　主机阶段

主机①也就是通常所说的大型机。主机阶段开始的标志是ENIAC的诞生。尽管从今天的角度来看,这个庞然大物的能力实在不值一提,甚至远远不如一台普通手机的计算能力。但是,它所确立的大型主机处理模式却成功地推动了计算机的发展和人们对于信息化的认识,并形成了以大型主机为处理中心,众多终端设备为客户端的主机连接和应用结构。

起初,主机的主要用途是科学计算,供专业技术人员使用。不过,随着分时技术的发明以及小型机的出现,主机也逐步进入了行业应用领域,如机场的航班系统、银行的ATM处理、政府的税收系统等。图书馆作为信息管理的重要部门也及时地采用了这种计算设备实现了对于传统图书馆业务的自动化管理和服务。但是,由于当时既没有数字出版物,也不具备对印本书籍的数字化能力,因此也没有

---

①　主机(Mainframe Computer)或者称大型机,大型主机。大型机使用专用的处理器指令集、操作系统和应用软件。大型机一词,最初是指装在非常大的带框铁盒子里的大型计算机系统,以用来同小一些的迷你机和微型机有所区别。

数字图书馆的概念。

不过,值得注意的是,尽管今天大型主机流行的时代早已过去,但大型主机仍然是很多行业核心应用的基础。即使对于国家数字图书馆,在其可行性研究报告中也将大型主机作为其资源发布与服务系统的核心设备①(后来在初设方案中调整为集群)。

4.2.2　PC 局域网阶段

主机设备庞大、使用复杂,阻碍了计算机在社会行业领域的应用推广。但是随着英特尔公司 4004 微处理的发明,特别是 IBM 推出的 IBM 系列微机成为业界标准后,计算机逐步走出象牙塔,成为平民大众使用的工具。局域网的兴起,尤其是以太网(Ethernet)逐步成为局域网的事实统一标准后,"PC + 局域网"的模式成为计算机应用的主要形式,并进入到各行各业。行业信息化成为信息技术应用的主要发展方向之一,图书馆信息化也不例外。

PC 机的出现,使得普通公众拥有了大量接触计算机的机会,同时计算机也能够更为广泛地接触到业务和生产的各个环节,直接获得数据并处理。局域网的出现,则使得同一部门、同一单位内的计算机之间能够实现实时的数据交换,业务数据通过网络可以从一台计算机传到另一台计算机,也意味着业务数据可以从一个部门以电子形式传输到另一个部门。这就是业务信息化的技术基础。

图书馆传统的采编检流业务正好与这样的技术条件相匹配,因此出现了各种以图书馆业务自动化为目标的图书馆信息化解决方案。这些方案以及其他一些图书馆应用服务技术相互结合逐步形成了图书馆行业的数字化解决方案,为数字图书馆理念的形成奠定了基础。但是,由于这一时期图书馆信息化的主要目标是实现传统业务的信息化管理,尽管已经具备了一定的印本书籍、胶片、照片等的数字化处理能力,但是数字资源总量还非常小,并且对于数字资源的管理还是采用传统的编目方式。因此,本质上还属于是图书馆自动化的范畴。

这一阶段的典型应用方案就是像 Aleph、ELAS 这类的图书馆自动化管理系统。他们通常以多台服务器组成核心业务的处理系统,以 PC 为客户终端,通过局域网实现信息检索和交换。这些系统通常都具备完善的图书馆业务信息化处理功能,如编目、采访、流通、联机检索等。互联网出现后,也会依托互联网实现一些网络业

---

① 国家数字图书馆"数字信息应用系统搭建选择基于主机的计算体系,即以两台大型并行处理机来完成上述指标"。参考:申晓娟.国家数字图书馆工程建设回顾与展望.数字图书馆论坛,2008(8)

务,如馆际互借等。

4.2.3 互联网阶段

互联网起源于 1969 年诞生的 ARPANET[①],最初只是一种科研网络,后来又分拆成为用于科研的 ARPANET 和用于军事用途的 MILNET[②],而科研部分后来又转换为美国国家科学基金会资助的 NSF,并最终发展成为互联网。

在 ARPANET 建成后的 20 年间,它一直都是科学家的工具,主要用于连接各个科研机构的大型主机或网络,普通民众很少涉及,也极少知道它的存在,行业的应用和服务更是无从谈起。但是,随着 PC 和局域网的迅速普及与应用,网络终端的数量急剧膨胀,其所蕴含的能量、价值和意义也就显现出来。而这正是麦特卡尔定律所描绘的景象。

互联网的崛起,还有两个不能被忽视的重要技术条件,那就是超文本标示语言(HTML)和浏览器。正是他们的出现使得互联网从一种单调的学术设施,迅速向社会化、生活化、娱乐化方向发展。在互联网条件下,人们在任何时间、任何地点,与任何人进行交流的梦想成为可能。通过互联网,信息的沟通与共享变得简单而快捷。利用互联网,任何设备都可以与网络内的其他设备进行数据传输和交换,任何人可以利用网络发布、传播和交换消息。这就从根本上挑战了工业社会下形成的传统信息生产、发布和传播机制,是书籍、报纸、电话、广播、电视等传统媒介完全无法比拟的。

互联网的出现也促成了数字图书馆理念的最终形成。但这并不是一蹴而就的过程,而是随着互联网的发展,以及人们对于互联网和数字图书馆认识的不断深入而深化的。初期,互联网主要是以一种全新的信息发布平台的形式而出现,那时互联网对于图书馆而言主要是一种新的信息发布渠道,重点工作是如何建设网站和

---

① ARPANET(The Advanced Research Projects Agency Network 阿帕网)是美国国防部高级研究计划署(Advanced Research Project Agency)开发的世界上第一个运营的包交换网络,它是全球互联网的始祖。最初的"阿帕网",由西海岸的四个节点构成。第一个节点选在加州大学洛杉矶分校(UCLA),第二个节点选在斯坦福研究院(SRI),加州大学圣巴拉拉分校(UCSB)和犹他大学(UTAH)分别被选作三、四节点。以现在的水平论,这个最早的网络显得非常原始,传输速度也慢的让人难以接受。但是,阿帕网的四个节点及其链接,已经具备网络的基本形态和功能。所以阿帕网的诞生通常被认为是网络传播的"创世纪"。不过,阿帕网问世之际,大部分电脑还互不兼容。于是,如何使硬件和软件都不同的电脑实现真正的互联,就是人们力图解决的难题。这个过程中,文顿·瑟夫(Vinton Gray Cerf)为此作出首屈一指的贡献,从而被称为"互联网之父"。

② MILNET(Military Network),1983 年 ARPANET 由于军事安全等因素,将原先的军用网络 MILNET 分离出来,该网也是 DDN(Defense Data Network)的非机密部分。相关内容可以参考:Fritz E. Froehlich, Allen Kent (1990). ARPANET, the Defense Data Network, and Internet.

公布信息。后来,互联网逐步成为了社会经济和文化生活的重要舞台,图书馆在利用互联网实现业务整合和业务协同信息化的同时,也意识到了资源数字化所带来的机遇和挑战,从而形成了以数字化资源服务为核心理念的数字图书馆建设理论。今后,在互联网冲击下,社会文化将全面转型,传统的图书、报刊、杂志的生产、发行行业必将产生翻天覆地的变化,图书馆作为这些产业的下游,也将受到更为直接的冲击,而群众数字阅读的兴起与网络化生活的普及,又使得数字化信息服务将成为今后的主流。因此普遍认为,今后的图书馆将首先会以数字图书馆的形式出现在人们身边,然后才会是那些有实体建筑的图书馆。

4.3　信息技术处理内容的阶段性与数字图书馆的发展

信息技术所处理的对象——数据(内容),是随着计算机的发展水平而不断深化的。在计算机发明初期,其主要目标是完成数值计算,也就是主要与数据打交道。但是随着计算机技术的发展和信息化的深入,人们发觉计算机同样可以用于数据管理和业务管理,并将其逐步用于实践。这一过程大致可以分为三个阶段:数据管理、信息管理和知识管理。不过需要注意的是,这些阶段与前面的信息技术发展的三个阶段并不一一对应。

数字图书馆作为以信息处理为主要任务的信息化基础设施,信息技术处理内容的阶段性必然也会直接反映到它的发展过程中。这既是信息技术发展的必然,更是数字图书馆深入社会生活与社会信息化相融合的必然结果。充分认识信息技术处理内容的阶段性,就能够更加有效地理解数字图书馆自身的发展与变化。

4.3.1　数据管理阶段

从计算机这个名词我们就可以看出,在它命名的时候,其目标就是用来完成计算任务,用于处理数据。这是由于,在当时条件下人们进行数值计算时手工计算效率过低,催生了发明“数值计算机”的需求,希望通过计算机来完成庞大的、繁杂、易错的数学计算工作。前文所说的人类第一台计算机 ENIAC,就是美国军方用于火炮弹道计算的产物。因此,计算机在其早期阶段,只用于处理数据。

随着计算机的发展,特别是实时处理技术取代了批处理技术后,以计算机为基础的数据管理信息化便发展起来,包括了数据的采集、存储和加工计算。1951 年,埃克特和莫克利制造的美国第一台商用数字计算机——通用自动计算机(UNIVersal Automatic Computer I UNIVAC)[3]成为美国人口调查局的数据处理设备,使得计算机从单纯的数字计算管理走向了数据处理的阶段。此后,计算机开始广泛进入到各种与数值和数据管理相关的业务领域,首先进入的就是银行等金融体系,以及财务会计管理领域,然后又广泛进入到政府部门如海关、税务等。直到今天,数值计算和数据管理都是计算机的最核心工作,每年公布的全球 TOP500 计算机[4]就是这一需求的直接体现。

数据管理作为计算机的基本功能,是计算机能力和信息化水平的直接反映,同时也是社会整体信息化的基础,它把社会生活中的模拟信息转化为数值数据,并由计算机进行管理和控制,为其后更高级的业务信息化活动奠定了基础。

从图书馆信息化发展角度来说,也存在着数据管理这样的阶段和工作。尽管图书馆一般不存在数值计算的工作,但在图书馆信息化应用的早期,首先需要解决的就是对于馆藏资料的数据整理,将馆藏的各种书籍的书目信息录入到书目系统中,从而实现对书籍的信息管理,并由此催生了 MARC。即使到现在,这一工作也是图书馆信息化管理的基础和起点。对于数字图书馆而言,其基础全部是数字数据,上述对于数据的管理工作是其所有业务活动开展的前提条件。

4.3.2 信息管理阶段

数据管理的信息化实现之后,人们对于计算机自然而然地会提出更高的应用要求,就是利用计算机管理其所处理的各种数据,并结合人们的工作和业务要求,形成与管理工作相关的业务管理信息,为管理信息化提供保障。这就催生了管理信息系统(Management Information System MIS)。

1967 年戴维斯(Gordon Davis)在美国明尼苏达大学创立了第一个管理信息系统研究中心,使管理信息系统成为一门正式的计算机学科。根据他的定义,管理信息系统是"一个利用计算机软硬件资源以及数据库的人—机系统。它提供信息以支持企业或组织的运行、管理和决策功能"。

今天管理信息系统已经成为企业信息化管理的基本手段,已从早期的单一业务管理向全方位扩展,形成了完整的管理应用系统体系,如决策支持系统(DSS)、工业控制系统(CCS)、办公自动化系统(OA)等。并且随着信息技术管理向企业生产领域的转移又出现了用于库存管理的"物料需求计划"(MRP),以及进行企业生产经营管理和计划的 MRPII,并最终形成了现在企业信息化的核心系统"企业资源计划"(ERP)。这一系列的企业应用系统升级过程,正是计算机对于企业信息管理逐步加深的过程,是计算机从单纯的数据管理向更深的信息管理的发展。

当然,信息管理绝不仅仅用于企业。现在,政府、科研机构、事业单位、非政府组织等行业都已普遍采用了信息化管理手段,实现其传统和新业务的信息化。在加强单位内部业务管理的同时,也与整个社会建立了更为紧密的信息化联系。

计算机的信息管理是计算机应用的一个更高层次,它依托计算机所获得的数据信息,结合社会生产生活的实际需要,形成单位和组织内部的信息化体系,并通过网络与外部组织和单位形成信息化交流,从而推动了整个社会的信息化进程。

对于图书馆而言,信息管理是其整体业务信息化的又一阶段。在该阶段,图书馆的关键业务活动纳入了计算机的信息化管理范围,从书籍的采购开始,直到书籍上架并供读者阅读的全过程都进行了计算机化的管理。管理者可以通过业务和统计数据了解图书馆工作的整体状态,读者可以通过信息技术手段查找到所需书籍的状态和信息。通过信息化,图书馆传统业务管理能力得到极大的提升。

当人们将这种信息管理手段与图书的数字化,以及数字化服务相结合时就形成了数字图书馆。数据、信息和管理完全整合在一起。人们所面对的可以不再是纸质的书籍,手机、电脑等电子终端都能成为阅读的工具;高效的分类组织、数据编排和先进的技术装备使得图书的查找和阅读变得异常轻松;借助于互联网的力量,人们甚至可以跨越时空的束缚,在任何地点访问遥远的数字图书馆。这样的数字图书馆是信息技术在信息管理方面的理想表现,也是今天的数字图书馆所寻求的核心建设目标。但是,人们的需求是无止境的,信息技术的发展,网络社会的形成,使得人们对于信息管理的更高阶段有了强烈的需要,那就是知识管理。

4.3.3 知识管理阶段

知识管理(Knowledge Management,KM)是一个相比信息管理更为高级的计算机管理概念,是人们对于计算机能力的深入挖掘并利用其完成社会管理功能的一种要求,它与人们对于计算机的人工智能期望有着深刻的内在联系。直接原因则是由于,通过多年的管理信息化过程,人们已经积累了关于组织、企业和工作的大量一手数据,人们期望通过挖掘这些数据中的潜在关系和因素,指导今后的工作和生活。

知识管理的概念最早是由卡尔－爱立克·斯威比博士(Karl-Erik Sveiby)于1986年在其发表的《Kunskapsforetaget》中提出的,并于1990年第一次以"知识管理"(瑞典文,Kunskapsledning)为题出版了专著。而1995年发表的《创新求胜》一书则更成为知识管理的经典著作[5]。

关于知识管理的实现方法人们曾经走过一个误区,那就是过度相信利用技术手段可以实现完全的知识管理,将知识管理看做是一种自动化的知识生产工具,通过这样的工具可以直接从历史信息中获得对于未来的启示。这里最为经典的案例就是关于沃尔玛的啤酒与尿布的故事①。尽管这一故事已成为整个数据挖掘和知识仓库领域内的经典案例,但是,数据仓库、数据集市、决策支持这些智能知识系统在实际应用中的表现却让人大失所望。究其原因就在于知识管理的真正核心是人,而不是具体的技术和产品。每一个企业和行业都有着与众不同的生态环境和内在构成,它的知识模型绝不是一个软件产品所能轻易演绎出的。因此,对于知识的管理,在可预期的时间内仍将是在信息管理基础上的更高的人机结合,完全依靠信息技术的知识管理在理论层面仍然遥不可及。

实现人—机结合的知识管理需要具备两个关键要素:其一,经过多年的信息化建设,组织机构已建成大量的实用业务数据库,积累了海量的业务信息和资源数据,同时也逐渐发现并掌握了收集、分析、整理和利用已有知识和经验的有效方法;其二,认识并深刻了解互联网在社会发展中的根本作用,充分意识到互联网的核心价值在于形成了人与人之间的新纽带,并能够有效利用互联网来驱动人类知识力量与海量数据信息的结合。也就是以互联网为平台聚合人类知识,从而实现人机结合的知识服务。

人们对于数字图书馆的知识管理功能给予了极大的期望。希望借助于现代信息技术的帮助,能够将人类庞大的知识转变为可直接利用的知识体系,甚至可以根据用户的特点和需求引导用户向正确的知识方向学习,并由此形成了以本体理论为基础的知识组织模型。但是,通过长期的研究和实践,人们发觉构建实用的本体模型所需的知识远远超越了图书馆馆员和机器的能力。不过,网络社会的快速发展使得人们发现了知识服务的另一条道路,一条利用网络社会力量提供知识管理和服务的途径。这种方式代表的是信息时代下,人类社会生活、社会关系与网络融合的趋势,是今后相当一段时间网络社会发展的重要方向,对于数字图书馆今后的建设和发展也必然会产生深远的影响。

---

① 该故事讲述的是:世界著名商业零售企业沃尔玛公司拥有世界上最大的数据仓库系统。为了能够准确了解顾客在其门店的购买习惯,沃尔玛对顾客的购物行为进行购物篮分析,想知道顾客经常一起购买的商品有哪些。通过对数据仓库里各种原始交易数据的详细比对,并利用 NCR 数据挖掘工具进行分析和挖掘。发现了一个意外的结论:"大多数男士在购买尿布时会一起购买啤酒!"于是,沃尔玛派出市场调查人员和分析师对这一数据挖掘结果进行调查分析。并最终揭开了"尿布与啤酒"背后的一种美国人的消费行为倾向:在美国,一些年轻的父亲下班后经常要到超市去买婴儿尿布,而他们中有 30%—40% 的人同时也为自己买一些啤酒。产生这一现象的原因是:美国的太太们常叮嘱她们的丈夫下班后为小孩买尿布,而丈夫们在买尿布后又随手带回了他们喜欢的啤酒。于是沃尔玛就在其一个个门店将尿布与啤酒并排摆放在一起,结果是尿布与啤酒的销售量大大增长。

4.4　信息技术指导思想的阶段性与数字图书馆的发展

在政治领域常常会提到经济基础与上层建筑之间的辩证关系。在信息技术领域同样也存在着类似的关系。信息技术的不断进步推动了社会信息化应用水平的提高，进而产生并推动了信息技术指导思想的不断发展。反过来，人们在信息技术指导思想的指引下，不断实践并创新各类信息技术及应用，从而推动信息技术的持续发展。与信息技术发展阶段性和处理内容阶段性相类似，信息技术的指导思想也可以分为三个主要阶段：计算机化阶段、业务流程再造阶段和机构改造阶段。数字图书馆作为信息技术应用领域的产物，也必然受到信息技术指导思想的直接影响，而呈现出阶段性发展的特点。

4.4.1　计算机化阶段

谈到计算机，人们最先想到的就是计算机能替代人做许多事情，从而提高人们的工作效率。因而早期的信息技术指导思想就是在生产和管理过程中尽可能多的利用计算机，实现业务管理和业务流程的"计算机化"，从而达到提高工作效率和管理水平的目的。典型的应用如各类财务会计软件和之后更为普遍的信息管理系统，而程控交换机这种设备的出现更是彻底地把接线员这一工种抛入了历史舞台，以及我们之前提到的图书词汇索引编制等工作。但是，无论哪种应用，都是以计算机的能力为基础，实现计算机替代人力的"计算机化"。不过，由于计算机的智能水平远未达到人们原先的预期，因此，这类计算机化更多是以劳动效率的提高为显著特点。

对于图书馆而言，无论是早期的各类图书管理系统，还是最新的 RFID 应用技术（如自助借还书系统），都是一种利用现有信息技术，以提高生产效率和管理水平为目标的"计算机化"。当然，这并不意味着 RFID 技术在图书馆应用是落后的。因为信息技术指导思想的阶段性是针对特定范围而言的，或者说是针对特定领域的不同阶段而言的。就图书借还书业务来说，RFID 自助借还书系统本身还是相当先进的。从更大范围来看，某些业务信息化的目标就是"计算机化"，例如科学计算，它就是以计算设备来代替人力完成数值计算。而且在可预见的时期里它都将是信息技术应用的最核心领域之一。

就数字图书馆来说，其全部业务都是运行在计算机上的，因此也就没有计算机化这一说法。不过，如果将数字图书馆看作是图书馆升级改造的话，那么数字图书馆就是对图书馆各项业务最彻底的计算机化。

4.4.2　流程再造阶段

在 20 世纪 80 年代,随着 PC 机和局域网技术的普及,信息的采集、加工、处理和应用从原先的主机阶段转变为 PC 局域网阶段。技术上的这种变化,使得信息技术的应用层次进一步深化,人们对于信息技术的应用方式和应用思路也随之发生改变。信息技术的指导思想从实现业务的计算机化转向改造原有业务,利用信息技术精简、整合和重新配置原有业务流程,使之更加高效合理。这就是信息技术行业非常著名的"业务流程再造"思想(Business Process Reengineering BPR),它的提出者是麻省理工学院教授 Michael Hammer 和 CSC Index 的首席执行官 James Champy[6],其主要针对目标是部门内部和部门间的业务活动,有时也会放大到单位之间的业务活动。

要想明确这一理念,首先要了解部门和业务流程之间的关系。通常来说,任何单位和组织部门都是为履行某些特定的职能而存在的,其内部又会根据每个职能的需要,设立一些对应的管理和执行机构,他们分别拥有一定的权限和责任,而这些权限和职责是相对明确和可划分的,并且根据隶属关系等形成一种层级树状结构。业务流程则是为履行一个职能所必须完成的一系列相关活动和工作。对于一个稳定运作的单位来说,这些职能所对应的业务流程都是明确和清晰的,业务流程中各个环节所对应的各个机构的工作要求和条件也是准确的。从而形成了机构与机构间、部门与部门间、单位与单位间的一种协调和依赖关系。但是,当单位或部门的规模较大时,这类流程往往异常复杂,效率极低。

计算机化的指导思想就是将这些业务流程尽可能地用计算机去实现,利用计算机的高速去加快业务处理的速度,提高工作效率。但是,随着信息化实践的深入,人们逐渐认识到很多低效的业务,其根源在于管理流程的复杂,计算机化的业务流程只能解决有限的问题。如何利用现代信息技术带来的便捷性打破原有制度和规则,创造出只有在信息技术条件下才能实现的新的业务流程,进而从质的角度改变单位和部门的运作机制,实现更加深刻的效率提升,就成为信息化建设的新目标。正因如此,"业务流程再造"迅速成为电子政务和企业信息管理的一个大的趋势。

当然,"业务流程再造"在实践过程中,成功比例并不太高,并因此导致人们对于"业务流程再造",甚至对于信息技术能力的质疑。但是,这实质上涉及一个更加复杂的问题,即工程实践和管理的问题。一般来说,项目失败主要是由于人们对于信息技术和工程信息化的理解不到位,执行者得不到领导的长期有力支持;以及由于外在因素而导致的工程目标定位过高,而基础又往往严重缺乏等。

"业务流程再造"在数字图书馆建设领域提倡的不多,这一方面是由于图书馆传统业务流程极其稳定,需求有限,本身变化动力相对不足;另一方面则是由于数字图书馆的大规模信息化实践活动起步较晚,往往会追求一些更新的概念和方法。但是,从本质来说,无论是图书馆数字化还是数字图书馆的建设都离不开这一过程,也不能跨越它。比如,传统图书馆的馆际互借和图书传递是两个不同业务,但是在数字图书馆里这两个业务并没有本质区别,从而"不得不"对传统业务进行流程再造。

4.4.3 机构改造阶段

互联网的快速发展和普及,使得信息技术从一种专业技术迅速演变成为人们生活中的必需品,进而深刻地改变了人们对于信息技术应用的观念。在互联网条件下,人们在任何时间、任何地点、与任何人沟通任何信息成为可能。因此,当一个业务或一个服务在互联网条件下使用时,其建设者必须有更加长远的信息化认识和眼光,充分意识到互联网环境下的机遇和挑战。这种挑战早已超越了"计算机化"的效率提高和"业务流程再造"的运作优化,而是一种在信息社会环境下的重新定位。这里我们引用周宏仁的《信息化论》中的观点,称之为"机构改造",即在信息化社会的状态下或者在信息社会的成长阶段,研究如何利用互联网等信息技术改造现有的、工业化时代下形成的组织、结构,重新定义自身在信息社会中的地位和功能。

就图书馆业来说,就是要高度关注信息社会所带来的巨大变革;充分认识信息社会下的信息生成、发布、传播和积累等过程与工业社会下的本质差异;准确把握信息社会条件下公众信息获取方式、方法和内容的变化;摆脱工业社会条件下,传统图书馆业务的固有模式和思维,建成信息社会中的信息服务核心机构——数字图书馆。

当然,对于这种转变我们要有非常清醒的认识:第一,信息社会是对于工业社会的一场革命,它所影响的是整个社会结构,因此其过程必然会很漫长。数字图书馆作为信息社会的组成部分之一不可能独善其身,其功能和定位的转变也必然是逐步完成的;第二,在计算机化和业务流程改造阶段,图书馆信息化工作主要是自上而下完成的,也就是由领导推动的,其目标是提高业务服务能力和效率。而在信息社会条件下,虽然也可以自上而下地推动,但根本动力则来自于公众用户。当公众获取信息的方式发生根本性转变后,数字图书馆面临的首先将是生存问题,然后才是效率等问题，不能满足用户需求的数字图书馆很快就会被用户所遗忘。因此，数字图书馆的建设将以不断地满足用户实际需要和适应社会信息化变革为特征，逐步确立其在信息社会中的地位和作用。

从上面的分析我们可以看出，信息技术指导思想的变迁也带动着数字图书馆认识水平和建设水平的不断提高。信息技术的"计算机化"、"业务流程再造"、"机构再造"三个阶段同样也是图书馆和数字图书馆建设的三个阶段。并且，这三个阶段不是互相排斥、相互替代的关系，而是根据公众的需求，图书馆业务的需要，以及信息技术条件和整个社会信息化服务的要求而相互协调发展的。在什么条件下，采用哪种思路，推进哪一种业务应根据实际情况而定。

下图4-1是关于信息技术发展三个维度的坐标图，每一个坐标轴线都代表了信息技术发展的一种维度。数字图书馆正是在这样的多维度空间中不断发展和进步的，在每个时期都有其确定的位置，最终目标都是将数字图书馆推向更高更远的阶段。

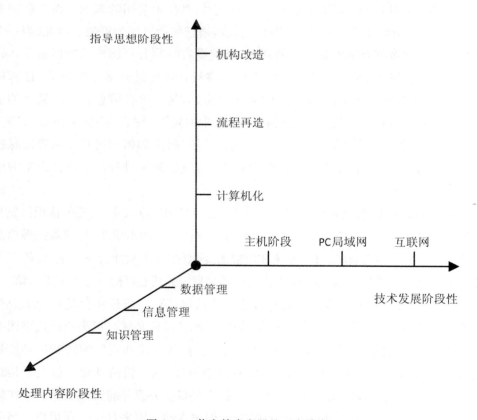

图4-1　信息技术发展的三个维度

参考文献

[1]周宏仁. 信息化论. 北京：人民出版社, 2008

[2]张亚勤. 变革中的思索——张亚勤解码创新. 北京：电子工业出版社, 2009

[3]世界上第一条商业计算机是 1951 年 2 月英国曼彻斯特大学（University of Manchester）的 Ferranti Mark 1. http://en. wikipedia. org/wiki/Ferranti_Mark_1

[4]全球 TOP500 计算机公布网站. http://www. top500. org/

[5]http://news. mbalib. com/story/36191

[6]http://en. wikipedia. org/wiki/Business_process_reengineering

5 用户的数字图书馆

前文通过对胶片和数字电视行业的分析,我们认识到任何创新技术要想取得突破,无论其多么先进,多么富有成效,首先需要解决的都是用户接受度的问题。没有用户的广泛认同,再先进的技术也只会是一种实验品。而要想取得用户的认可,就必须跳出单纯的以系统建设和业务优化为目标的建设思路,转向以满足用户真实需求为目标,构建服务于用户的体系。就数字图书馆建设而言,就是要挖掘数字时代下互联网对于用户需求和行为习惯的巨大影响,构建以用户为中心的数字图书馆服务系统。

5.1 谁是用户

数字图书馆作为图书馆界和知识服务领域的一个重要发展方向,始终坚持以服务为核心和目标,但是长期以来却有一个奇怪的现象,那就是对于用户的研究非常不充分。比如在 CNKI 中,将"数字图书馆"分别与"资源"、"数字化"、"网络"、"系统"、"用户"等组合作为关键字,得出从 1979 年到 2011 年所有数据的检索条目分别为:20 421、17 172、12 165、6545、3626 条。上述检索结果中含有"用户"关键字的仅有"资源"的 17%、"数字化"的 21%,从而可以看出对于数字图书馆,人们的关注点基本集中在了资源和技术层面,对于用户使用的关注度较低。

根据《我国数字图书馆研究论文(2005—2009)的统计分析》[1](下面两个表均引自该报告)显示,用户从来没有成为数字图书馆研究领域里的重要关键词。唯一相关的词汇"个性化服务",也只是在第三阶段才出现。(根据该文章,第一阶段是 1992—1999 年的酝酿阶段,第二阶段是 2000—2002 年的数量增长阶段,第三阶段是 2003 到现在的成熟调整阶段),如下页表 5－1 所示。

在该文中另一个关于 2005—2009 年的年度热点关键词分析中,虽然个性化服务在其中四年进入前十,但仍然没有用户这个关键词或含用户的词汇。

表 5 – 1   三个阶段的热门关键词

第一阶段	第二阶段	第三阶段
数字图书馆	数字图书馆	数字图书馆
电子图书馆	图书馆	图书馆
图书馆自动化	虚拟图书馆	元数据
图书馆	数字化图书馆	信息服务
虚拟图书馆	传统图书馆	数字化
数字化图书馆	电子图书馆	个性化服务
Internet	网络	知识产权
网络化	数字化	信息资源
信息高速公路	信息资源	本体
电子出版物	中国	数字化图书馆

表 5 – 2   2005—2009 年国内数字图书馆研究十大热点关键词分析

	2005	2006	2007	2008	2009
1	图书馆	图书馆	图书馆	图书馆	本体
2	信息服务	元数据	本体	信息组织	网格
3	元数据	知识产权	个性化服务	数字图书馆技术	图书馆
4	著作权	著作权	信息检索	个性化服务	Web2.0
5	数字资源	数字化	推荐系统	读者服务	信息服务
6	个性化服务	个性化服务	信息服务	知识自由	体系结构
7	合理使用	本体	著作权	用户研究	数字化图书馆
8	信息组织	信息服务	开源软件	信息公平	著作权
9	数字化图书馆	数字资源	高校图书馆	图书馆学教育	学科馆员
10	个人数字图书馆	知识管理	知识产权	图书馆核心价值	虚拟研究环境

在《数字图书馆论坛》就 2005—2009 年国内数字图书馆研究课题的分类研究报告中,也没关于用户使用、用户分析的相关报告。这对于一个以互联网为舞台的、开放的用户服务系统来说,可以说是一件非常奇怪的事情。就像我们很难想象一个网络运营商不去关注用户及其行为,一个信息咨询机构不去研究用户需求,因为在一个开放自由的网络条件下,人们是会用眼睛、手和脚投票的。没有了用户的

支持,服务是不可能发展起来的。

数字图书馆之所以会有这样的情况,主要可能是以下两个因素导致的结果:

一、受传统图书馆的建设和服务理念的制约。一方面,传统图书馆在建设时就是根据不同用户群体而建立,因此默认了用户群体的确定性,例如,国家图书馆就确定了其主要服务对象为四个层面:为中央国家机关立法决策服务,为全国重点教育、科研及企事业单位服务,为社会公众服务,为图书馆和信息机构服务。另一方面,传统图书馆从本质上来说是一个被动式服务机构,主要关注点往往集中在资源收集整理、标准化建设、传统服务手段提高等方面,对于服务群体及用户需求的了解都非常薄弱。而这样的理念带入数字图书馆建设领域后,就形成了将资源数字化、标准规范建设、系统开发等作为重点的建设思路。

二、生存机制的差异。现在的数字图书馆大多依托于传统的图书馆。这类图书馆普遍都是由财政和捐款资助等方式维持的,因此尽管其服务需要面对用户,但是用户的使用情况不是它的根本性决定因素,因此用户使用效果的反射弧会非常漫长。即使是许多数字资源服务商建设的数字图书馆项目,其主要目标也是图书馆而非直接面对用户。

缺乏对于用户的有效研究,就导致数字图书馆往往并不清楚自己的核心用户到底是谁,也就难以提出有针对性的用户服务方案,最终导致建设方案的盲目性和低效,因此准确把握关键用户是谁就是数字图书馆建设的首要目标。现在的数字图书馆建设领域有一种观点认为,数字图书馆提供的主要是科学严谨的数字内容,因此其核心用户应当是学生和科研人员。

但是,在笔者看来,这是一种以静止的眼光来看待数字图书馆的结果。现阶段,数字图书馆使用者以科研型人才为主,并非普通用户不需要数字图书馆,而是由于当前的大多数数字图书馆与传统图书馆联系过为紧密,其定位、理念和运作方式与社会整体信息化结合程度过低所导致的。简单地说就是不是人们不需要,而是定位不准、能力不足,无法适应普通民众的直接需求。

在《国际图联数字图书馆宣言》中,第一句话就明确提出,数字图书馆要实现"缩小数字鸿沟:使世界文化与科学遗产为全人类所用"[①]。我国政府则更加明确地将数字图书馆看做是国家公共文化服务体系的基础工程和国家文化惠民服务的基本抓手。以普通公众为核心群体的定位极其明确。而且,互联网无限通达的能力,也使得数字图书馆具备了走出图书馆围墙的能力,为更广大的普通大众提供知

---

① 原文:Bridging the Digital Divide:making the world's cultural and scientific heritage accessible to all

识服务。

数字图书馆绝不仅仅是图书馆的数字化实现形式,作为社会信息化的必然产物,它的发展与进步是以广大群众的需求为基础,并逐步实现与社会和人相融合的过程。因此,在这里我们将普通大众作为数字图书馆的核心用户,他们的需求就是数字图书馆的核心目标,他们所存在和面对的信息化环境就是数字图书馆的生存环境。只有这样才能更加清晰地认识和把握数字图书馆的发展脉搏。

5.2　总体需求

在任何时代,人类对于知识的渴望和索求都是迫切的,都希望能够随时随地获得任何所需的信息。但是由于社会和技术条件的限制,人们只能根据当时的理解水平,去构想知识的服务和获取方式,并通过实践来完成这些构想。

在信息技术出现以前,图书馆是人类知识汇集和长久积累的最主要办法,从而形成了"图书馆是知识的海洋"的论断。对于一个传统的图书馆来说,人们的需求主要是书籍要多、环境要安静、座位要有空闲、借还书要方便。因此,图书馆的藏书量、建筑面积就成为重要的衡量指标,并由此而形成了传统图书馆的各个基本业务。

但是,信息技术的出现,特别是随着互联网的蓬勃发展,人类知识生产、积累、传播、查找和获得的方式得以彻底改变。人们对于知识的渴望更多地将通过互联网来实现,依托互联网的知识服务成为大众获取信息和知识的主渠道。互联网沟通世界各个角落的强大能力,使得人们一直以来追求的"四个任何"成为可能,也就是"在任何时间、任何地点,任何人可以访问任何信息"(另一说法是,"在任何时间、任何地点,可以与任何人沟通任何信息")。而这也就是用户对于数字图书馆的总的需求。如果将这一需求细化,并根据现实技术和社会条件修正,我们就初步得到以下几个用户需求。

5.2.1　只要能够联网就能访问数字图书馆

这是一条看起来很简单的要求,因为互联网是互通的、没有国界的,只要把数字图书馆连到互联网上就可以了。但是,这忽略了一个很现实的问题,那就是互联网并不"完美"。现实的互联网是一个复杂的,甚至有些"凌乱"的网络,它由许多个网络互联而成,而这些"子网络"本身又可能是由更多的网络衔接起来的,他们可能也有自己的主干、城域、区域、局域网络。换句话说互联网上也有大街小巷,如果要保证数字图书馆拥有很好的用户访问效果,就必须建在互联网的大街上,并有足够宽大的"门面"。而且,更为重要的是这个"门面"要像现实生活中商店的门脸一样得是光彩照人的,以便吸引游客。不过,在网络世界里要实现这一目标却与现实世界有很大的不同,因为这个"门面"靠的不是装潢,它的"光彩照人"不是指网站主页的华丽,而在于其提供服务的能力和水平,也就是它能够方便地"引导顾客到达想要的柜台"。这也就是为什么 Google 这么大的网站,它的主页却如此"简陋"的原因。

5.2.2 永远不关门,任何时间数字图书馆都能提供服务

传统图书馆都有开闭馆时间,比如国家图书馆规定周一至周五是早9点到晚上9点,周六日是早9点到下午5点。数字图书馆的出现可以显著改变这一状况,因为机器不用睡觉。但是,现实同样并不"完美",尽管机器不用休息,系统却需要维护。要想建设一个能够永不停机的,在维修时也能提供服务的数字图书馆,对于系统和管理水平的要求将会非常高,绝大多数数字图书馆都难以达到。即使是国家数字图书馆,每年仍需要至少两次定期的停机检修。

5.2.3 要有足够多的内容,足够好的服务

现实生活中,人们往往更喜欢去大型的图书馆,即使路途更远。这里最主要的因素就是大型图书馆的书籍更多,挑选余地更大。对于数字图书馆来说,由于失去了距离的制约,这一趋势将更加显著。内容更全、检索效果更好、服务能力更强的数字图书馆很快会脱颖而出,而那些资源欠缺、服务能力有限的数字图书馆基本不会有多少用户,即使它距离用户可能非常非常近。而这也正是现实生活中许多所谓数字图书馆工程在实际运行中所面对的现实问题。

5.2.4 任何请求都不需要太长的等待

在传统的图书馆中,人们需要通过书目卡片花费不少时间去找书,有了联机目录后,这个活动简单了许多,但同样需要在书架中去寻找。找到书后,没有座位可能是一个问题,需要花时间去等待或者干脆去享受站着看书的乐趣;如果是借书回家,还需要在借书处排队等待。总之,借书的过程并不很理想。还书的过程相对要简单得多,不过图书重新上架的过程也很枯燥而繁琐,尽管这个是由管理员来完成。而且,这一切都还未考虑一个更为现实的问题,那就是往返所消耗的时间。要知道在一个大中城市,路途上消耗半天时间往往是很正常的情况,而结果可能只是

找到一本并不完全满意的书。数字图书馆的出现改变了这一局面,信息系统的自动化流程使得上述工作都变得异常快捷,网络的连接使得人们时刻都能进入图书馆而不用担心路程的耗费。

5.2.5 对任何终端都能提供相同的功能和良好的界面

信息时代下,人们需求的多样性导致终端设备的多样性,不同的终端设备在屏幕大小、处理能力、系统兼容性和操作方式上都存在着显著的差异。为品种繁多的终端设备提供良好的界面和一致的体验,就意味着巨大的系统开发、测试和内容制作与维护工作。虽然随着 HTML5[①] 的出现,上述压力将显著降低,但是针对不同系统的优化仍然是个艰巨的任务,是数字图书馆技术实现方面的又一重大难点。

5.2.6 无论在怎样的环境下,都能找到相同的结果

从技术角度来说,当终端的差异性被克服后,用户无论在哪里,无论用什么设备都应该能够得到同样的数据结果,他们唯一的差别可能只是页面大小、图像质量的不同。但实际情况是,对于大多数数字图书馆来说,馆藏的大多数数字资源也只能用于馆域,能够走出馆区在整个互联网上提供服务的资源少之又少,而且这些能"走出去"的资源往往又是价值量较低的资源。这就导致很多数字图书馆的网络服务能力很低,与公众的期望相去甚远。这一局面的出现主要是受到传统信息服务领域里版权机制的制约,但从本质上来说则是由于整个信息生产和传播领域的信息化革命尚未完成,数字图书馆尽管在技术上形成了突破,却仍未能纳入信息时代下的知识经济和知识社会服务体系当中,传统经济形态仍然起着主导作用。

5.2.7 提供有效的互动支持

传统图书馆中,服务的提供者是职业化、专业化的图书馆馆员;读者就是客户,读者来到图书馆就是接受各种特定的服务,无论人工、自动还是自助服务。而在数字图书馆服务体系当中,读者不仅仅是被服务的客户,同时也能成为信息提供者和服务提供者。依托网络,可以聚集用户甚至是整个社会的知识和力量,极大地增强了数字图书馆的服务能力,扩展了服务手段,弥补了传统图书馆服务模式下由于馆

---

① HTML5 是 HTML 下一个主要的修订版本,现在仍处于发展阶段,目标是取代 1999 年所制定的 HTML 4.01 和 XHTML 1.0 标准,以期能在互联网应用迅速发展的时候,使网络标准达到符合当代的网络需求。一般将 HTML4 看做是 PC 时代的标准,而将 HTML5 看做是移动互联网时代的重要标准。并且由于 2010 年上半年的苹果与 Adobe 的冲突,HTML5 在一夜之间被很多人所知晓。

员知识体系不完善、素质不高、数量不足所形成的低效服务。而这一切都得益于网络时代下，人们和社会价值观念的改变，而这正是社会信息化的重要作用。在这种背景下，一个无法互动的平台极难吸引用户，也就难以提升自身价值和服务能力。因此对于数字图书馆互动能力的要求，既是用户的期望，更是数字图书馆自身发展的要求。

除了以上几点，用户还会专门针对图书馆提出要求。既然所有的书都能在网上找到了，那还需要到图书馆么？这就需要图书馆在服务质量、服务方法和服务内容上下工夫，很多时候人与人的交流是不能被机器完全取代的。尽管这并不是针对数字图书馆的要求，但对于用户而言，图书馆的进步应当是与数字图书馆的发展紧密联系的，数字图书馆的各种创新与进步理应在图书馆中得以呈现。

5.3　应用环境

在互联网时代之前，数字图书馆的应用环境仅仅局限于图书馆的围墙之中，与图书馆的自动化服务关系紧密，甚至让人难以区分。但是，随着互联网尤其是移动互联网的蓬勃发展，数字图书馆开始走出围墙，走入人们的生活。前面提到的"四个任何"就深刻的反映了数字图书馆在信息时代下应用环境的特点，它对于用户环境没有特殊的、限制性的要求，它就在人们身边。简单地说，就是在日常生活的各种环境中都可以连接到数字图书馆并获取所需信息。这些环境主要包括了：办公/学习环境、家庭环境、移动环境和场馆环境等。对于上述使用环境的了解有助于我们更好地认知用户行为特点，从而更好地理解数字图书馆的使用和需求。

5.3.1　办公/学习环境

人们的办公/学习活动通常发生在对于信息知识需求最为紧迫和频繁的时刻，因此办公和学习环境是数字图书馆首要的用户服务环境。在现代办公/学习条件下，网络接入一般不是问题。通常都可以保证有线宽带接入，同时移动通讯网和无线局域网也能够对上述环境提供很好的覆盖。用户大多数时间处于相对固定状态，使用的通常是 PC 机和笔记本电脑。由于办公/学习的需要，用户对于数字图书馆信息服务能力要求非常高，普遍希望能像在资源库旁边一样使用查找和使用所有数据。但是现实情况是，除了像学校和少数科研机构能够自购一些数字资源版权外，绝大多数办公环境所能得到的数字图书馆服务仅限于一些简单的目录和摘要查询。总之，在办公/学习环境中数字图书馆将以电脑为主要终端形式，提供方便、简洁的用户界面和完整的知识服务。

5.3.2 家庭环境

在信息时代背景下，家庭环境不仅仅是休息和娱乐的场所，同时也是信息获取的重要环境，甚至成为办公的地点（SOHO）①。因此，在家庭环境下提供信息服务，同样也成为数字图书馆服务的又一个重要应用环境。家庭环境定位的多样性，决定了在家庭环境下的数字图书馆接入方式的多样性。一般来说，用户在家庭中主要可以通过以下途径获得数字资源服务：①家庭宽带。通过运营商提供的家庭宽带，利用电脑上网，访问数字资源。②无线局域网。以家庭宽带为基础，自建无线局域网（WIFI），通过多种手持移动设备访问服务，如平板电脑（PAD）。③无线互联网。直接使用具备移动通讯网连接功能的设备，如手机等，访问数字资源。④数字电视。利用运营商在数字电视内提供的信息服务平台，获得图书和信息服务。典型的如国家图书馆与北京歌华合作推进的"国图空间"。

图 5-1　国家图书馆的数字电视图书馆应用界面

家庭信息服务环境有一个专门研究课题就是数字家庭[2]。根据国际数字集团（IDG）的定义：数字家庭就是利用通信、电视和计算机等数字技术，把家庭中的各种通讯设备、计算机设备、电视设备和安防设备等，通过家庭网络连接在一起，进

---

① SOHO，即 Small Office Home Office，家居办公，通常指那些专门的自由职业者。SOHO 被看做是一种新经济、新概念，指自由、弹性而新型的生活和工作方式。代表新潮的生产力、活跃的新经济。互联网的出现，对于 SOHO 一族的形成有着重大的支撑作用。而 SOHO 一族的发展对于各种互联网服务，包括数字图书馆的发展都有着极大的推动作用。

行监视、控制与管理的智能家庭网络。或者更简单地说就是,通过一个一体化的家庭信息平台,将家中的各类电子设备进行互联和管理,从而提高家庭生活、学习、工作、娱乐的品质。交互式网络电视(IPTV)、有线数字电视、机顶盒、电脑娱乐中心、网络电话、网络家电、信息家电以及智能家居等,都是数字家庭的具体体现。

但是由于成本以及系统融合度较低等原因,现在绝大多数家庭的数字化方案还无法达到这种程度。更为普遍的数字家庭方案是以学习和娱乐为目标的解决方案。较为常见的包括以数字电视为核心的解决方案和以家庭无线服务为目标的解决方案。

家庭环境的特殊性在于:①用户虽然有移动访问的需要,但是总的来说位置相对固定,因此用户更倾向于使用笔记本、PAD等界面大、展现效果好的移动设备,或者干脆就是大屏幕 PC;②现阶段数字电视机顶盒的普遍性能较低,界面刷新缓慢,显示效果不佳。同时也由于电视和遥控器本身不适合文字浏览及操作,而且用户看电视的习惯也极难调整。因此,基于数字电视的数字图书馆服务更多的是以动画和视频的方式介绍和普及知识,并且还处于小范围服务阶段。

5.3.3 移动环境

现代信息技术的发展,特别是以手机为代表的移动终端设备的迅速普及,使得人们在移动环境下也能获得有效的信息服务。这种服务既可以是依靠网络连接的移动互联网和手机电视,也可以是依靠自身信息存储的脱网方式等。由于移动环境一直以来都是信息服务的一个巨大空缺,而人们对于移动过程中获得信息又具有强烈的愿望,因此移动信息服务已经日益成为社会发展的关键领域之一。各国运营商在移动互联网和高速宽带方面的长期投入正是这一需求的直接反映。

移动互联网是现代信息服务的最为活跃的领域,也是整个信息服务行业争夺的重要战场。移动互联网主要包括了移动通讯网络和无线城市①两种方式。其中移动通讯网络包括了从2G、2.5G、3G,甚至是4G 的多种技术分级,而具体到比如3G,又会细分为多种制式,如:WCDMA、CDMA2000、TD-SCDMA 等。无线城市则是在城市重要地区提供有效的无线局域网接入站点(热点)为主要目标的建设工程,主要使用 WIFI 方式,但也有例外,比如厦门就采用了 TD-SCDMA 构建无线城市。

---

① 无线城市,就是使用高速宽带无线技术覆盖城市主要区域,向公众提供利用无线终端或无线技术获取信息的服务,提供随时随地接入和速度更快的无线网络。从技术上来说,一般认为无线城市是以计算机的无线网络为基础提供的宽带服务,而通常说的移动互联网一般专指依托移动通讯网为基础的电信级网络服务。

除上述两种移动互联网服务环境之外,还存在一种以移动终端为目标的电视服务数字网络——手机电视系统。手机电视是指以手机和其他小型数字终端为应用目标的移动电视服务,曾被认为是移动终端最主要的业务之一,但是移动互联网的快速发展,使得人们逐步意识到电视直接迁移到移动环境可能并不可取。不过,尽管如此,手机电视仍然被看做是移动环境下数字服务的一个重要方向,不过由于其技术应用的特殊要求,并不适合数字图书馆的服务方式。我国手机电视存在两个相关标准,一个是国家标准 TMMB,另一个是由广电总局发布中国移动多媒体广播行业标准 CMMB(China Mobile Multimedia Broadcasting)。现阶段事实上在运行的是广电的 CMMB 系统。

移动环境下还存在一种更为简单的服务方式,也就是将数据事先下载到本机后,再随时浏览存储的信息。现在的移动设备普遍都拥有 8GB 以上的容量,尽管相对电脑动辄 500GB 以上的配置还有很大距离,但考虑到移动设备一般不用于数据长时间保存,更新频率较高,同时屏幕较小对于内容分辨率的要求也有所降低,因此在实际使用过程中已经能够适应大多数用户的需求。我们平时在地铁和公交车上看到的大多数终端用户实际上都在使用这种方式在观看视频和图书。

从移动终端类型来看,尽管设备种类和品牌非常复杂,但是最主要的依然是手机。特别是智能机的崛起,使得依托手机的信息服务效率有了极大的提高,并已成为移动服务的核心终端设备。在移动环境下,用户的需求极其复杂,相关的各种行业正在逐步兴起,未来的走向还难以形成定论。不过仅就数字图书馆服务来说,用户对于下载阅读、在线浏览和互动服务都有较为明确的需求,并已成为用户利用"碎片时间"的一个重要内容。

5.3.4 场馆环境

这里的场馆环境专指图书馆馆区内的公共服务环境,之所以单独列出,是由于在其他公共设施场馆环境下,用户使用数字图书馆服务时,更倾向于当做一般的移动环境来看待。而在图书馆馆区内,如果不能提供与一般移动服务环境有显著差异的服务手段,图书馆的馆区内的数字服务水平将会受到群众的质疑,进而影响图书馆机构建设数字图书馆的动力。

相比其他移动环境,场馆环境下的数字图书馆服务有以下特点:

①用户目标明确。用户来到图书馆,其目的就是以获得书籍信息为主,无论是纸介质传统书籍还是电子书籍。

②基础条件理想。虽然在互联网条件下,数字图书馆与读者没有了距离的限

制,但是在网络带宽、信息安全、版权控制以及数字资源展示等诸多方面,图书馆作为一个公共服务设施仍然具有显著的优势。

③读者可参与性更强。信息化条件下的阅读早已不是那种埋头苦读的方式,而是具有更多的知识性、服务性和交互性的特点。图书馆作为一个专业的信息管理和服务机构,能够在提供信息服务的同时,通过多种现场演示、交流和模拟的方式提供服务帮助。同时服务人员的亲身交流将使得交互过程更加人性化。

因此,场馆环境下的数字图书馆服务主要从以下几个方面来强化:

①加强场馆区域的网络服务能力,为用户提供超出其他环境的稳定高效的网络接入水平,包括 WIFI 和移动互联网。

②将数字图书馆服务与传统图书服务整合,使得虚拟内容与纸介质间能够良性互动。

③充分利用场馆内的大型设备优势,利用虚拟现实技术、3D 技术等提供良好的用户感受。

④人机结合。图书馆内的数字图书馆服务应与馆员的人工服务相结合,利用人的灵活性和信息服务的准确性综合提供服务。

⑤现在,图书馆局域网环境内的可用信息资源将比互联网条件下的资源要多很多,即使日后版权体系发生重大变革,这种差别也不会彻底消失。因此也是服务的重点目标之一。

上述四种用户环境仅是对于用户使用场景的大致划分,真实生活中人们是在多种环境中不断迁移的,而其活动却未必会因为环境变化而终止。比如上班过程中,人们就会从家庭环境切换到移动环境,然后由移动环境再切入到办公环境中,服务会在多个环境中不断调整。尽管,针对用户状态的不断改变而提供更为顺畅的服务方式通常属于运营商和终端设备商的关注重点,但是业务平台的支持始终是移动服务能够有效运作的关键。因此,对于数字图书馆服务来说,研究用户使用习惯和环境变化是其今后发展的重要内容之一。但是,现实条件下,绝大多数数字图书馆的应用环境仍然以馆内服务为主,所开展的各种终端服务,如电视图书馆、掌上图书馆等通常还停留在简单的信息查询水平,馆区外的宽带互联网服务所能提供的有效资源也不多。这既说明了数字图书馆尚处在发展起步阶段,同时也反映了社会整体信息化水平尚不足以支撑理想的数字图书馆服务。

下面我们将通过一个简表(表 5 - 3)来说明四种环境下用户终端的主要类型和接入方式,从中我们可以看出手机和电脑将是数字图书馆服务的重要方向。

表 5 - 3　不同服务环境的主要应用手段

环境	接入技术	主要接入手段	主要设备
办公/学习	宽带、WIFI、移动互联网	宽带	PC
家庭环境	宽带、WIFI、移动互联网、数字电视	宽带、WIFI	笔记本、平板电脑
移动环境	移动互联网、WIFI、离线浏览	移动互联网、离线浏览	手机
场馆环境	宽带、WIFI、移动互联网	宽带、WIFI	馆内专用设备、手机

5.4　服务功能

网络和环境条件只是用户使用数字图书馆的基础,稳定高效且能够充分贴近用户需要的服务才是保证数字图书的生存与发展的关键要素。在这方面传统图书馆的数字图书馆项目由于其主要关注点还是传统业务的延伸,因此在功能建设方面与网络用户的需求还有很大差异,普遍存在有两个倾向:要么将数字图书馆等价于网站服务,把图书馆的网络业务看做是传统业务的宣传版面;要么将数字图书馆看做是传统业务的网络形式,强调资源管理而不是用户使用。与之相比的,网络信息服务商和数字资源服务商所建设的数字图书馆在针对网络用户服务方面更为人性化。综合看来,主要有以下功能。

5.4.1　书刊查询

无论书刊报纸的展现和传播形式发生怎样的变化,作为一种传媒形态它们都将长期存在,并具有相当的生命力。而书刊的查询也是数字图书馆的基础功能之一,是相对于其他知识服务系统,如通用搜索引擎等。数字图书馆的书刊查询一般来说更为专业。

但是,传统的书刊查询系统存在一个严重的问题。就是单个数据库收集的数据范围有限,为此不得不采用跨库检索的方式来综合多个数据库的数据。尽管这看起来是个技术问题,但根本原因则是数字资源体系的相互独立性。这种情况的改变,一方面要依赖于社会整体信息化水平的发展而不断深化的信息生产、传播、分享与消费机制;另一方面则要依靠数字信息服务领域的更广泛开放,形成合理的书目共建与共享机制。数字图书馆可以通过该机制实现更好的信息共享和更全面的信息检索服务能力。

从功能角度来看,书刊检索应确保实现以下功能:

①根据相应条件检索到指定的书刊信息。实现这个功能的关键是书目数据库要比较完备,书目信息要比较准确。

②提供较为客观的书评和统计。这个功能在大多数图书销售和共享网站上常见,但是对于大多数数字图书馆系统来说并不多见。这主要是由于大多数数字图书馆在数字资源建设思路方面还是以数据为核心的,认为数据质量的保障来源于有效的管理机制和专业手段,读者评价和阅读量等用户行为并未纳入到相关评价体系中。

③提供该书的销售渠道,知道哪里折扣最好。这需要该系统要与图书销售信息对接。这既是一个双赢的商业举措,又是一个反传统的行为,需要图书零售、网络书店和数字图书馆的更深融合。

④指出该书在哪里可以借阅到。这需要该系统能够与一个较为完备图书馆目录系统相衔接,同时最好能获得用户的地理信息。毕竟,对于一个南京的用户,如果查到的可借图书都在北京,那将会是一件非常令人沮丧的事情。

图5-2 Google 数字图书馆检索结果界面

在这方面,Google 数字图书馆算是一个不错的尝试。图5-2所显示的是该系统中搜索《赢》的结果界面[由原通用电气(GE)董事长兼 CEO 杰克·韦尔奇(Jack Welch)所著]。在该书的介绍中,提供了基本信息、图书馆相关信息、销售商链接、相关评论、部分样章的阅读等(图中用椭圆形圆圈标示)。而其中的图书馆相关信息则直接导入了中国科学院国家科学图书馆提供的联合目录集成服务系统 UNICAT(图 5-3 所示)的联机检索结果。

图 5-3　Google 数字图书馆导入了 UNICAT 的联机检索结果

5.4.2　内容搜索

在书刊内容数字化出现之前,无论是传统的卡片检索还是联机目录的方式都不可能实现对于内容的全文检索功能。这点大家一般都深有感触,因为几乎我们每个人都遇到过突然想起一段内容却不知道在哪本书中、在那个段落内查找的情况,面对庞大的书架我们通常只能是低头沉思。但是,数字技术的出现改变了这一局面,基于数字技术的内容搜索可以根据用户所输入的关键字信息在海量的图书中直接定位对应的内容。现在,内容搜索已成为数字图书馆业务系统的一项基本功能,同时也是数字图书馆与传统图书馆在服务功能方面的一个重要差别,或者说是数字阅读与传统阅读的显著功能差异之一。

从内容搜索的形式来说,主要有两种方式:一种是大多专业数据库所采用的联机检索方式;另一种是搜索引擎式的检索机制。其中,前者主要依据各种关键字段,通过多种布尔逻辑实现对分类数据的查找,如图5-4所示的是CNKI的检索界面,它提供了题名、关键词、作者、来源等多种分类方式供用户选择。后者则是利用倒排文档建立索引的方式提供数据内容的查询,从用户角度看来,就是一个简单的搜索框,而没有各种专业的检索项,典型案例如Google和百度。不过,现在很多专业的数字图书馆服务系统也采用了这种形式,如图5-5显示的就是超星数字图书馆的读秀系统检索界面。

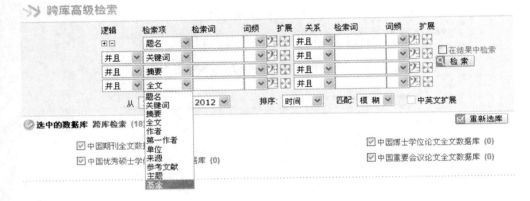

图5-4　CNKI检索界面

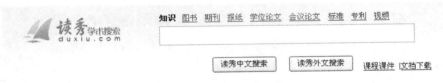

图5-5　超星数字图书馆读秀系统检索界面

　　一般来说,联机检索系统的检索方式更专业、更准确,但也更难用,比较适合专业人员,而不适合公众使用;搜索引擎的检索方式相对更人性、更简单,但也更宽泛,比较适合公众使用。因此,现在很多数字图书馆在提供传统联机检索服务的同时,也在积极地拓展面向普通公众的搜索引擎式检索界面。

　　Google的CEO施密特(Eric Schmidt),曾经说:"我们的长期目标就是能够为用户提供一个答案,而这个答案完全符合用户的搜索请求。"这句话的含义就是Google搜索引擎的目标就是为用户提供一个精准的信息查询功能,而不是像今天只是罗列出几十上百万个网站的链接。尽管这些链接已经按照 Google 算法进行了严密的排序,尽量保证越靠前的内容越接近用户实际需要,但用户还必须到页面中手工查找所需内容。

但是,一个好的内容搜索或者简单说是全文检索却不像想象中那么容易实现。因为这既涉及了数据库中数据分析和组织的问题,也涉及了是否能够准确理解用户需求的问题。以用户需求为例,如果用户能够十分准确地提出检索关键词,对于系统来说就简单得多。但真实环境中,用户提供的检索词往往是不完整甚至是不正确的。这里我们以错误的"国家税务部"(应该是"国家税务总局")来检索数据。Google 和百度都能直接定位到国家税务总局的网页,正确"理解"了用户错误的输入,而在国家图书馆联机目录查询系统、读秀和 CNKI 中检索的结果却不理想。如:CNKI 精确检索结果只有 1 条,模糊检索有 223 条,且靠前的数据没有一条是国家税务总局为主体的信息(输入"国家税务总局"的结果为 7663 条,且靠前的数据都以国家税务总局为主体)。

因此,如何利用信息技术加强数字图书馆的技术服务能力,将是数字图书馆发展的重要工作内容。现在看来有两个方向:一是数字图书馆引入更为先进的数据组织与检索系统;另一个方法则是通过信息服务社会化分工,由专业的机构如搜索引擎公司来完成更为专业的检索服务,也就是我们后面看到的"云计算"的思想。这两种思路都有赖于信息化的深入发展,不过前者更看重技术本身,而后者更看重信息化所带来的社会信息化分工的作用,从长远来看后者实现的范围可能会更大。

5.4.3 知识服务

图书馆是知识的海洋,但是在传统图书馆中,这个海洋是需要人们自己去畅游的,图书馆所能提供的只是一个旅行地图(书目目录)。数字图书馆的发展将会逐步改变这种状况。因为数字图书馆不仅能够提供书刊信息的检索功能,更能够通过对信息的有效管理与组织,实现高效的知识组织与发现,并根据用户使用需求以及针对用户长期使用习惯和偏好的分析,提供有效的知识引导和拓展。

不过要达到这样的服务效果难度非常大。需要克服两方面的技术难题,一个是知识组织的难题,另一个是自然语言语义分析的难题。就知识组织来说,传统的图书馆和数字图书馆其实只是将信息进行分类后,通过分类或关键字提供服务,并不具备真正意义的知识组织能力,而基于本体的知识研究基本处于理论和实验阶段,真正的实用化还非常遥远。自然语言的语义分析同样也很困难,自然语言的形式化分析始终是语言学和计算机学科的尖端课题。

不过在网络时代，一种由公众主动参与的知识共享方式为信息时代下的知识服务提供了另一条不同的路径，即网络社群式的知识服务方法。传统的图书馆知识服务方式主要依靠的是专业人员和专业分类组织体系，其知识服务本质上是人面对系统。而以网络社群为基本运作形式的知识服务方法则是依靠公众的广泛参与来实现人与人的直接沟通，其本质是人服务人，数字图书馆仅作为服务系统的一个基础环境，传统图书馆的专家或者专家系统不再是不可或缺的，也未必是最为准确的知识来源。因为每个人都有他的特长，都能成为一定领域内的专家。庞大的公众群体所形成的知识服务网络，在大多数情况下会比少数专家或机械的专家系统更为可靠。这也同时体现了互联网崛起的一个深刻思想背景——平等。互联网真正的成功就在于为每个人提供了一个开放的、平等的环境，加强了人与人的交流与沟通，各种先进的系统实质上只是这种人与人交流的工具而已。正如互联网刚刚崛起时，人们最常听到的一句话："在互联网上，没人知道你是一只狗。"①

"On the Internet, nobody knows you're a dog."

图 5 - 6　"在互联网上，没人知道你是一只狗。"

---

　　①　"在互联网上，没人知道你是一条狗"（On the Internet, nobody knows you're a dog）是由彼得·施泰纳（Peter Steiner）1993 年 7 月 5 日在《纽约客》上刊登的一则漫画。这则漫画中有两只狗：一只坐在计算机前的一张椅子上，与坐在地板上的另一只狗说漫画的标题："在互联网上，没人知道你是一条狗"。在当时，这则漫画体现了一种对互联网的理解，强调用户能够以一种不透露个人信息的方式来发送或接受信息的能力，也就是互联网的隐私保护作用。不过，在今天看来我们觉着它更体现了互联网能为任何群体提供公平的权利。

5.4.4 互动参与

与知识服务直接相关的就是用户的互动参与需求。互联网的崛起,带来的最重大变化就是读者从单纯的受众演变成为知识的创造者和参与者。所谓"草根文化"的兴盛反映的就是这样的一种社会心态。Web2.0时代的到来,特别是社会网络服务(Social Networking Services SNS)的崛起则是这一社会心理的物质基础。在这样一个以互动、交流和自由汇聚为特点的网络世界中,人们需要的不仅仅是信息和知识,同时也希望将自己的知识、经验和看法表达出来与人分享。虽然在传统观念中这种网络信息往往是不具体、不准确和不严格的,无法通过像图书馆这种具有严格学术规范要求的机构的质量控制。但是,随着网络社会化程度的深入,这种公众直接参与的知识和信息服务,尤其是针对指定内容的评价和讨论的可信度和价值将逐步提高,最典型的就是WIKI百科。同时,传统的数字资源库中庞大的数据和信息,本身也是良莠不齐的,大量无用信息往往冲淡甚至埋没了有限的精华信息。传统的编目体制完全无法解决此类问题。因此,没有用户的大量参与,数字图书馆本身的知识服务能力也将大打折扣。另外,数字图书馆面向用户的特性也需要有公众的积极参与,来提高服务的灵活度。因此,群众的互动参与将成为数字图书馆服务的又一重要内容。

现阶段来说,数字图书馆主要可以提供以下互动方式:针对具体文献的评价、讨论、投票、推荐等;类似互动百科、维基百科等形式的以公众参与为主的、开放的知识库;类似博客这样的围绕作者的互动平台,等等。

这类互动服务在国外的图书馆数字服务中已经非常普遍,如:美国国会图书馆、大英图书馆、法国国家图书馆等。下页图5-7、图5-8分别是大英图书馆和法国国家图书馆主页面所显示的互动服务。他们并不采用自建服务的方式,而是通过与网络主流社区进行合作来实现互动服务。这也体现了国外较高的信息化分工水平。

相对而言,国内的图书馆数字服务系统很少提供类似的功能,与读者的交互主要还停留在读者建议和浏览等传统公众信息反馈方面。这既反映了国内外图书馆在数字图书馆建设方面的差距,也反映了我国与世界先进国家在信息化认识水平和信息化分工程度上的距离。

图 5 - 7　大英图书馆提供了 Tripadvisor、Facebook、Twitter、YouTube、RSS
（图中右下角）等互动网络平台的接入服务①

图 5 - 8　法国国家图书馆提供了 RSS、Blogs、Lettres、Facebook、Twitter、
Dailymotion、YouTube（图中右下角）等互动网络平台的接入服务

---

① 由于该网页较大，图 5 - 7 和图 5 - 8 对页面进行了缩减。

5.4.5　传统业务的数字化服务

由于数字图书馆的建设者未必是传统图书馆,因此传统的借还书等业务也就不是必然的功能。但是,从用户角度来说如果能将借还书等传统业务集成到数字图书馆系统当中,将会形成一个很好的用户体验,方便用户的实际使用。这就需要数字图书馆与传统图书馆的自动化系统进行联机,这种联机既可以是由一个部门统筹实现,也可以是由数字图书馆和传统图书馆通过信息共享来完成。前者主要体现了技术系统的融合,后者则是在技术融合的基础上更多地反映了社会整体信息化程度的加深。这些数字化业务可以包括,图书订阅、图书催还、自助缴费、书刊位置查询等。

5.5　数字阅读

数字图书馆要想走出学术与科研领域的象牙塔,服务于普通民众,最根本的动力不在于数字图书馆技术水平的提升,而在于民众数字阅读的需求。试想,如果电子设备不足以满足用户的阅读要求,民众也未形成使用电子设备阅读的习惯,即使信息技术再先进,数字图书馆服务能力再强,最终出现在人们面前的还将是传统的纸质书籍。那样的话,数字图书馆也就只是专业人员的专业系统而已,失去了其推动社会信息化发展的深刻作用。

不过,这显然是杞人忧天,因为数字阅读的蓬勃发展已成为不争的事实,现在人们更多关注的反倒是传统阅读的未来。比如报纸行业,根据《2009 年度全国报纸印量调查统计分析》报告[3]显示,2009 年我国报纸总印量同比减少了 6.78%,继续了 2008 年的负增长态势,并被普遍认为是数字阅读冲击所导致的结果。

图 5-9 展示的是从 1999 年开始的全国国民阅读调查统计的国民上网率、图书阅读率和手机阅读率(2007 年以前不统计手机阅读)的变化曲线。图中,纵轴是百分比,横轴是年代(前五次国民阅读调查是每两年一次,从第六次开始是每年一次)。我们可以看到,尽管国民阅读率在 2007 年后止住了下滑趋势,但是相对急速攀升的上网和手机阅读趋势,反差还是非常显著①。按照这个趋势预计,2011 年的国民上网率将超过图书阅读率。

---

① 　数据来源于:中国新闻出版研究院全国国民阅读调查课题组的 8 次全国国民阅读调查报告的汇总分析。

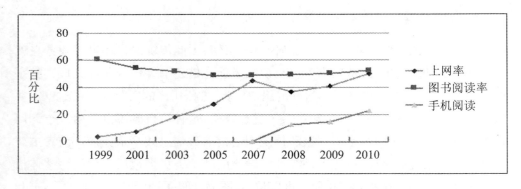

图 5 - 9　中国国民上网率与阅读率趋势

图 5 - 10 显示的是 2009 和 2010 年全国国民阅读调查统计的关于国民每天花费在上网及各种类型阅读的平均时间。从中我们可以看出人们使用手机阅读的时间已经能与阅读图书和杂志的时间处在同一量级。而且相对图书和报纸的阅读而言，手机阅读的增幅要快得多。

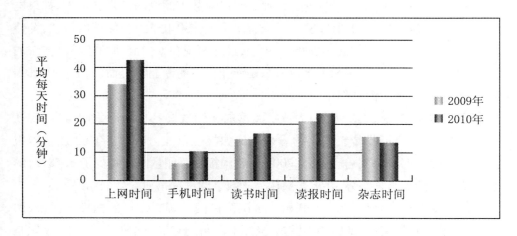

图 5 - 10　中国国民平均每天各种类型阅读时间

图 5 - 11 显示的是 2010 年时国民数字阅读过程中使用的各种终端方式的比例，从图中可以看出，手机阅读已经超过使用电脑的在线阅读比例，成为国民接触率最高的数字阅读方式。这也反映出了移动阅读已经成为数字阅读中最为重要的场景。

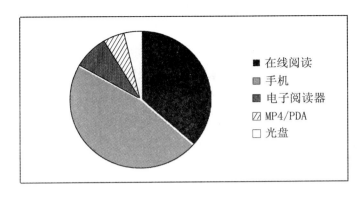

图 5 - 11　中国国民数字阅读方式比例

　　笔者也曾经在北京的地铁内做了为期两个月的阅读统计。统计方法非常简单，就是通过观察周边人群在乘坐地铁时所使用的阅读方式。统计结果表明，在乘车过程中，大约有不足三分之一的人会选择用手机或其他电子设备进行数字阅读或数字休闲，而读报纸和书籍的人数不足十分之一。这项结论在一定程度上验证了手机阅读在移动阅读环境中的重要性。

　　通过上述分析我们可以看到，数字阅读，尤其是手机阅读已经成为国民阅读的重要方式，无论是接受率，还是实际阅读效果方面都得到了国民的认可。

5.6　用户终端

　　从本质上来说，用户终端设备就是数字阅读时代下的"纸"。对于传统图书馆来说，关于纸的研究是其关键工作之一，涉及了图书的使用、保存以及修复等工作。虽然在电子时代下，信息内容与介质实现了剥离，信息的保存与修复全部在后台实现，与用户无关，但终端设备的优劣始终是决定数字阅读方式能否被读者接受的先决条件。因此对于数字图书馆的建设者来说，关注终端设备，根本上就是在关注读者的数字阅读习惯，以更加灵活地应对未来的变化。

　　数字阅读条件下，同样的内容可以出现在不同的终端设备上（当然表现效果和形式上可能有所调整），同一款终端设备也可以看到任何获得授权的信息。因此用户终端呈现出了多样性的特点，既有大屏幕的电视，也有能够握在掌中的手机；既有固定在桌面的 PC 机，也有具备漫游能力的移动终端。即使是同一类型的设备，比如手机，由于系统的差异也会显现出完全不同的效果，比如苹果的 IOS、Google 的

Android 等。如今,除少数体积小巧型的随身听设备外,其他绝大多数电子终端都具备数字阅读的功能,并且从早期的只能提供 TXT 文本阅读能力,普遍提升到能够提供常用文档(如 DOC、PDF 格式)阅读、定制阅读软件安装、浏览器网页浏览等多种形式的阅读途径。电子终端已成为现在消费电子领域最为活跃的产品类型。

一般来说,对于数字阅读的终端设备,用户主要关注设备的类型、外观、性能、功能等方面。根据数字阅读的特点,需要考虑的因素包括:①体积。体积决定了设备的基本使用方式,是固定的还是移动便携的。②屏幕。屏幕的大小和分辨率决定了展示内容量、效果,甚至是时间。③计算能力。随着移动计算水平的提高,现在绝大多数用户终端都能很好地应对各种数字阅读功能的要求,不过在实际操作中仍然存在一定的差异。④操作方式。用户的纸介质阅读习惯早已固定,但是数字阅读由于终端种类的繁多,差异较为显著,用户的感受也有很大不同。⑤续航时间。该项指标主要针对移动设备。⑥功能。由于设备类型、成本,以及设计思路的差异,各类型终端尚未完全达到功能融合的水平,用户感受到的差异也会非常明显,因此成为用户选择终端的最主要因素。下面我们根据设备大类,分析数字阅读的适应性。

5.6.1 电视

电视是家庭娱乐服务的中心设备。在新一代的数字电视计划中,电视的阅读栏目或者"电视图书馆"是数字图书馆通过电视服务群众的重要推动方向。但是,正如人的纸质阅读习惯不容易改变一样,人的观看电视习惯也难以改变,再加上电视本身的距离感和设备清晰度等都不适于阅读文字信息和浏览普通网页。因此在电视上实现一般意义上的数字图书馆服务是相当困难的。

现在的"电视图书馆"主要通过以下方式来实现"阅读":①伴读。屏幕在文字滚动的同时提供实时的朗读,用户可以听到书。②讲解。实质上是用电视方式来解说图书,这实际上是图书服务的延伸而不是阅读。③动画。利用经典的动画来解释和表现图书的内容,以此来吸引观众。

在"电视图书馆"应用方面,国家图书馆通过与北京歌华有线电视网络公司合作实现了"国图空间"的数字电视服务。该服务现阶段主要有八个特色栏目,包括有:文津讲坛、馆藏精品、图说百科、书刊推荐、文化播报、百年国图、经典流觞、经典相册等[4]。提供了视频点播、图片浏览、新闻播报等功能。到 2011 年,北京地区有将近 260 万双向高清机顶盒用户可收看到国家图书馆通过电视提供的节目。

同时,国家图书馆通过与中国网络电视台合作,在网络电视和互联网电视两个平台上建设了"数字人文"专区[5]，提供国家数字图书馆积累的数字音视频内容、多媒体互动内容、人文纪录片与专题片等。

但是，由于电视在阅读方面的先天不足，成为真正的能被广大读者接受的图书信息服务平台"电视图书馆"还有很长的路要走。

5.6.2　电脑

在所有电子终端设备中，电脑是性能最好、人们使用最习惯、功能最强、效果最容易优化的设备，也是数字图书馆服务推广和应用经验最丰富的终端。因此，电脑已经成为现阶段所有数字图书馆服务推广的最优先目标之一。

利用电脑提供数字图书馆服务最大的便利性在于用户易于接受，这主要得益于信息时代下，电脑使用已经成为人们的基本技能和大多数人的基本工作方式。虽然有些人认为电脑键盘和鼠标阻碍了低学历群体和老人的使用，但对于上述人群更应当推广电视数字图书馆等"傻瓜"型服务。不过，这个观点忽视了三个关键因素：①电脑使用的普及是整个社会发展的大趋势。上述人群中的许多人无论是主动学习还是被动接纳，今后都将不得不接触和学习电脑，尤其是对于低收入群体，今天接触和使用电脑基本已经不是问题，这里网吧起了不可替代的重要作用①。今天的障碍，以后将不会是问题。②上述人群虽然在整个社会中占有相当比重，但在数字图书馆用户中的比例极低。其主要原因不是所谓的"数字鸿沟"，而是数字图书馆本身的服务特性所决定的。因此，过度地强调上述人群的接受程度，并不利于数字图书馆的正确发展。③"电视图书馆"和电脑终端的数字图书馆所提供的服务有很大差异。正如前面所述，传统的读书和信息服务方法在电视上极难开展，即使已经开展的各种实验，其使用效果也不比电脑上使用更加便捷。

使用电脑的不足在于：首先，其阅读和操作方式与纸质图书的差异较大，实质上是完全不同的两种阅读习惯。因此需要一个较为长期，用于用户阅读习惯的调整。其次，电脑不适合移动阅读，即使是笔记本也只有有限的移动服务能力，并不适用于人们随时随地的信息查询。利用"碎片时间"[6]，进行的移动阅读将主要由手机等来完成。

5.6.3　大屏幕阅读器

这里所说的大屏幕阅读器，是指那些专门用于公共服务环境下的大屏幕数字

---

① 根据文化部发布的《2011 文化发展统计分析报告》得知：2010 年，全国网吧电脑终端保有量为 11 861 056 台，上网人次达到 209 亿人次以上。

阅读设备。其基本结构是以大屏幕触摸屏为界面，以随机嵌入的电脑为后台，并利用专用的模拟软件实现各种信息浏览和图书阅读功能，最为常见的是感应式手动翻书效果。

相对其他终端设备而言，这类设备的总量极小，一般也只是部署在图书馆和建筑的大型开放空间，用于效果演示，而不是一种普及型的设备。但是由于它是图书馆展示"数字阅读"的重要且最直观的手段，因此也单独列作一类。

5.6.4 电纸书

电纸书简单地说就是专门用来"读书"的电子终端，是一种可以随身携带的"类纸"阅读器。它采用一种称为电子纸的显示材料作为终端屏幕，为用户提供类似普通纸面的文字和图片现实效果。现在，这种电子纸的主要供应商为 E-ink。终端产品的品牌和型号则非常多样，不仅传统消费电子厂商积极参与，像亚马逊这种图书销售商也是重要的推动者。

相对于其他数字阅读产品，电纸书的主要特点都与其电子纸的特性有关。由于电子纸在成像原理上与传统的液晶屏幕完成不同，利用所谓的"电子墨水"，可以实现只要内容不改变就基本不用电，以及用自然光作为光源的特性，显著改变了设备的用电和阅读效果。主要有以下优势：①阅读时间长。相对于其他移动终端设备普遍只能维持几个小时的阅读续航时间，电纸书可以维持长达 15 天以上。②阅读效果理想。相对于传统 LED 或 LCD 屏幕，电子纸无闪烁，不伤眼，适合长时间阅读。③阳光下可阅读。通过光反射方式而不是自带背光方式提供光源，从而保证了在各种光照条件下的阅读。

电纸书是一种数字技术模拟传统阅读效果的数字阅读方式，与其他数字阅读设备需要影响和改造用户阅读习惯的推广方式完全不同，是人们利用数字技术完全模拟传统读书行为的一次重要突破。不过，更为重要的是电纸书的推广首先不是由消费电子厂商来实现的，而是由网络图书销售商亚马逊推动的。

亚马逊的电纸书 Kindle，是其数字阅读的关键终端设备。通过 Kindle，用户能够以更为高效和低廉的方式获得亚马逊图书库中的书籍。据花旗集团分析师马克·马哈尼（Mark Mahaney）预计，Kindle2011 年的销量将达到 1750 万部，营收为 21 亿美元。而电子书的销量将达到 3.14 亿本，营收为 17 亿美元[7]。两者合计营收将占到亚马逊当年营收的 8%。这不仅仅代表了亚马逊在商业方面的成功，同时也反映了图书的信息化进程已由内容的数字化深入到了整个商业领域，是信息化的更高层次。而且，在这种商业模式中，亚马逊已经在相当程度上成为一个有广泛用户基础的数字图书馆。这需要数字图书馆的建设者深入探究。

与亚马逊形成鲜明对比的是,尽管国内也有为数众多的电纸书厂家,但是在一阵风潮过后,均未形成太大的社会影响力。这里除了中美两国用户差异外,最为根本的原因是国内的整个图书生产、流通和消费领域信息化融合程度有限,设备生产和内容产业还处于相对独立运行的状态。

5.6.5　平板电脑(PAD)

平板电脑作为一个电子产品来说并不是新东西。早在 2002 年,比尔·盖茨就提出了以 Intel 架构为基础,WINXP 为操作系统的平板电脑。其实就是没有键盘的笔记本。但是限于当时的硬件技术条件,特别是微软操作系统的设计特点并不适合于平板的操作方式,这个设想很快就沉寂了。

改变这一局面的是,2010 年 1 月 27 日,在美国旧金山欧巴布也那艺术中心(芳草地艺术中心)史蒂夫·乔布斯所发布的 iPad 平板电脑。一款看起来似乎是放大版的 iPhone。iPad 的成功基于史蒂夫·乔布斯个人的巨大魅力,iPhone 的成功以及该款设备本身的创新性用户体验。虽然 iPad 由于其价格和市场定位因素,尚不足以撼动电纸书和其他多媒体移动终端设备的市场。但是它与 iPhone 一同带来的创新用户体验已经成为移动终端领域的一个事实"体验标准"。

而且,与电纸书的成功一样,iPad 的成功同样也不仅仅是终端设备的成功,更是移动终端设备与整个后台产业链整合的成功。与 iPad 和 iPhone 配套的 iTunes、iCloud 等一系列网络和内容服务是其迅速成功的重要保障。而这正反映了社会信息化程度的深入,逐步由具体产品向产业链、服务链方向的延伸。

5.6.6　手机

手机的巨大用户普及率[①],使其成为移动互联网领域的核心设备,和所有移动互联网业务开展的关键目标。特别是随着手机智能化的趋势,手机已经成为了一个可以随身携带的个人电脑,而不仅仅是一个通讯工具。更由于手机的随身性,使其在具体使用方面具有显著的优势。利用手机,用户可以与图书馆建立直接的认证联系,完成图书预约、预约到达、图书催还、续借、读者卡挂失等业务。利用手机,

---

① 中国电信(微博)和中国移动(微博)官网公布的 2012 年 2 月末的用户数据显示:中国电信手机用户数量在 2 月升至 1.323 亿户;中国移动用户规模达到 6.614 亿户。而中国联通(微博)在 3 月 15 日提交给港交所的文件中称,公司拥有 1.601 亿的 2G 手机用户以及 0.459 亿的 3G 用户。三者相加,中国手机用户已达 9.997 亿。

图书馆的读者可以实现馆内漫游。通过网络可以连接图书馆整体平面和立体图，利用实时导航功能，指引读者到达指定区域，找到所需书籍。

当然，上述业务只是部分传统图书馆数字化服务功能。在手机上开展数字图书馆服务，除了一般的信息浏览、检索功能外，更能针对手机用户的使用特点开发定制化用户服务；通过连接个人账户还能实现手机支付，从而保证针对个人的专业和特殊需求。不过，手机由于其屏幕相对较小，并不适合长时间阅读。因此，其作为数字阅读设备的主要功能是利用所谓的"碎片时间"提供有限的、简单的或者是关键的信息服务。

5.6.7 移动播放设备

除了手机、平板电脑和电纸书之外，移动终端市场上还有大量的其他类型的电子设备可以实现数字阅读。如苹果的 iPod touch，各种 MP4 设备、手持电子游戏机等。这类设备一般都是以游戏娱乐和视频音乐播放为主要功能的，图文浏览只是其附带的功能而已。不过，随着智能系统的普及，这类终端设备在软件层面与手机已无明显差别，只是这类设备一般不具备移动通讯能力，数据更新主要通过连接电脑下载。

移动终端的种类非常多样，升级换代也很频繁，而且很多设备很难说清楚到底属于哪种类型。但是，无论哪种设备，在推动数字阅读方面都基本遵循了以下两种思路：一是利用电子技术完全模拟纸介质读物，以电纸书为代表，而可折叠的电纸书将可能是这类产品最终目标；二是通过新的展现方式，使读者接受与纸介质并不完全相同的一种新的数字阅读习惯。以上方式各有优点，并将长期并存，而最终的决定权则在读者手中。

参考文献

[1] 王继民，王建冬，张鹏. 我国数字图书馆研究论文(2005 - 2009)的统计分析. 数字图书馆论坛，2010(3 - 4)

[2] 孙玉. 数字家庭网络总体技术. 北京：电子工业出版社，2007

[3] http://media.people.com.cn/GB/40710/40715/11318086.html

[4] http://www.nlc.gov.cn/dsb_zt/dsb_xmtfw/201112/t20111215_56847.htm

[5] http://news.cntv.cn/china/20110620/107081.shtml

[6] 王君珺，闫强. 碎片时间的应用现状与发展趋势分析. 北京邮电大学学报(社会科学版)，2011(2)

[7] http://info.av.hc360.com/2011/06/091109323186.shtml

6 业务角度

信息技术是数字图书馆发展的根本手段,庞大和忠诚的用户群体是数字图书馆进步的直接推动者,而业务的信息化发展则是这一进步的直接体现。同时,信息化业务只有符合时代发展潮流,并具备显著的效能提升之后,其成果才能为用户所接受,并最终推动整个数字图书馆行业的发展和进步。数字图书馆的信息化发展道路,就是要在充分重视并把握用户需求和信息技术发展方向的同时,深刻认知和发掘信息社会形成过程中图书馆在信息服务领域的地位、功能和业务范围的变化,从更加深入的角度理解和推进数字图书馆的建设进程。从业务角度来看,无论是数字图书馆还是传统图书馆业务,大多数都从基础的采编检流业务流程为起点进行分析和研究。但是,面对汹涌的数字化浪潮和信息社会日益临近的步伐,仅仅站在图书馆自身的工作范围内研究数字图书馆的发展已经远远不够。因此,这里我们将从信息时代下的社会知识环境的变革、数字资源流程及体系的变化,以及数字图书馆资源建设管理和服务等角度来看待和理解数字图书馆的发展变化,勾勒出数字图书馆发展前进的必由之路。

6.1 不同社会条件下的定位

图书馆是搜集、整理、保存图书报刊等资料,供人阅览、参考和资讯的业务机构。这句话简洁地描述了图书馆的基本功能,同时也明确了其作为图书报刊等知识载体的汇集和服务场所的定位,总之,它是以信息的管理和服务为主要目标的。但是,由于社会产业链条及信息传播方式的演变,这种信息管理和服务功能在不同的社会条件下也有着显著的差异。

这里我们将根据农业社会、工业社会以及信息时代(现在尚不足以称之为信息社会)这三个人类社会发展的重要阶段分类,分析人类社会的信息传播、管理与服务架构的变化对于图书馆和数字图书馆的影响。

6.1.1 农业社会条件下的图书馆定位

农业社会一般是指以农业生产为核心的社会阶段,如奴隶制社会和封建社会。

这段时期,虽然造纸术和印刷术先后被发明,但高效的活字印刷术及印刷机械并未普及,书籍的出版和发行行业尚未形成。这个时期,信息的表达主要是通过纸质书籍来体现,并普遍以手抄方式实现信息的复制和传播,仅有极少量图书会以印刷的方式出现。书籍作为信息的承载工具,其蕴藏量成为一个国家和朝代是否兴盛的重要标志。图书馆则是当时条件下,信息汇聚、管理、保存和服务的最合理手段。人们逐步形成了以图书收集整理为核心功能的信息管理方式:首先,建设图书馆,收藏各类书籍;然后对收藏的书籍进行编目和索引,用户可以根据编目和索引信息查找自己需要的书籍,并借出和阅读图书。埃及的亚历山大图书馆就是那个时期图书馆最辉煌成就的代表。在这样的社会条件下,整个社会的信息传播、管理与服务架构如图6-1。

图6-1　农业社会中图书馆在社会信息传播、管理与服务结构中的定位

6.1.2　工业社会条件下的图书馆定位

工业社会是指以机械化大生产为标志的社会形态。从工业革命到当今时代,人类社会都处于工业社会的状态中。工业社会条件下,随着资本主义的快速扩张,人类对于信息大量复制和快速传播的需求呈现爆发性增长,原始的手抄方式无法满足社会需求。图书的印刷、出版和发行行业应运而生,并且出现了报纸、杂志等新的纸媒介,而这些也都纳入了图书馆收藏和管理的范围。随着摄像和电子技术的发明,电影、电视、广播等新兴的信息承载和传播方式迅速崛起,并或多或少地融入图书馆的馆藏之中,再加上情报机构等其他信息收藏部门,工业社会条件下的信息传播、管理与服务结构形成了相对于农业社会的分工更为明确,管理更加细致,服务更有针对的体系。其结构如图6-2所示。

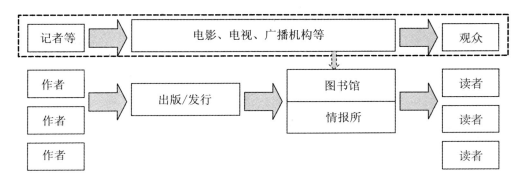

图 6 - 2　工业社会下图书馆在社会信息传播、管理与服务结构中的定位

这里需要特别关注出版和发行行业的出现。它在以工业化方式生产和传播信息的同时,也形成并完善了以版权为核心的知识传播体系(图 6 - 2 中的出版和发行行业主要指纸媒介,电影、电视的出版发行行业并未纳入)。

6.1.3　信息时代条件下的图书馆定位

今天,世界处于工业社会向信息社会过渡的阶段,因此工业社会条件下的信息传播、管理与服务结构依然占有重要地位。但是信息化浪潮已经极大地冲击了这一体系。以互联网为核心的新的信息传播体系,使得信息的传播速度、管理与服务效率显著提升。工业社会条件下原有的信息传播、管理与服务结构难以满足用户需要。

在新的社会历史条件下,更为合理和现实的情况是:所有的信息都将直接以数字形式出现,即使出版发行也要以数字化为前提,而不论这些信息(出版物)是否已被图书馆和情报机构所收藏;这些数字化信息(出版物)可以直接出现在互联网上,各种网络信息加工和检索手段将对这些数字信息进行加工、整理并提供具备针对性的用户检索和知识管理服务。这些加工、整理手段既可以是智能化的信息处理方法,也可以是人工或半人工方式的处理方式。

在信息时代的条件下,由于知识的组织和使用方式发生了根本性的改变。图书馆不再是信息管理和服务的核心环节,信息可以不通过图书馆就能实现汇聚,用户可以不来到图书馆就能检索和查看到所需的知识,互联网起到了信息传递和汇聚的作用,搜索引擎起到了信息管理和查询的功能,图书馆在整个信息管理结构中的地位显著降低。在这样的条件下,即使图书馆自身数字化、信息化工作达到完美的程度,由于其已不再是信息管理和传播链条中必不可少的环节,其信息化成果也只能作为自身管理水平提高的手段,对于整个社会的信息服务产生不了重要影响。

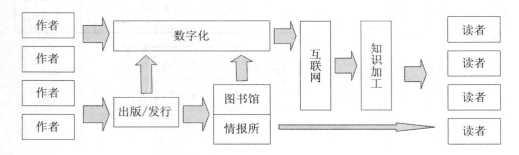

图6-3　信息时代下图书馆在社会信息传播、管理与服务结构中的定位

但是,这并不意味着图书馆的生存和发展出现了巨大的危机。因为,一方面,即使是在信息社会,印本书籍在相当长的时间内仍然会成为重要的信息载体,而图书馆仍然是印本图书的收集、整理和服务的理想机构;另一方面,即使在通讯技术极度发达,人们可以在任何时间、任何地点都能获得任何信息的情况下,人们仍然需要一个能够提供综合信息服务的公共环境,而图书馆依然是这样的一个理想场所。

6.1.4　信息时代下的数字图书馆定位

通过前面的分析我们可以看出,随着社会生产力的发展,人类的信息传播、管理与服务方式也在发生着剧烈的改变,图书馆作为信息管理的一个环节,其重要性随着信息生产和传播途径的多样化而减弱。在信息社会即将到来之时,传统的信息管理和组织模式已经不能有效地适应社会发展和人类的需求。图书馆的发展需要寻找新的出路和突破口,从而催生了数字图书馆。

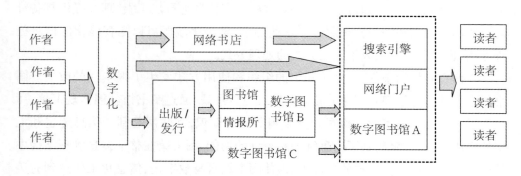

图6-4　信息时代下数字图书馆在社会信息传播、管理与服务结构中的定位

图 6 - 4 给出了信息时代条件下数字图书馆在整个社会信息传播、管理与服务结构中的一种定位分析。从中我们可以看出，由于数字图书馆建设主体的多样性，从而出现了不同类型的数字图书馆 A、B 和 C，它们又根据自身定位的不同而处在不同的位置。其中数字图书馆 A 代表的是由网络信息服务商建设的数字图书馆项目，如 Google 数字图书馆；数字图书馆 B 代表的是由传统图书馆行业所建设的数字图书馆项目；数字图书馆 C 则是由数字资源服务商或者出版发行企业建设的数字内容平台，并以数字图书馆的形式出现；另外以电子图书销售为主要目标的各种网络书店事实上也起着部分数字图书馆的功能，只是他们所提供的服务内容相对来说更为单一。图中的虚线意味着虚线内的实体并不是必需的，人们可以跨越它，但是大多数人还将通过它来获得信息。

由于所处位置的不同，他们在社会信息生产、管理和传播体制中的地位和作用也有很大的差异。信息时代下，社会信息生产和传播的主体是互联网，印刷内容的比例将相对降低。以传统图书馆为依托的数字图书馆 B 所获得的信息资源就相对有限，从而限制了它在信息服务方面的能力；相对 B 类数字图书馆而言，C 类数字图书馆获得数字资源时环节更少、更为直接，因此其在服务能力上将更为灵活和高效；与 B、C 不同，A 类数字图书馆实际上是互联网公共信息服务的一部分，它与门户网站、搜索引擎等一起成为网络信息服务的重要手段。由于它是以互联网综合信息服务为基础的，因此能够从包括 B、C 类数字图书馆等多种途径获得信息，数据更加全面。同时它更加贴近用户，服务更灵活，更容易被读者所接受。这种定位及数字资源获取能力的差异，使得数字图书馆在资源建设、管理和服务等方面更加多样化，从而形成了百家争鸣的局面。

6.2　数字资源建设

对于数字图书馆而言，数字资源始终是其生存和发展的根基。这一点与图书资源对于图书馆的意义是一样的。因此，无论数字图书馆处在怎样的定位，对于数字资源建设都给予了最高的重视。这可以从以下几点看出：①数字图书馆整体业务就是围绕数字资源展开的，无论资源形态怎样，数字资源的加工、管理、保存和使用工作都是数字图书馆的主业；②数字图书馆的服务工作都是以数字资源为基础的，数字资源的查询与检索、馆际互借、参考咨询、电子缴送等业务都是直接针对数字资源开展的服务；③数字图书馆始终将数字资源量视作其核心价值所在，绝大多数的数字图书馆建设项目都将数据存储能力和馆藏数字资源总量作为其建设和服务的核心指标。

数字资源的关键是其内容和质量,优质的内容和完整的资源体系是其价值的核心所在。不过从数字图书馆建设和管理角度来说,更关注的是与数字资源业务相关的流程和服务。《国际图联数字图书馆宣言》(IFLA/UNESCO Manifesto for Digital Libraries)对于数字资源建设与服务做了如下描述:需要对"数字对象进行创建、收集和管理",并且"提供必要的服务允许用户检索和利用馆藏资源"①。也就是说,数字图书馆中数字资源主要经历创建、收集、整理及使用等几个过程。在国家数字图书馆建设方案中将数字资源相关流程细化为五个主要阶段:数字资源创建、数字对象描述、数字资源组织与管理、数字资源长期保存以及数字资源服务[1]。这其中,前四个阶段重点关注的是数字资源的生产过程,第五个阶段主要关注其服务方法和手段。本节我们将主要关注前四个阶段的内容,下一节将涉及数字图书馆提供的几种具有特色的信息服务。

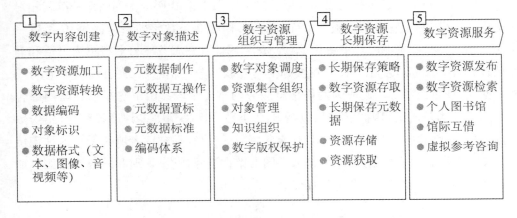

图6-5　国家数字图书馆业务流程图

6.2.1　数字资源环境的变化

数字资源根据产生方式的不同,可以分为原生数字资源(Born Digital)和再生数字资源。所谓原生数字资源是指资源内容首先以数字形式产生的资源,再生数

---

① 原文:A digital library is an online collection of digital objects, of assured quality, that are created or collected and managed according to internationally accepted principles for collection development and made accessible in a coherent and sustainable manner, supported by services necessary to allow users to retrieve and exploit the resources.

字资源则是指由传统介质承载的资源通过数字化手段后生成的数字资源,是已存在的资源的数字化形态。

在联合国教科文组织(UNESCO)2003 年发布的《数字遗产保护宪章草案》(UNESCO's Draft Charter on the Preservation of the Digital Heritage)中,将原生数字资源定义为除了数字形式再没有其他载体形式的信息资源,将再生数字资源定义为:从已存在资源转化来的数字形式①。

这两种表述是基本一致的,不过 UNESCO 关于原生数字资源仅有数字形式的论断,事实上排除了一种重要的可能性,那就是现实生活中先出现数字资源然后向传统介质转化的现象已经非常普遍。比如国内最早的网络畅销小说之一的《第一次的亲密接触》,就是首先出现了网络版,然后才出现印版图书。这里我们将这种最早产生时是数字形态的资源也看做是原生数字资源。

原生数字资源和再生数字资源作为数字资源生成的两种形态是与人类社会信息化发展进程相伴而行的。在信息化建设早期,人们获得数字资源的手段主要是通过对已有数据的数字化转化,直接产生的原生数字资源比例相对不高;但是随着互联网的蓬勃发展,原生数字资源呈现出爆发性增长,并成为数字资源的主体,尽管经过技术改进和提高,再生数字资源的生产能力也有很大的提高,但是其在数字资源中所占比例已显著降低。当然,这里还未考虑那些由业务系统生成的"业务数据"这种特殊的数字资源,他们在数字资源中的比重其实是非常大的,只不过这类资源通常只用于计算,不直接为公众服务。

如果仅仅是从两类数字资源来看待整个数字资源环境的变迁也许并无特别,但是当我们将整个过程与全社会的数字资源体系相联系时,就会深刻地感受到整个数字资源环境的变化给数字图书馆带来的冲击。

在传统体系中,图书馆是信息收集整理和服务的机构,在数字技术出现后,它也承担了文献资源的数字化、数字资源收集整理以及数字资源采购服务等任务。这里文献资源数字化和大量的数字资源采购(主要是各类专业资源库)主要是再生数字资源建设,是图书馆数字资源服务的主体;而针对网络的数字资源收集和整理工作则是以原生数字资源为主,由于网络社会化程度的限制,人们普遍认为这类

---

① 原文:The digital heritage consists of unique resources of human knowledge and expression. It embraces cultural, educational, scientific and administrative resources, as well as technical, legal, medical and other kinds of information created digitally, or converted into digital form from existing analogue resources. Where resources are "born digital", there is no other format but the digital object. http://unesdoc.unesco.org/images/0013/001311/131178e.pdf

资源价值相对较低,在图书馆工作中的比例和分量也较小。在这种状态下,数字资源其实只是图书馆的另一类形态的资源,与书籍、胶片、磁带等没有本质差别。无论是图书馆,还是早期的数字图书馆都可以按照原有的思路来工作,也就是前一节所提到的工业社会下的定位来组织业务,并形成了该状态下的数字资源服务产业链,如图6-6。

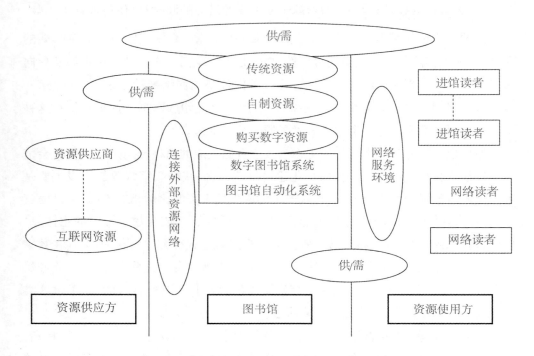

图6-6 传统思路下的数字图书馆数字资源产业链

在这个产业链条中,数字图书馆事实上成为图书馆的一个业务功能模块,并利用其在数字资源汇聚与整合方面的优势,在包括各类资源提供商,以及互联网信息资源的资源供给体系与读者间构建了一个数字资源服务桥梁。

但是,互联网的快速发展,以及整个社会信息化水平的大幅度提高,使得这一传统的信息化架构受到了严重挑战。从上一节我们了解到,在信息社会条件下,图书馆不再是信息汇聚和组织的最有效方法,互联网具备了更强的信息积累和汇聚能力,搜索引擎起到了知识组织和服务的功能,图书馆不再是人们寻求信息服务的主要渠道。

这种变化从资源角度来看就是数字资源的环境发生了改变。网络用户的成长以及互联网信息发布的快捷使得网络原生数字资源呈爆发性增长,"知识爆炸"的局面更为剧烈;互联网无限连接的能力使得数字资源可以被蕴藏在世界的各个角落,而不需要被汇聚到一个具体的地点;社会信息化的深入使得数字出版和网上书店成为信息发布的重要形态,在推动网络原生数字资源质量大幅度提高的同时,也使得人们可以跨越图书出版的中间环节直接与作者进行沟通;网络通讯工具的高度发展使得人们获取信息的渠道更加多样化;而搜索引擎在知识组织、信息检索方面的巨大能量,在极大地发挥了网络数字原生资源潜力的同时,也使得各种再生数字资源能够从浩瀚的网络中脱颖而出。

在这种资源环境下,传统思路的数字图书馆所依赖的数字资源数量优势、资源集中度优势、资源汇集的桥梁优势都受到了根本性的冲击,资源的质量优势、资源组织结构优势也受到来自于搜索引擎的极大挑战。更简单地说就是网络的崛起使得原生数字资源成为数字资源的主体,而原生数字资源分散和海量的特点,使得以资源集中收集和处理为主要手段的传统数字图书馆模式受到了严重的挑战。

面对这样的挑战,数字图书馆就需要根据自身的特点以及社会资源数字化发展的趋势,调整工作方向和方法,适应社会发展潮流,而不是单单依靠先进的信息技术来维持并发展原有业务。

6.2.2 数字资源的创建

数字资源的创建是指对于资源的数字加工、编码和转换过程,也就是资源的数字化转换过程。由于在实际生产过程中,资源创建往往是与资源标引、描述工作同步进行,是资源的对象数据加工和元数据加工的两个方面,因此有人也将该部分工作与资源描述一起看做是资源的生产过程。不过,由于对象数据加工和元数据加工在加工方法、组织思路、标准体系、技术原理等方面有明显差异,因此我们仍然按照图 6-5 所示流程的第一阶段,作为数字资源创建的主要内容。

数字资源创建主要包括了两个方向,一个是针对传统介质资源的数字化加工,也就是再生数字资源的生产问题;另一个是针对原生数字资源的转换问题,主要目标是互联网资源、收集整理的数字资源,以及购买的部分资源库等的加工和转换。再生数字资源的主要加工目标有:书籍、报刊、古籍、字画、拓片、缩微胶片、磁带、照片等。其基本要求是在不破坏原有数据的前提下尽量提高数字化的精度,使其具备保存价值和内容再现能力,是数字图书馆区别于其他信息服务部门的关键性职能差别之一。原生数字资源的处理则是一种纯数字化的加工处理过程,主要是完成数据的抓取、转换和整理等工作,为将不同格式的数据纳入相对统一的管理机制奠定基础。

资源数字化创建的关键是数字化加工标准和操作规范的确立。并且需要根据不同类型的资源采取与之相配套的标准规范,比如,手稿、文物、字画等资源对于操作规范的要求就非常高,以确保资源本身不受伤害;而对于音视频数据,关键则是加工标准的通用性和精度,以免出现数字化后的信息丢失问题。

为指导数字图书馆资源建设工作,2010 年 5 月文化部颁发了由国家图书馆负责起草《数字图书馆资源建设指南》①。但是该指南是一项政策性文件,在具体业务活动中可参照的国内相关的数字化加工标准规范有:科技部 CDLS 项目的《我国数字图书馆标准规范建设数字资源加工标准规范与操作指南》子项目[2];教育部大学数字图书馆国际合作计划 CADAL 项目的《数字对象加工标准规范集》[3];CALIS 的《文本、图片、音频、视频、课件等对象数据加工规范》《CALIS 文献资源数字加工与发布标准》;国家数字图书馆工程标准规范建设项目中的对象数据加工部分;文化共享工程的《视频资源数字化加工格式规范》[4]等。国外的相关规范如:美国国会图书馆的"关于文本和图像数据数字化转换的技术规范"(The Library of Congress Technical Standards for Digital Conversion of Test and Graphic Materials)、美国加州数字图书馆的数字图像格式标准(California Digital Library Digital Image Form at Standards、CDL Guidelines for Digital Image)、英国国际敦煌项目的图像数字化和管理标准文件(The International Dunhuang Project Standards for Digitization and Image Management)等[5]。

由于资源形态差异对数字化标准和数字化流程都有极大的影响,上述标准基本都根据资源形态的不同分为文本、图像、音频、视频四个主要类型。CDLS 还特别添加了关于矢量数据的相关标准分析,这已超出了传统图书馆数字化对象的范畴,使得数字图书馆的资源数字化范围更加完整。在文本数字化方面现在普遍接受的格式有 PDF、DOC、TXT 等,以及 CDLS 项目中推荐的 XML②;在图像(图片)数字化方面普遍以 TIFF 等无损压缩格式作为保存标准,以 JPEG、PNG、GIF 等作为应用格

---

① 《数字图书馆资源建设指南》由国家图书馆负责起草,通过全国数字图书馆建设与服务联席会议发布。其目标是在规范和促进全国数字图书馆资源建设工作,以满足社会公众日益增长的信息需求,是全国各数字图书馆建设机构开展数字资源建设工作的指导性文件,从建设原则、建设方式、建设工作内容、建设策略、建设经费、建设管理等七个方面对数字图书馆资源建设工作的开展进行了重点阐述。《数字图书馆资源建设指南》明确了数字图书馆资源的含义,规范了数字资源建设应遵循的原则,既为单个图书馆开展数字图书馆资源建设提供了切实可行的指导性建议,也为图书馆界建设跨地域、跨系统的数字图书馆资源保障体系提供了有益参考。http://www.lsc.org.cn/Attachment/Doc/1275990326.pdf

② CDLS 的《通用数字资源(文本数据)格式标准分析报告》将 XML 作为文本的推荐标准之一,但是 XML 本身严格来说并不是文本格式,而是一种可扩展的标记语言,可供用来描述文本格式。

式,并根据业务要求细分为档案典藏、复制加工,以及用于浏览的精细、普通和缩略图等级别[6];音视频方面由于受到技术和应用环境的限制,不同体系的规范在具体加工格式方面仍然有较大的差异。特别是在宽带网络及高清、3D 视频普及的推动下,音视频主流应用格式未来相当长的时间都将处于不断地变化中,从而对数字图书馆视频标准制定和实际应用产生较大的影响。

这里需要特别留意的一点是,虽然数字资源生产,特别是再生数字资源的生产始终被认为是数字图书馆的一个关键业务,但是现实情况却不完全如此。首先,从功能及定位来看,图书馆是大量传统非数字化介质资源的拥有者,因此数字化工作首先应由图书馆来完成,然后将生成的数据供给数字图书馆,数字图书馆关注的核心应当是数字数据的收集、组织和服务而不是数字化任务本身,只是由于生活中人们不明确区分图书馆与图书馆建设的数字图书馆项目,因此常常将两者视为一体才得出上述结论;其次,从实际发生的情况来看,虽然图书馆拥有大量的历史和现代资源积累,却只有很少几个图书馆具备足够的资金和能力实现资源的数字化,因此最终实现资源数字化工作的往往又是那些纯粹的(指没有图书馆实体的)数字图书馆建设机构。比如,Google 数字图书馆的一个核心工作就是与图书馆合作,由图书馆提供图书,Google 提供资金和设备实现资源的数字化,然后各留一个备份。国内的多家数字资源服务商也在做类似的工作。这种功能性的错位,既是经济条件导致的结果,也是不同机构在信息化条件下能力和地位不对等的必然结果。但从长期来看,我们相信数字资源的加工工作,尤其是对再生数字资源的加工工作更多的还应由图书馆来承担,而数字图书馆尤其是网络信息服务商建设的数字图书馆不会过多的参与到资源数字化的工作中,而应专注于资源组织和服务。

6.2.3　数字资源的描述

数字资源的描述工作往往是伴随着数字资源创建而完成的,但与后者显著不同的是,数字资源的描述工作具有极强的图书馆专业特性,是数字图书馆与其他机构在资源数字化过程中业务和技术层面的最显著差异之一。从业务角度来看,数字资源描述的工作包括了著录、标引、互操作等多项内容。为顺利实施上述工作,一方面需要形成可被广泛接受的数据格式,以便于系统开发、数据交换和规范制定;另一方面则需要在相关格式基础上制定不同对象的元数据标准及著录规范。

无论是数据格式的制定还是著录规范的制定严格来说都是一项纯粹的图书馆业务活动,是以有效描述信息内容为基本目标的,信息技术平台只是其具体实现工具,但是它同样受到了信息技术发展与数字图书馆信息化程度不断提高的深刻影响。这种影响的直接反映就是数据记录格式的变化,而这在 MARC 与 DC 的变化与差异中表现得尤为显著。

MARC(Machine-Readable Catalogue)名为"机器可读目录",起源于美国国会图书馆 1965 年开始进行的一项先导实验计划。此后,为了防止失控和方便国际交换,国际图联于 1977 年研制出 Universal MARC Format,简称 UNIMARC,我国则在 UNMARC 的基础上根据汉字特点形成了 CNMARC(中国机读目录通讯格式)。DC(Dublin Core)则是 30 年后(1995 年),由美国的 OCLC 与国家超级计算应用中心(NCSA)联合发起,并由 52 位来自图书馆界、电脑网络界专家共同研究产生的新一代元数据标准。由于 MARC 与 DC 的差异对于图书馆日常工作有着显著的影响,因此在大多数研究和报告中对于两者的分析主要是从业务角度展开,重点关注它们在著录对象、格式、主体、方式,以及著录内容等方面的差异。不过,这种差异从根本上来说则是由于信息技术和图书馆信息化水平的提高所形成的必然结果。因此,本书从信息化的角度来进一步审视两者的不同。

首先,从目标对象来看。MARC 实质上是图书馆传统书目卡片的一种电子形式,它反映的是人们用计算机模拟传统图书馆业务的信息化思路。DC 是为网上资源的辨识、检索而制定的一种著录格式。其目的在于使用户能够发现、识别和评价资源,并能对相关的信息资源进行选择、定位和调用,实现信息资源的高效整合、管理和长期保存,从而解决网络资源无序化的现实问题,是网络时代的产物。这种信息化思路差异既是图书馆信息化积累的必然结果,更是整个社会信息化发展在图书馆行业的直接反映,代表的是图书馆信息化由主机和局域网阶段向互联网阶段的转化。

其次,从著录格式来看。MARC 的代码形式和特殊结构的记录格式所反映的是一种以机器为使用者的思路,这也与它的名称相一致。而这正是 20 世纪 60 年代人们利用计算机处理信息的基本思路,这种思路产生的根本原因是由于当时技术条件下,机器的 CPU 处理能力,以及内存和外存空间非常有限,所以一切设计和活动必须以适应机器为前提,而不是适应人。这也就导致了 MARC 著录专业性极强的特点。与之不同,DC 诞生于 1995 年,当时个人计算机已相当普及,划时代的 Windows95 桌面系统也已风靡市场,机器性能不再是业务活动的关键制约因素,跨平台的数据交换困难和由此导致的人的可读性差则成为实际应用中的主要障碍,DC 的出现就是因应这种需要而形成的。DC 以 XML 为基础的格式使其具备了良好的用户可读性和数据交换方便性,从而满足了业务发展的进一步需要。从信息技术指导思想来看,这实质上是一种从面向计算机的数据管理向面向人的信息管理方向的转化。

最后,从应用的角度来看。MARC 基于机读目录的结构设计决定了它是以实现传统图书馆业务自动化为目标的,也就是业务的计算机化管理。DC 简洁易懂的结构特点和以网络为主要应用环境的设定使其具备了良好的网络应用和知识服务前景,从而超越了传统图书馆信息化的范畴,为数字图书馆建设和发展提供了有利的条件。

相比元数据记录格式来说,元数据规范和著录规范是纯业务层面的概念,基本与信息技术是没有直接联系的。但是,元数据及著录规范在记录格式方面的选定同样能够体现出信息化对于数字图书馆建设的影响。今天各种数字图书馆建设标准,如 CDLS、CADAL、CALIS,以及国家数字图书馆标准规范项目等都采用了以 DC 为基础的数据记录格式,这种一边倒趋势的直接原因是 DC 相对于 MARC 的各种优势,深层内涵则是信息化驱动的必然结果。在一个互联互通的时代下,人们对于信息易理解、可交换的要求成为核心,各种业务规范必须以此为基础才能有效地为信息社会所接受。

资源元数据记录格式的多样性必然导致一个问题,那就是如何实现不同数据系统间的数据查询、交换与共享,也就是元数据的互操作问题。这个问题既可以是同一数字图书馆内不同系统间互操作,也可以是不同数字图书馆间的复杂数据交互过程。为了应对这一问题,数字图书馆从元数据映射、元数据的体系结构,以及检索协议这三种技术层面提供了解决思路[7]。其中,元数据映射关注的是不同元数据之间的对应关系,通常表现为元数据格式之间的转换;元数据的体系结构则是提供一种支持不同元数据体系之间互操作的框架体系,典型的如 RDF(Resource Description Framework)和 Warwick;检索协议是在数据已经具备互操作性基础上的具体技术实现手段,如 Z39.50、OAI、OpenURL 等。这些协议的出现成功地推动了图书馆间数据的交换与业务的交往,为数字图书馆形成提供重要助推的同时,也成为数字图书馆内部业务运行的基础部分之一。

6.2.4　数字资源的组织

数字资源的组织就是将分散、无序的数字信息进行系统化、有序化的整理过程,其目的是让用户能方便、快速、有效地查找和利用信息。在传统的图书馆中资源组织的主要对象是印本书籍和各类文献,采取的办法是通过分类、目录、排架号的方式来实现文献级的管理,这类资源组织属于非常初级的水平,尚达不到信息组织和知识组织的阶段。

数字图书馆与传统的图书馆在信息资源的组织方面有极大的不同,这主要是由于以下几个原因:首先,数字图书馆面对的是海量的、分布的数字资源,其信息总量远远超过传统图书馆中书籍的总量,并且很难实现集中管理;其次,数字图书馆是以用户为中心的,其所提供的服务是以用户需求为导向的,而不只是针对数据管理的;再次,数字图书馆信息组织的对象和类型也大大地扩展了,除文字信息外,还有声音、图像、视频等多媒体信息;此外,网络资源的出现使得信息组成的复杂度极度提升,原有的方式完全无法适应。所有这些对于数字资源的组织都提出了极高难度的挑战。

为了有效应对数字资源组织的巨大规模和复杂性,通常需要经过规划、收集、描述、标引和归档等几个阶段和流程来实现数据的组织。规划工作是指在数字资源组织前对于整体的建设方向、目标、原则、范围、方法等进行确定,即使是对于互联网上的信息资源这一步骤也是必不可少的。收集是指对于信息资源进行分析和比较筛选,剔除无用和无价值的信息,从而保证资源整体质量。对于收集的数据需要进行描述,编制元数据,并通过人工或自动方式对数据进行标引,形成各类标示,供实际使用。最后,将元数据信息和对象数据存入数据库中,形成可利用的资源库系统。

上述工作的根本保证就是形成有效的知识组织方法。就现阶段来说,这既包括传统知识组织方法,如主题法、分类法、元数据法;也包括新型知识组织方法,如本体法等。

主题法就是指直接以表达主题内容的词语作检索标识、以字顺为主要检索途径,并通过参照系统等方法揭示词间关系的标引和检索信息资源的方法。主要是利用概念之间的逻辑关系,揭示知识概念与知识集合之间的关系,一般可分为标题法、元词法、叙词法和关键词法[8]。

分类法则是通过将事物按照共同属性进行分门别类的一种组织方法,是指人们认识和区分客观事物,并在此基础上组织事物的一种科学方法,是人们根据事物的属性对其进行区分和类聚的过程。文献分类法是信息资源分类的基本工具,是信息资源分类和分类标引以及分类检索的规范[9]。

元数据法是传统文献知识组织的鼻祖,它是通过对独立的文献或信息的概括性描述,提炼并揭示文献的外部和内部特征,并按照不同的知识点进行组织,供用户进行文献或信息的检索[10]。

相对传统组织方法来说本体法是一个非常新的概念。本体(Ontology)原是哲学中的一个概念,近来被应用于语义 Web 以及数字资源的描述、组织与管理。

1998 年 Studer 等人提出："本体是共享概念模型的明确的形式化规格说明"①，对本体的特点给出了一个较为明确的解释。知识本体是"领域知识规范的抽象和描述，表达、共享、重用知识的方法"[11]。其本质是领域知识的共享和重用，标准化和形式化的领域本体能够为信息系统之间的高层互操作提供很好的工具。从信息技术的角度来看，本体的思想非常类似于编程领域的面向对象理论，在具体实现方法上也采用了类、函数、实例等面向对象的概念来实现，可以认为是面向对象思想在社会知识领域内的一种具体方法。但是，面向对象的编程思想是通过将现实世界抽象后构建的有限的计算模型，因此能够迅速的普及并应用于实际，而本体只有将现实世界，或者至少是相关领域内的绝大多数概念都涵盖后才能形成服务能力，因此在具体实践过程中有极大的难度，这也是本体理论现阶段"叫好难叫座"的重要原因。

不过，对于数字资源组织来说，今天最大的冲击并非来自于上述组织方法的能力差异，而是互联网的兴起以及网络条件下，原生数字资源的爆发性增长对于这种数字资源的组织方法和实现方式提出的严峻挑战。首先，互联网上海量的信息资源使得信息的收集整理工作变得极其巨大，尤其是传统的人工方式根本无法实现；其次，网络资源普遍存在的不规范性对于信息的自动化处理提出极高的挑战，甚至是不可能的任务；然后，网络内容的多样性和综合性使得资源的归类变得异常复杂和不确定；同时，网络的无限可达使得信息资源普遍以分布形态存在，既无法集中也没必要集中管理。

面对这样的情况，现在通常采用三种主要方式：一种是缩小目标范围，只针对有限的数字资源库进行信息组织和管理。由于对资源范围进行了严格的约束，质量有保证，数量有控制，因此能够较好地实现资源的组织和管理，这也是大多数数字图书馆项目采取的办法。但其缺点是，相对浩繁的网络信息，其信息内容含量过少，无法服务于日常生活，只能局限在有限的学术和研究领域。另一种是采用自动处理手段，利用严格的内容评价策略进行分类组织，这是搜索引擎采用的办法，比如 Google 的 PageRank 网页评级机制，可以为用户提供网络信息的直接服务，对新信息的反应效率高、检索范围广。但其缺点是由于内容筛选不彻底（与很多人印象不同的是，搜索引擎也需要对内容进行筛选，只是筛选尺度更宽而已），导致结果命中率相对偏低。其解决办法主要是依靠信息技术的提升，逐步提高排名、分类及内

---

① 原文：An Ontology is a formal and explicit specification of a shared conceptualisation of a domain of interest.

容评价和分析算法的质量。第三种方式是垂直搜索,它是通用搜索引擎的一个变种或者说是一个专用工具,典型的如 Google 学术搜索(Google Scholar)。其基本思路是通过更加严格地筛选和限制资源来源,来提高数据质量,就 Google 学术搜索来说它所针对的是学术研究,其数据来源主要是各种开放学术资源(Open Access)、各大学术机构和图书馆、各出版机构和商业数据库等。在数据组织方面并不对数据进行详细的分类,而是由系统通过对用户键入关键词的分词和理解进行匹配。后面我们将看到新西兰数字图书馆 NZDL 实际上也采用了类似的方法。

互联网海量信息的资源组织工作对于数字图书馆而言既是机遇又是挑战,传统图书馆的组织手段几乎无法适应网络条件下的知识服务需求,仅仅信息的元数据编辑工作就会必然让整个机构瘫痪。垂直搜索是完成上述工作的一个很好的解决方案,它为用户提供了覆盖面较广的数据资源的同时,又净化了内容,屏蔽了不良资源,先进的搜索技术在智能化和反应速度上都达到了用户的基本要求,从而成为今后发展的一个重要方向。

6.2.5　长期保存

正如图书馆是人类文化资源的重要保存机构一样,数字图书馆也是人类文化数字长期保存的重要机构,这既是任务更是使命,同时也是数字图书馆有别于其他数字信息服务机构的一个显著差别。

相对于传统介质资源来说,数字资源虽然在使用方便性方面有极大的提高,但在长期保存方面上却比传统介质资源要困难。这是因为:首先,数字资源介质本身不适合长期保存,现有的数字资源存储介质无论是磁介质还是光介质本身都属于精密材料,受外界环境影响大,一旦损坏就会导致全部数据不可用,修复极其困难;其次,数字资源的极大繁荣带来了数字资源更新速度的加快,互联网上的商业竞争和潮流变化使得很多极有价值的数字资源可能还未来得及有效保存就已经消失了;此外,关于数字资源长期保存的工作才刚刚开始,还没有像传统书籍那样保存千百年的经验可循,也是数字资源长期保存所面临的一个实际问题。

对于数字资源的长期保存,国内外信息研究机构都给予了极高的重视和投入。国外主要的研究项目包括美国国会图书馆带领下的国家数字信息基础设施和保存计划 NDIIPP（National Digital Information Infrastructure Preservation Program）;由美国国家自然基金等支持的,Stanford 大学图书馆发起并组织实施的 LOCKSS（Lots of Copies Keep Stuff Safe）项目;荷兰国家图书馆牵头,欧洲 7 个国家图书馆(法国、意大利、德国、瑞士、荷兰、葡萄牙、挪威)及 3 个出版社参与的 NEDLIB 项目

（Networked European Deposit Library，网络化欧洲存储图书馆）。国内的项目包括有：国家图书馆于 2003 年启动了网络信息资源采集与保存试验项目 WICP（Web Information Collection and Preservation）；由北京大学开发的中国 Web 信息博物馆 Web Infomall（http://www.infomall.cn/）；以及中央电视台音像资料馆的媒体资产管理系统建设工作等。

从技术层面来看，数字资源的保存主要涉及两个问题：①如何有效地保存数字数据本身，也就是如何妥善地保存数字介质及其所记载的二进制数据流；②如何保证数字资源的可管理和可再现性，也就是人们能够在未来有效地找到这些资源并能够读取出原始信息。对于前者，现在主要是通过数字资源的多级存储机制、资源的多副本，以及定期的比对和数据迁移等措施来实现的。比如，中央电视台国家音像资料馆和国家数字图书馆都建立了数字资源的三级保存机制和配套的资源管理和维护策略，后面我们还将通过对存储体系的具体分析，展现数据保存的设备设施基础。对于后者则需要通过综合业务管理层面的统一协调来完成，这既包括了长期保存的标准体系，也包括了对应的数字资源环境保护和恢复机制等。

在数字资源长期保存标准方面目前比较重要的标准有 OAIS，PREMIS，MET，MODS 等。其中 OAIS（开放存档信息系统）是由 ISO 委托美国国家航空航天局（NASA）的空间数据系统咨询委员会（CCSDS）开发的一个数字资源存取和长期保存的概念参考框架。它为数字资源的存档和可维护提供了一个概念框架，描述了相关资源保存系统的存在环境、系统功能组织以及支持存档信息管理的基础结构等。并于 2003 年，最终作为 ISO 的标准（ISO 14721:2003）颁发。该标准也是国家数字图书馆长期保存项目的核心体系。

但是，作为数字图书馆建设重要承担单位的传统图书馆，在数字资源长期保存工作上的态度却耐人寻味。据《中国图书馆数字文献资源长期保存现状调查》[12]报告统计（该报告选取了 44 个图书馆作为调查对象，其中公共图书馆 8 家、专业图书馆 13 家、大学图书馆 23 家），仅有 52.5% 的机构选择图书馆作为数字文献资源长期保存的责任机构，而支持除图书馆与出版商以外的第三方机构来承担长期保存职责的都达到了 27.5%，另外还有 12.5% 的机构表示目前尚不清楚长期保存的职责应该由哪类机构来承担。如果我们看到这还是在图书馆内部的一个调查的话，可见图书馆系统对于数字资源长期保存这一工作的认同度还不够高。这一方面是由于长期保存工作的技术难度、资金压力以及风险等因素所造成的；更主要的原因则是由于社会信息化还处于快速发展阶段，数字资源积累和保存的价值还难以直接显现。这也反映出了一个更为重要的问题,那就是传统图书馆对于是否应承担数字图书馆的职能仍然有相当不同看法。

因此,对于数字资源的长期保存,一方面我们要通过信息化的深入发展,使社会各界尤其是图书馆行业深刻认识其内在价值;另一方面,要推动国家在数字资源保存方面确立明确的国家战略和长效机制,以及稳定的数字资源保存机构,而数字图书馆就是这一机构的最理想选择。

6.3 数字资源服务

数字资源服务是数字图书馆针对各类用户的具体服务窗口,也是其服务能力的直接体现。其核心是资源的发布与检索,并且是数字图书馆的核心指标之一,比如国家数字图书馆的建设指标中就确定了必须具备平均100 000次/分钟检索请求能力,峰值10 000次/秒检索请求能力的技术指标。不过,这些内容将主要在本书的第五章和第七章中的相关部分进行详细说明,这里我们将重点放在由一些具备图书馆特色的业务服务。

6.3.1 统一检索

统一检索有一个更为常见的名字叫跨库检索(Cross-Database Search),除此以外还有异构资源检索、多数据库检索、集成检索、一站式检索等称呼。不论何种名称,其基本思想就是在同一个界面内对多个异构的数据库实现信息检索。

这种需求源自于数字图书馆数字资源库复杂和异构的现实情况,结果就是用户为了检索一个内容需要反复登录到不同的系统当中去查询信息。如果这些数据库只有几个,问题也许并不大。但现实是对于一个大型数字图书馆而言,这个数字通常是上百个,让用户重复几百次同样的检索操作几乎是个不可想象的行为,更不要说要在几百个结果列表中去比对并查找所需的结果。因此,统一检索系统的出现是数字图书馆数据库来源多样性和结构差异化的必然结果。

统一检索系统的基本处理方法是,首先向用户提供一个统一的检索接口和界面,在获取了用户的检索请求后,将上述请求转化为不同数据源的检索表达式,并发地检索本地的和广域网上的多个分布式异构数据源,并对检索结果加以整合,经过去重和排序等操作后,以统一的格式将结果呈现给用户。整个过程无需用户反复检索和登录,从而大大优化了用户使用效果。

对于有限的数据源而言,这一工作看起来并不复杂。但现实是,数据源的数量往往非常庞大,比如,CALIS 的统一检索系统就整合了 125 个中文数据库,和 129 个西文数据库[13]。而且更糟糕的是,这些数据库的结构差异可能很大,各个库的关键字字段都不完全一致,无法实现一一对应,这在不同类型的资源库间尤其显著。工程实际中还会有许多非常难以处理的实际问题,包括:有些库可能很老,采用的 C/S 模式,而不是现在普遍采用的 B/S 模式;B/S 方式检索时,源数据库的网页规范程度不高导致的解析错误和困难;全文访问权限受限;为保证系统兼容而进行的耗时耗力的人工巡库维护工作;等等。因此,在实践过程中如何减少数据库异构带来的困难,提高数据的查全率和查准率是统一检索的难点所在。

目前,较为有名的国外的统一检索系统有 MetaLib、MAP（Millennium AccessPlus）、Zportal、WebFeat 等。我国图书馆常用的统一检索平台主要有清华同方异构统一检索平台(USP)、CALIS 统一检索平台、TRS 资源整合门户、天宇异构资源统一检索平台 CGRS、学术资源门户 Metalib、江苏汇文一站式检索平台 URS、中国科学数据库服务系统 CSDL 等。但是从实践效果来看在查全率和查准率等方面都还有很大的提升空间。

可以说,统一检索是数字图书馆资源服务的一个理想目标,将数字图书馆的网络门户变成所有知识库的一个统一入口,人们只需要一次检索就可以准确获得所有相关数据的理想结果,从而极大提高人们获取信息的能力和效率。但是,要想实现这一目标绝不仅仅是一个技术问题,我们必须要从信息化进步的角度来看待这个问题。

首先,统一检索的根在数据源的不一致,这种不一致的直接表现就是系统和元数据规范的不统一,但其深层原因则是社会整体信息化水平较低,一是社会整体尚未实现信息的真正互联和沟通,在资源建设过程中自然没有可能也没有必要去考虑对接的问题,而是更多地从自身需要出发来建设;二是系统建设和内容建设的社会分工尚未有效形成,数据库建设者各自独立,即使有标准规范也难以保证真正的一致。因此,这一问题的解决有赖于社会整体信息化的逐步深入,是一个循序渐进的过程。否则,即使今天我们解决了模式问题与元数据问题,明天可能还会遇到新的模式,新的源数据结构,以及更为复杂的数据整合问题。

其次,现有的统一检索是基于源数据库的检索结果来排序和显示的。对于简单的基于少量关键字的检索,这样的处理方式问题不大。但是,随着用户对于知识服务需求的增强,简单的关键字搜索方式越来越难以满足实际需要,检索需要涉及复杂的信息组织、数据整合、语言分词、内容分析、结果排序等问题。这些技术都属于难度极高的计算机应用技术研究范畴,是现代搜索引擎主攻的方向,远超绝大多数数字图书馆和信息系统开发机构的能力。因此，如何合理引入或应用尖端计算机技术也成为统一检索发展和提高的关键因素之一，但这本质却不是技术问题，而是如何实现信息与技术融合，不同部门间如何互惠互利的过程，是社会信息化深入发展的要求。Google 所提倡的云计算模式就是这种信息化深入的直接体现。

因此，对于统一检索，我们在清醒认识现有发展水平的同时，应以社会信息化发展的眼光来看待它的发展与进步。

6.3.2　虚拟参考咨询

虚拟参考咨询服务（Virtual Reference Service，VRS），又称数字参考咨询（Digital Reference Service，DRS）、在线参考咨询服务（Online Reference Service）、远程参考咨询服务（Reference Services at a Distance，or Remote Reference Services），是图书馆利用网络技术推出的一种参考咨询服务形式，是图书馆传统业务在网络环境下的延伸。在虚拟的网络环境下，图书馆馆员可以接收来自世界各地不同用户提出的各类问题，然后以实时或批量的方式给予回复。相比传统的参考咨询服务，虚拟参考咨询服务一是可以打破时空限制，在服务时效性、方便性上有了极大的提高，另一方面是利用互联网可以实现虚拟的联合参考咨询，也就是多个机构可以在一个共同的平台上为读者和群众服务，极大地增强了服务能力和效果，弥补了图书馆专业人员的不足。

虚拟参考咨询作为一个以"服务台"为核心理念的知识服务系统，其基本思路就是通过建设一个较为完备的专家知识库，并配合以较为高效的专家团队，利用信息系统的自动排查和检索功能，来完成对于用户疑问的准确解答。因此，充分利用互联网实现馆际间的合作，通过知识和人员的共享实现服务共担就成为虚拟参考咨询服务的一个重要建设思路，在这方面国家图书馆、CALIS、中国国家科技图书馆等都作了深入的研究和实践。下页图 6－7 就是中国国家科技图书馆数字参考咨询系统的基本实现框架[14]。

而 CALIS 也在 2004 年就完成了分布式联合虚拟参考咨询系统（CVRS）的技术标准规范，确定了功能完善的总咨询台轮流值班、本地咨询台互补、知识库分布检索、咨询馆员/专家联合咨询等具体的联合服务方式，并在高校图书馆系统内进行了推广。

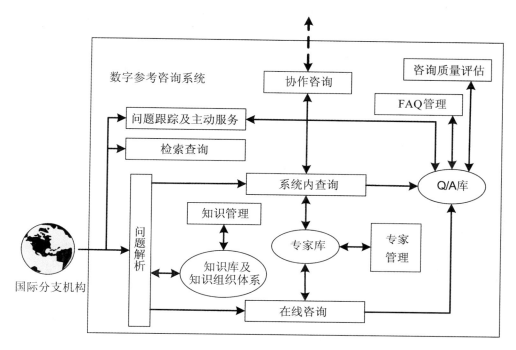

图6-7　中国国家科技图书馆数字参考咨询系统的基本实现框架

虚拟参考咨询在具体功能实现时采用的方法有:非实时参考咨询技术(FAQ、E-mail、表单、留言板、BBS)、实时参考咨询技术(Blog、Wiki、IM、RSS、视频会议),以及呼叫中心技术和协同浏览技术等。表6-1是我国十所重点院校图书馆在虚拟参考咨询方面所使用技术现状汇总[15]。

表6-1　我国十所重点院校虚拟参考咨询所使用技术现状

	非实时参考咨询技术	实时参考咨询技术	呼叫中心技术	协同浏览技术
清华大学图书馆	FAQ、电子邮件咨询、提问表单咨询	在线咨询、网络培训、图书馆点播系统、RSS、图书馆工具条、馆藏地图	目前未使用该技术	目前未使用该技术
北京大学图书馆	FAQ、电子邮件咨询、BBS图书馆版、留言板	BLOG、MSN、QQ咨询、CALIS虚拟参考咨询系统、网络培训	目前未使用该技术	目前未使用该技术

续表

	非实时参考咨询技术	实时参考咨询技术	呼叫中心技术	协同浏览技术
南京大学图书馆	FAQ、电子邮件咨询、BBS	网上报告厅、移动图书馆、其他正在建设中	目前未使用该技术	目前未使用该技术
复旦大学图书馆	FAQ、电子邮件咨询、读者留言、BBS图书馆版	MSN、QQ咨询、RSS	目前未使用该技术	目前未使用该技术
上海交通大学图书馆	FAQ、留言板、网络表单、电子邮件、馆长信箱咨询	手机图书馆、虚拟参考咨询系统、RSS	目前未使用该技术	桌面共享、白板交互
浙江大学图书馆	FAQ、电子邮件咨询、留言板	网上咨询	目前未使用该技术	目前未使用该技术
武汉大学图书馆	常见问题解答、读者提问表单、E-mail咨询	QQ咨询	目前未使用该技术	目前未使用该技术
厦门大学图书馆	常见问题、留言板、馆长信箱咨询	BLOG、在线咨询、RSS	目前未使用该技术	目前未使用该技术
中山大学图书馆	FAQ、中德文版E-mail表单提问咨询、留言板	虚拟参考咨询系统、VOD视频点播	目前未使用该技术	目前未使用该技术
西安交通大学图书馆	FAQ、电子邮件、Web表单提问咨询、BBS	CALIS分布式联合虚拟参考咨询系统、音视频交流、知识库管理、RSS、移动图书馆	计划从2011年起创建呼叫中心,并有相关论文设计了呼叫中心的结构及系统组成	同步浏览、桌面共享、白板交互

无论是从技术层面,还是从业务层面来看,虚拟参考咨询系统对于数字图书馆服务能力和服务效果的提升都有着显著的帮助。以广东省立中山图书馆牵头的"联合参考咨询网"、"联合参考咨询与文献传递网"(2011年9月,联合参考咨询与

文献传递网升级为全国图书馆参考咨询联盟）等为例：2011 年全年网上参考咨询与文献传递网总共免费解答咨询999 240例，远程传递文献1 086 034篇，是一项非常有实效的服务。

但是，在互联网极度发达的今天，尽管虚拟参考咨询使用了很多最新的技术，服务效果也不错，却难以引起普通民众的关注。这里除了参考咨询所提供的文献一般都是学术资料，与普通民众生活较远的问题外，更为重要的是相比于互联网时代的其他开放信息服务，虚拟参考咨询对于网络的利用并不充分。在信息时代背景下，互联网最强大的力量来源于普通民众的参与，网络社会强调的是"人人共享，人人服务"，由大家一起出力来解决大家的问题。互联网上的知识平台应该是一个开放的服务平台，一个大众都可以有效参与的平台，一个依靠大多数人智慧的平台，平台的管理员仅仅是秩序的维护者和基本服务的提供者。而现有的虚拟参考咨询还只是传统图书馆服务理念的延伸，靠的是有限的专业人员来解答问题。

6.3.3　馆际互借

馆际互借（Interlibrary Loan，ILL）是图书馆领域的一个传统业务，其目的在于通过各个成员馆之间的协作，实现资源共享、服务共担、优势互补，是传统图书馆服务能力的扩展。数字技术的出现给了该业务以新的动力，网络的出现使得馆际互借的效率极大的提高，并能够实现 7×24 的服务方式。而资源普遍数字化后，特别是数字图书馆的出现，使得馆际互借在运作形式上发生了巨大的改变，不再需要有物流的过程，事实上也不需要"互借"，从而极大地提高了响应速度，降低了运行成本。

从服务类型上来说，馆际互借包括了返还式的馆际借阅和非返还式的文献传递，以及代查代索三种方式。但是对于数字图书馆而言，只有非返还式的文献传递与其业务形态完全一致，返还式的馆际借阅和代查代索实质上还是传统业务的延伸，属于图书馆业务自动化范畴。不过，这并不意味着数字图书馆在馆际互借方面能力不足，因为在网络发达的今天，人们对于时间和效率的要求很高，传统的文献索取方式，成本高、时间周期过长往往超过了现实所能容忍的时间，因此即使对于传统图书馆而言，服务内容也主要以非返还式的文献传递为主。

在馆际互借系统建设方面 CALIS 有着最为成功的经验和成果，CALIS 通过采用馆际互借国际标准协议 ISO 10160 和 ISO 10161 成功开发了一套基于协议的标准化的馆际互借系统。并于 2004 年 6 月启动了"CALIS 馆际互借/文献传递服务网"（简称"CALIS 文献传递网"或"文献传递网"）。该文献传递网由服务馆与用户馆组成,其中,服务馆是指利用 CALIS 馆际互借与文献传递应用系统提供馆际互借服务的图书馆,用户馆是指从服务馆获取馆际互借服务的图书馆。截止到 2007 年 1 月,"CALIS 文献传递网"共有服务馆 46 家,基本覆盖了全国服务水平、服务能力较高的高校图书馆,共同担负着推动全国高校馆际互借服务的重任。为全国高校图书馆馆际互借服务的发展,同时也为国内馆际互借服务的开展提供了参考和借鉴[16]。

但是,我们也应看到馆际互借这一传统图书馆服务的延伸机制在网络时代下的不足。首先是响应速度太慢,即使是利用了 CALIS 馆际互借,平均首次响应时间也有 2.22 天,平均完成时间则为 2.63 天,如果考虑到是返还式借阅还需要有物流时间则更要大大的延长。其次,收费过高。以吉林大学图书馆为例,其每页资料的复制费用达到 0.3 元,这里的复制费用包括了:复印、扫描和普通传递(普通传递包含 E – mail 方式、CALIS 文献传递、Ariel 文献传递、平寄、挂号、传真和读者自取方式)[17]。虽然相对国外大型文献中心而言,这样的标准是偏低的,但是相对于网络时代下数字信息传递的超低成本和公平共享的精神来说,这样的标准还是让普通民众无法企及。因此,这类业务主要局限在了学校和学术研究者的范围之内,难以成为一项真正意义的群众服务。

6.3.4　联合编目

联合编目,又叫联机联合编目,是指利用计算机和网络,由多个图书馆共同编目,合作建立具有统一标准的文献联合书目数据库,并在此基础上实现共享编目成果。即任一授权成员馆对入馆新文献编目上载以后,其他馆就可从网上查询并下载,从而大大减少书刊编目工作中的重复劳动,提高了信息加工的效率和书目数据质量。联合编目的意义,首先在于减少重复劳动,提高效率,降低用户编目成本;其次通过各成员馆采用统一标准,大大提高编目质量,实现数据的规范化与标准化,促进书目记录的交换;最终通过编制联合目录,有利于沟通馆藏信息,为实现文献资源合理配置,建立协调采访系统创造条件[18]。

最著名的联合编目机构是美国的 OCLC(Online Computer Library Center,Inc.,联机计算机图书馆中心)。我国范围内来说主要的联合编目机构有:国家图书馆牵头的全国图书馆联合编目中心(OLCC),中国高等教育文献保障中心(CALIS)的联机合作编目中心,中国科学院国家科学图书馆的联机联合编目系统(UNICAT),上海市文献联合编目中心(SIUCC),以及由深圳图书馆、湖南省图书馆、福建省图书馆、上海图书馆、天津图书馆、辽宁省图书馆共同创建的地方版文献采编合作网

（CRLNet）等。

联合编目的初始目标是通过馆际间的联合，降低重复劳动、提高编目质量，实现信息资源的共享。但是由于历史和管理体制等因素，现在已形成了多个规模较大的联机编目中心，这就必然导致在标准规范、质量控制、协作共享等方面产生很多具体的问题，最为典型的就是同一书目的数据在不同体系下所编制的数据并不一致，出现了"加入编目中心越多，工作量越大"的现象，同时也影响了相互间的合作。

面对这种现状，最理想的解决方案是能够形成一个统一的编目中心，或者几个大型编目中心在规则和标准方面达成一致。但是，由于管理以及经济等方面的因素，这一目标并不容易达成。

但是，信息化的浪潮可能会对这一局面产生意料之外的直接冲击。传统意义上来说编目尤其是联合编目是图书馆的专业领域，但是随着社会信息化的发展新的编目体制也介入了这一领域。以我国为例，新闻出版总署就推出了在版编目系统（Cataloging in publication，CIP），根据新闻出版署《关于进一步加强图书在版编目工作的通知》规定，"新闻出版总署信息中心作为 CIP 数据的唯一制作单位，负责 CIP 数据的制作，任何单位不得自行制作"（新出厅字［2005］98 号文件）。而 CIP 数据又是出版社申报"工作表"的唯一依据，使得该标准有了相当的权威性。虽然，现阶段 CIP 主要用于出版管理，但是随着数字出版和数字阅读的普及，很难说类似的体系不会直接进入图书流通和应用领域。虽然它不足以影响传统图书馆的印本介质编目活动，但对于数字资源，也就是数字图书馆的信息管理将可能会产生直接的影响。

更为重要的是，在信息社会条件下，电子出版物尤其是电子图书的出版、发行、销售和阅读平台将进一步融合，新环境下书目的管理和使用将具有更多的市场特性，同时与用户的关联更加紧密，传统的图书馆联合编目在机制上将受到更深刻的挑战。2007 年 11 月 30 日，美国国会图书馆的书目工作组发布了《书目控制未来发展报告》草案，指出了："书目控制未来将是合作的、去中心化的、国际范围的、基于 Web 的。它的实现将出现在与私营机构的合作、与图书馆用户的积极协作中。数据将从不同来源获取，变化将迅速出现，书目控制将是动态的而非静态的。"表明国际图书馆界已经认知到，在信息化环境下编目体制将要发生的变革，不仅仅是编目技术手段的改变，而是与整个社会信息服务体系的信息化进程紧密联系的。

6.4 标准体系

标准体系是信息化工程推进的前提和基础,不完善、不统一和不连续的标准体系不但妨碍信息化工程建设的有序进行,也将直接导致信息化工程建设的碎片化和孤立性,长期建设的结果就是形成一个个所谓的"信息孤岛",失去信息化的集约优势,产生巨大的整合负担。对于数字图书馆而言,标准体系的建设是其核心工作之一,它不仅仅涉及了平台建设的软硬件基础和接口,更深入到整体业务的各个具体环节,是数字资源建设、开发、共享与服务的基本保障,是数字图书馆自身运行、行业联合,以及与整个社会信息生态相融合并持续发展的基础条件。因此,数字图书馆标准体系应严格坚持科学化、系统化和规范化相结合的方针,充分吸收相关领域现有成果,通过合作开放与共建共享的方式进行深度研究和推广。

对于标准体系的建立,国内外都投入了极大的热情和精力。国外,如美国国会图书馆、数字图书馆联盟(DLF)、博物馆及图书馆服务协会(IMLS)、联机计算机图书馆中心(OCLC)等机构在数字资源建设方面均发布了相关的标准或指南。其中美国国会图书馆发表的 MARC21、MARC XML、EAD、METS、PREMIS、Z39.50 等都是今天数字图书馆建设和服务的重要标准规范。

我国的数字图书馆标准化建设有着强烈的工程建设和面向业务特点,形成了多个依照行业体系而形成的标准规范体系。比如:由中国科技信息研究所、中国科学院文献情报中心和中国国家图书馆联合发起的《我国数字图书馆标准与规范建设》项目(CDLS,Chinese Digital library Standards)[19],中国高等教育文献保障系统的《中国高等教育数字图书馆(CADLIS)技术标准与规范》[20],由教育部推动的大学数字图书馆国际合作计划(CADAL,China Academic Digital Associative Library)[21],国家数字图书馆工程的标准规范建设项目等。另外,国家科学数字图书馆、全国文化信息资源共享工程、党校数字图书馆系统、军队数字图书馆系统等也在标准规范建设与应用方面,根据自身业务特点和需要进行了深入而有效的探索。

上述标准体系中,CDLS 相对来说发起时间较早并且内容更加完整。它启动于2002 年 10 月,由中国科技信息研究所、中国科学院文献情报中心和中国国家图书馆等联合发起,现在已有将近 20 个单位参与项目的研发和建设。作为数字图书馆建设标准规范的长期框架的一部分,主要针对数字图书馆系统的数字资源建设与服务,并为我国数字图书馆的建设提供相对完善的标准与规范基础,为数字图书馆项目的资源加工、描述、组织、服务和长期保存提供标准规范。

国家数字图书馆工程的标准规范体系则是以服务其工程项目建设为具体目标的规范系统。它依据成熟优先、开放建设和注重实用等原则围绕其数字资源业务流程的五个基本阶段,形成了与之配套的标准规范建设体系框架。如图6-8[22]:

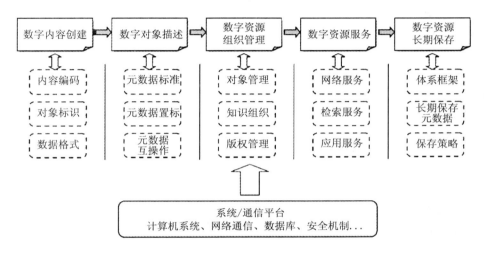

图6-8 国家数字图书馆标准规范体系框架

并根据内容确定了汉字处理规范、唯一标识符、对象数据、元数据规范、知识组织、资源统计、长期保存等七大类34项标准规范。具体内容如表6-2。

表6-2 国家数字图书馆工程标准规范建设项目一览表

项目名称	规范名称
汉字处理规范	汉字属性字典
	中文文献全文版式还原与全文输入 XML 规范
	古籍用字规范(计算机用字标准)
	计算机中文信息处理规范
	生僻字、避讳字处理规范
唯一标识符	国家图书馆数字资源唯一标识符规范
对象数据	国家图书馆数字资源对象管理规范
	文本数据加工标准与工作规范
	图像数据加工标准与工作规范
	音频数据加工标准与工作规范
	视频数据加工标准与工作规范

续表

项目名称	规范名称
元数据总则	国家图书馆元数据应用规范
	国家图书馆核心元数据标准
	国家图书馆专门元数据设计规范
	CNMARC XML
	CNMARC-DC－国家图书馆核心元数据集的对照转换
	MARC21-DC－国家图书馆核心元数据集的对照转换
专门元数据规范——古文献	专门元数据标准与著录规范——拓片
	专门元数据标准与著录规范——舆图
	专门元数据标准与著录规范——甲骨
	专门元数据标准与著录规范——古籍
	专门元数据标准与著录规范——家谱
专门元数据规范——电子书刊	专门元数据标准与著录规范——电子图书
	专门元数据标准与著录规范——电子连续性资源
	专门元数据标准与著录规范——学位论文
	专门元数据标准与著录规范——期刊论文
专门元数据规范——网络及多媒体资源	专门元数据标准与著录规范——网络资源
	专门元数据标准与著录规范——音频
	专门元数据标准与著录规范——视频
	专门元数据标准与著录规范——图像
管理元数据	国家图书馆管理元数据规范
知识组织	知识组织规范
资源统计	数字资源统计标准
长期保存	国家图书馆数字资源长期保存规范

　　与国家数字图书馆标准规范相比《中国高等教育数字图书馆（CADLIS）技术标准与规范》更加关注以统一用户服务为目标的系统设计和接口标准。这主要是由于两者的关键目标不同所致,前者主要应用目标为国家数字图书馆的业务活动,而后者则以推进教育系统图书馆行业的数字资源共建共享为主要目标。由 CALIS 管理中心主编的《CADLIS 技术标准与规范》主要包括以下内容:一是 CADLIS 总体架构和基本技术标准与规范,包括 CADLIS 技术与管理总体框架、CADLIS 门户建设

规范、CALIS 子项目参建馆本地系统建设技术规范、专用数字对象描述型元数据规范、CALIS 基本标准与规范、CALIS 基本接口规范。CALIS 定义的接口规范，包括了 OAI、METS、数字对象交换、统一检索协议 ODL、OpenURL、CALIS-OID、统一认证、统一计费、日志与统计等内容；二是各个子项目专用的技术标准与规范，包括全国高校分布式联合虚拟参考咨询系统、全国高校重点学科网络资源导航库系统、全国高校专题特色数据库本地系统、全国高校学位论文全文数据库系统本地系统、全国高校教学参考信息管理与服务系统等系统所需遵循的标准规范；三是有关产品认证和项目管理方面的内容，由 CALIS 体系产品兼容性认证文件和 CALIS 项目管理汇编而成，用于指导软件公司如何参加第三方软件认证以确保符合 CALIS 标准，指导各子项目如何进行软件委托开发招标工作、如何进行各子项目管理等内容[23]。

数字图书馆标准规范体系的建设是一个长期的过程，也是一个发展的过程。这既是由数字图书馆不断发展和前进所决定的，更是由社会整体信息化进程的深入所决定的。从长期来看，数字图书馆标准规范体系的建设要注重解决好以下几个方面的问题：

一、标准体系的统一。由于行业和系统的分割，标准体系在建设上存在着明显的部门壁垒，虽然不同体系间的规范内容有极高的相通性，但是作为标准而言即使微小的差异都可能给后续的长期发展带来隐患。因此，随着信息社会的持续发展，标准体系的统一将逐渐成为必然的趋势。而这一过程的实现主要依靠的将不会是政府的规划和指导，而是依托于信息革命推动下的市场力量。正如我们今天所采用的许多基础技术协议，都是经过百般磨炼后才成为的事实标准，而那些一开始就被指定的行业和国家标准往往最后难以形成气候。

二、标准规范的动态化。标准规范就像行业内部的技术法律条文，一般来说是相对稳定的，但对于数字技术应用行业来说，信息技术的飞速发展使得很多应用标准还未开始使用就面临了可能过时的局面，给生产实践活动带来巨大的困难。在建设时如何把握原则框架的稳定性和实际操作细则的动态性，将是一件长期的工作。这需要的不仅仅是人力和技术，更是对于灵活的管理机制的要求。

三、标准体系的跨领域化。数字图书馆的标准规范建设虽然只是一个行业内规范，但是随着数字图书馆由编目体系向深度内容方向的扩展，其标准规范内容将会涉及更多的行业知识、基础理论，以至于物理和数学基础。因此，今后标准体系的建设将越来越多地体现出跨学科、跨领域合作的特点，数字图书馆将更加注重业务层的标准规范建设，而像长期保存、知识组织等具有标准化、通用化、高技术特点的标准规范则可以更多地依托计算机、物理学等学科的综合合作来实现。

6.5 数字资源版权

版权是现代文化创造和文化传播的基石,可以说没有现代版权制度就不会有现代的知识与文化传播体系。但是,信息时代下很多时候由于信息不对称、传播体制不健全等原因,版权却成为制约许多网络信息服务发展的主要因素,这其中也包括数字图书馆。关于版权与网络信息服务的纠葛,有两个典型的案例,一个是今天可能已被人忘却的 Napster,另一个则是始终让一些人头痛的 Google 数字图书馆。

Napster 曾经是美国同时也是世界上最有名的网络音乐服务系统,是一个由美国波士顿东北大学一年级新生——18 岁的 Shawn Fanning 所编写的小程序演变而来网络音乐搜索服务软件。它不像一般音乐网站那样先建设音乐库然后供网民下载,而是通过搜索所有安装 Napster 软件的计算机内的 MP3 音乐,形成一个在线音乐目录,实现音乐的共享。Napster 用户既是服务者又是下载者,这大概是最早的被用户广泛使用 P2P 软件。它为用户提供了极为简单便捷的音乐共享手段,因而迅速获得人们的追捧,用户最高峰时达到了 2640 万,而且这是在十多年前的网络条件下所达到的规模。不过也正是由于它自由开放、不受限制的政策使它严重触碰了音乐版权的壁垒,由于大规模侵权行为而遭受法律制裁,其后转型为在线音乐商店,依靠付费服务生存。今天虽然它依然存在,但早已失去昔日的光辉。

Napster 常常被看做是网络新技术与传统商业体制、版权规则和价值理念的挑战,但其根本则是两种不同商业模式的对撞,新的网络商业模式由于没有与传统机制和规则实现很好的接轨而不得不黯然离去。

如果说网络音乐服务和数字图书馆还有一定距离的话,那么 Google 数字图书馆项目则是真真切切发生在当下的、数字图书馆所面临的版权机制与冲突,是所有数字图书馆建设者都应当认真对待和思考的问题。

尽管现在还不确定有多少人在真正有效地使用 Google 数字图书馆,但可以肯定的是,知道 Google 数字图书馆涉及侵权的人会非常的多。因为在很多人眼中似乎每次关于它的公众新闻就是打官司。这里,分别用 Google 和百度,于 2012 年 2月 3 号,搜索"Google 数字图书馆",可以看到,Google 结果首页 10 个选项中有 4 个是与侵权问题直接相关的,百度结果首页 10 个选项中则有 7 个是与侵权问题直接相关的。

不过,与很多人的印象不同,Google 的侵权官司并不是因为它将作者的书籍扫描后直接放到了自己的网站上,而是因为它的扫描工作本身,以及它将部分摘录放到网上供人检索。正是由于这项工作本身在各国现有法律框架下有诸多的不确定性，同时 Google 数字图书馆是否是公益服务的性质问题，才使得 Google 陷入了各种官司之中。但是，相比 Napster 完全自由的政策，Google 数字图书馆的做法更符合现有的商业和法律框架，因此才能够与大多数相关组织和个人实现和解。而这也体现了十多年来社会信息化的进步，不仅仅是技术，更是与社会各个方面的融合，包括法律层面。

对于大多数数字图书馆而言，如果服务范围仅限在图书馆馆区范围内，版权问题是不难解决的，而且现实条件下大多数情况也正是如此。但是，要在互联网环境下提供信息服务，则要复杂得多，即使对于一个纯公益组织也是如此。现阶段，数字图书馆主要是通过以下三个方面来应对：法律途径、技术手段、协商合作。

①法律途径主要是指通过立法的方式，在进一步明确数字版权责权利的同时，使得图书馆等社会公益机构获得更多的权利和自由度，比如 2006 年由国务院通过的《信息网络传播权保护条例》中的第七条，指出"图书馆、档案馆、纪念馆、博物馆、美术馆等可以不经著作权人许可，通过信息网络向本馆馆舍内服务对象提供本馆收藏的合法出版的数字作品和依法为陈列或者保存版本的需要以数字化形式复制的作品"就是一种法律针对公益服务的保护。同样，该条例中的若干"避风港原则"则为相关信息服务提供了更为可靠的支持。

②版权保护的技术手段主要包括了 DRM（数字版权管理）、并发控制、限制下载等手段。其中 DRM 的基本原理就是通过数字加密和数字证书等技术，限制用户传播范围，使得非授权用户在有限的成本下难以有效使用该资源。

③协商合作，则是力图通过各种活动或措施使作者或出版商授予数字图书馆更多的使用权和传播权。

但是，这些措施的实施效果与人们对于更方便地获取数字信息服务的期望还有较大的差距。《信息网络传播权保护条例》解决不了互联网上大规模服务的版权问题，DRM 的散乱现实使得其实用性受到极大制约，协商合作通常也只是很小的范围。追根溯源，这些问题的原因就在于信息化技术发展水平与信息传播体制和商业机制尚未达到相互融合的阶段。不过，从 Napster 的黯然离去到 Google 数字图书馆的兴起，让我们看到了信息化发展所带来的希望，而 Apple 公司的应用商店模式则为互联网上的知识服务提供了一条全新的思路。其基本思想就是，通过将硬件、软件、服务和内容整合在一起形成一条封闭的产业链，硬件依靠软件和服务提升服务能力；软件和服务依靠硬件平台来获得广泛的用户和资金保障；应用商店可以对软件的版权、费用和质量进行很好的控制，同时也能与用户的信用和支付体系相连接。通过一个确定的终端设备,用户与整个社会服务形成了良好的互动。这种新的产业和生态链是比 Apple 炫酷的外观更为重要的推动力,是社会整体信息化的集中体现。

因此,我们相信制约数字图书馆数字资源服务与发展的版权问题,最终将在信息化的深入发展下得到有效的解决。这种解决既是信息技术应用能力的提高,也是相关法律规则的调整,更是整个社会信息化的深度融合。

参考文献

[1]孙承鉴.创新与图书馆发展.山东文化共享工程县级支中心培训会,2008

[2]中国数字图书馆标准规范建设 CDLS.http://cdls.nstl.gov.cn/

[3]大学数字图书馆国际合作计划 CADAL.http://www.cadal.cn/bzgf/

[4]文化共享工程的《视频资源数字化加工格式规范》.http://huodong.ndcnc.gov.cn/huodong/bzgf.rar

[5]张春红,唐勇,邵珂.图像资源数字加工标准及其应用.现代图书情报技术,2010(12)

[6]聂华等.文献资源数字加工与发布标准研究.现代图书情报技术,2005(9)

[7]郑志蕴,宋瀚涛,牛振东.数字图书馆元数据互操作机制的研究.计算机应用,2005(3)

[8]国家图书馆.电子资源自动编目可行性研究报告,2006

[9]李鹏云等.知识组织体系应用现状与发展研究,2007

[10-11]富平等.数字图书馆知识组织体系标准规范应用机制研究,2007

[12]张玫等.中国图书馆数字文献资源长期保存现状调查.图书情报知识,2009(3)

[13]张宏亮.CALIS 数字图书馆资源统一检索系统评价研究.图书馆学研究,2007(10)

[14]张智雄等.国家科学数字图书馆数字参考咨询系统的设计与实现.大学图书馆学报,2003(5)

[15]杨友清,陈雅.我国高校数字图书馆参考咨询服务技术现状分析.数字图书馆论坛,2011(9)

[16]曾丽军.CALIS 馆际互借服务环境的建设与思考.数字图书馆论坛,2007(11)

[17]http://lib.jlu.edu.cn/services/gjhj/gjhj6.html

[18]李湜清.我国几大联合编目中心现状研究.图书馆,2009(5)

[19]http://cdls.nstl.gov.cn/

[20]http://www.cadlis.edu.cn/

[21]http://www.cadal.cn/

[22]赵悦,申晓娟.国家数字图书馆标准规范建设.数字图书馆论坛,2008(8)

[23]http://project.calis.edu.cn/calisnew/calis_index.asp?fid=3&class=1

7 系统角度

信息技术是推动社会信息化发展的基石,更是数字图书馆建设和发展的直接手段,其发展水平直接决定了数字图书馆的服务范围和能力,从而决定性地影响了数字图书馆在整个信息社会中的地位;同时,整个社会信息化发展水平反过来又推动或制约着数字图书馆信息技术的应用。因此,对于信息技术的关注和研究始终是数字图书馆建设和发展过程中的核心工作之一,对于信息技术的认识和把握程度,以及所采用的具体技术模式则直接反映了人们对于数字图书馆的认识和建设水平。

通常的数字图书馆技术体系建设是以业务应用系统开发为目标的,从系统划分的角度来看,一般会包括用户应用层系统、业务应用层系统、基础数据管理层系统、数据库以及硬件基础设施层等方面,每一层又根据具体的应用划分出不同的功能模块。但是,这样的描述方式容易使人过度关注系统建设的细节,而忽略系统发展的脉络,或者即使注意到了这种变化也更多地关注于具体技术的进步,而忽视了社会的全面信息化才是技术应用的根本动力。因此,尽管这里我们依然按照系统架构、软件体系、硬件架构和新技术应用等基本的分类方式来分析数字图书馆的信息系统建设,但是在具体描述中,选择的角度将更为宏观和体系化,而不过度专注于实际系统的框架和结构。

就数字图书馆系统建设而言,我们首先要认识到这样的系统本质上就是一个数据中心。这个数据中心可以是一个物理上的中心,部署在具体的某个地点,并可能在其他地点有备份中心;也可以是一个复杂的分布式结构的系统,但在逻辑上呈现为一个应用中心;甚至可以不是一个逻辑上完整的业务中心,而只是多个数据中心的联合,在形式表现为一个信息服务的框架,或者只是复杂的云计算数据中心的一个业务服务。

对于这样的系统,在符合信息系统建设方法的同时,更需要根据数字图书馆的业务特点进行分析和设计,在保证海量信息可靠性与服务稳定性的同时,满足用户对于数字图书馆的实际业务需求。

7.1 系统架构

系统架构是计算机行业的一个专业用语,是一个用于描述系统的最高层次概念,通常用来表述系统中各个主要组成部分的地位和相互关联关系,从而指导系统的详细规划和建设任务,是关于系统描述的总概念。系统架构通常直接决定了系统的建设难度和成本,甚至会直接左右业务服务的发展方向。

数字图书馆作为一个信息系统工程,其系统架构同样也起着宏观描述和总体定位的作用,是关于数字图书馆信息系统建设的重要理论和实践框架,是数字图书馆建设和研究的重点方向之一。根据《数字图书馆系统架构研究评述》的统计,从2004年到2010年,在CNKI和Web of Science中关于数字图书馆系统架构的论文分别占数字图书馆系统研究总量的2.5%和11.3%。这一方面说明了系统架构这一高层理论在整个数字图书馆建设中的关注度,另一方面反映了国内外对于工程建设总体理论的认识水平的差异。具体统计如表7-1所示。

表7-1 系统架构论文统计表[1]

研究主题及收录情况	CNKI	Web of Science
数字图书馆	26 551 篇	1524 篇
数字图书馆系统	4923 篇	547 篇
数字图书馆系统架构	122 篇	62 篇
SOA	13 篇	6 篇

这里我们需要注意到,由于系统架构的计算机属性,对于数字图书馆系统架构的研究通常会受到信息技术理论和应用潮流变迁的影响。比如:在SOA(面向服务的体系结构,Service-Oriented Architecture)成为系统开发和建设主流时,人们的关注重点会是面向服务的架构体系;在云计算模式出现后,人们的重点又转向云架构。我们以"云计算"和"数字图书馆"为关键字在CNKI中检索,2009、2010、2011三年的研究数量分别为8、58和100篇,就可以明显地看出信息技术潮流对于数字图书馆技术研究的影响。

但是也导致了一些问题:首先是,信息技术的体系发展变化非常迅速,其强烈的市场化特点,使得主流技术体系会呈现出显著的"潮涌现象",也就是每隔几年新的思维就会兴起并成为主流,原有的框架虽然仍有作用,但却"显得过时"。然而,系统架构本身应当是一个相对非常稳定的框架,过度的跟随所谓的新技术和新思维只会影响整体的建设,对于系统的深度研究和积累极为不利。其次是,系统架构的"微观化",也就是将数字图书馆的系统架构与具体的应用结构方案相融合,这样对于具体项目建设工作虽然有实际帮助,但是却不利于开阔视野,从更广阔的视角看待数字图书馆系统架构的发展,进而在一定程度上影响数字图书馆的定位和发展。

因此跳出纯技术发展的脉络,通过数字图书馆业务与技术相结合的思路,以宏观需求和结构变化为主线,思考数字图书馆的系统架构将会是更为有效的途径。张晓林在《数字图书馆机制的范式演变及其挑战》中提出的数字图书馆系统架构的三范式,正是通过将宏观目标、模式架构、业务功能和相关技术综合考虑而形成的关于数字图书馆架构体系划分方式。这三个阶段分别是:基于数字化资源的数字图书馆(Resource based digital library)、基于集成信息服务的数字图书馆(Service based digital library)和基于用户信息活动的数字图书馆(Work based digital library)。并提出了"数字图书馆将从基于数字化资源的数字图书馆向基于集成信息服务的数字图书馆、基于用户信息活动的数字图书馆范式发展",以及"数字图书馆范式演变体现了一个系统研究开发的基点从信息资源逐步过渡到信息服务机制再到用户信息活动的过程"的观点。数字图书馆三范式很好地总结了数字图书馆发展过程中建设、服务和模式方面的变革。但是,三范式提出的年代互联网虽已兴起,整个社会的信息化程度仍然有限,因此其思考重点在于分析数字图书馆内在系统建设的趋势,而未充分关注到整个社会信息环境的变迁对于数字图书馆发展的影响与冲击[2]。

从社会信息化发展的进程来看,数字图书馆发展变化是以整个社会数字化进程为基础的,是社会信息化过程的必然产物。数字图书馆不是一个"象牙塔",它的生长是基于信息化应用环境的,它的发展和未来也必然需要融合到整个社会信息化进程中,成为整个信息社会的一个组成部分,而不会是以一个完全独立的业务系统而存在。

因此,下面我们将根据数字图书馆与社会整体信息化发展的关系来分析数字图书馆系统结构,并根据相互关系的紧密程度,形成独立架构、开放获取以及开放互联的三个结构层次。需要注意的是,虽然这种相互关系结构反映了数字图书馆建设与整个社会信息化融合程度的逐步加深,但并不意味着前者的技术水平就比后者低。

7.1.1 独立架构

独立架构是指数字图书馆系统与整个社会的信息化框架和体系之间没有形成直接的联动关系,在业务结构和系统结构层面都表现为一个独立运作的系统或一群相互间有联系而对外封闭的系统,这里所说的相互联系、对外封闭是指类似于数字图书馆群等数字图书馆间相互协作的框架模式。其基本结构以及与其他系统的关系如图7-1。

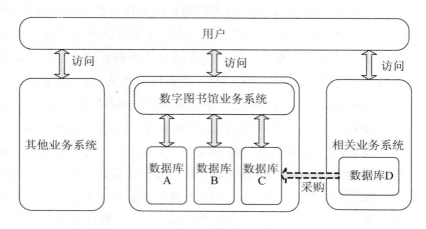

图7-1 独立架构系统示意图

该图的含义是,数字图书馆是一个相对独立的业务系统,不直接融入到整个社会信息化体系中,它与外界的联系主要通过资源数据库的采购、交换、自建等"脱网方式"进行,并以信息服务的形式直接面对用户。这类架构的一个显著特点是以数字资源的建设为其核心工作,所有的业务都以馆藏资源(那些授权的镜像资源也是广义的馆藏)为中心开展活动。从用户角度来看,这样的数字图书馆就是一个独立的服务系统。由于系统建设边界清晰,外界的不确定因素影响较小,因此这种架构成为数字图书馆领域最常见的一种形态。关于这种架构,有以下几点需要明确。

(1)独立架构不是独立系统

独立架构是指数字图书馆与外界系统的关联关系,而不是说数字图书馆内部业务系统结构是单独或独立的。对于少数专业性极强的数字图书馆,确实有可能存在一个独立系统就可以支撑整体业务的情况,但大多数的数字图书馆都是由多种复杂的业务系统整合而成,并提供多样化的信息服务,虽然系统对外是独立的,内部相互关系却可能非常复杂。

（2）独立架构是个行业概念

总分馆模式，以及通过馆际联合形成的数字图书馆群使得多个数字图书馆间形成了复杂的信息共享和交换结构。这种结构打破了单个数字图书馆建设业务系统时的自封闭特性，形成了馆际间复杂的数据交流局面。从这个角度来看单个数字图书馆的业务系统已经非常复杂和开放，不再是独立的结构。但是，从社会信息化角度来看，这种复合结构的数字图书馆仍然局限在图书馆业务系统范畴内，所有的数字资源交换也局限在内部数据之间，与全社会信息化的融合程度并未显著提高。另外，现有的很多图书馆数字资源来源于有限的资源服务商，在数据内容上有极大的趋同性，从技术层面来看，其本质上只是系统的多个不同镜像，数据的交换也只是在镜像系统间流动，与数据备份和恢复机制是相似的，并未出现真正意义上的数据和信息融合。因此，这种馆际间的联合不能改变系统整体的封闭特性，还属于独立架构。

（3）数据流动是单向性的

独立架构下的数字图书馆在数字资源流动方面主要是从外界机构或外部数据库获得数据，并为读者和机构提供单向的数据检索和下载服务。常见的有：一次性采购资源服务商的数据库，数字资源保存在本地；通过授权方式访问资源商的数据库（可以理解为一种行业内数据流动）；通过收集各种材料自建或委托建设资源库；发布已有的数字资源，供大众检索和访问。这些业务都存在着大量的数据流动，但都不是真正意义的系统间数据交换，而是单向的数据获取或者数据访问，无论是接纳还是输出数据都是如此，系统之间内在联系度很低。

绝大多数图书馆建立的数字图书馆项目都属于这种类型，它们有一个共同的特点，就是将馆藏数字资源作为数字图书馆的核心，并以其为中心开展服务。这种架构的本质思想就是试图通过现代数字技术提升和改造传统图书馆服务，是传统图书馆服务的数字化形式。因此从信息技术指导思想的层面来看还处于计算机化或流程再造阶段。

独立架构的数字图书馆能够很好地应对传统图书馆业务及配套的信息化服务任务，但是在社会信息化背景下，它存在着严重的缺陷。而这个缺陷就是它的核心——数字资源。

数字资源始终是数字图书馆的价值所在，这一点已为所有数字图书馆建设者所认同。但是，在信息社会下"知识爆炸"使得全社会信息总量急剧增加，其增长速度远远超过了任何数字图书馆建设数字资源的能力。换句话说，就是无论数字图书馆如何努力，其所建设的数字资源总量在全社会资源总量中的比重将急剧下滑。这也就是互联网崛起后,"图书馆是知识的海洋"不再为人们所提起的原因。此外,数字资源比重的下降也必然伴随着资源内容的相对萎缩,很多内容无法进入数字图书馆的资源库中,从长期来看也必然影响数字图书馆的内容质量和内容完整度。

在这种情况下,人们要想获得信息和知识必须依靠更为有效的知识门户——搜索引擎,以及其他的网络信息服务渠道。从而形成了图 7-2 所示的结构。图中的门户网站、搜索引擎和浏览器是互联网的三个主要入口,是互联网信息服务的起点和导航系统。其中搜索引擎由于具备极强的信息检索和服务提供能力,因此处于相对有利的位置。数字图书馆则成为信息化社会的一个二级信息服务站点,在社会整体信息服务体系中处于从属地位。这个"海洋"已微缩成了"湖泊"。如下图 7-2 所示的两个数字图书馆,数图 A 和数图 B 都成为各类知识门户的后台服务系统。

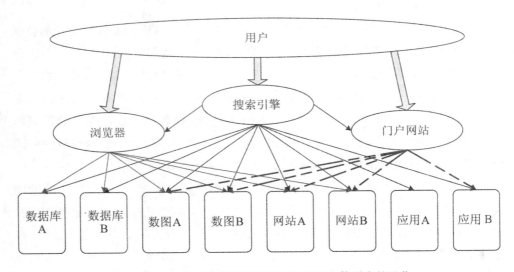

图 7-2　独立架构的数字图书馆在知识服务体系中的地位

这样局面的形成,根本在于独立架构的数字图书馆对于信息化的理解和把握主要集中在信息技术及其装备应用的层面,而不是从社会信息化发展的角度来把握和利用,因此也就没能有效融合到信息化社会的整体信息服务体系当中。这类型的数字图书馆更容易成为专业型和专科型的知识服务机构,为学者和研究人员提供服务,但并不适合作为大众信息服务平台。

120

7.1.2　开放获取

跳开图书馆的具体业务形态,从其功能职责角度来看,图书馆就是一个收集、整理、保存和利用书刊的机构,基本工作就是将所收集到的信息汇编成体系后供公众使用。图书馆的主业并不是直接生产制造信息,而是对信息汇总组织,建立一个可管理、可使用,具备一定导向能力的信息体系。

从这个角度来看数字图书馆时,作为核心工作的数字资源建设,应当是以广泛收集、获取数字资源,整理后提供服务为主要工作。但现实问题是,独立架构的数字图书馆所面对的数字资源仅仅局限在有限的自制和采购的数字化资源库,从涵盖范围来看只是数字资源的极少量,更不用说资源数量。因此,能够完成对互联网上广泛的数字资源进行收集和整理的"开放获取"结构的数字图书馆就会成为更为理想的方案,这种架构中,数字图书馆的主要资源来自于网络,核心任务是通过网络收集数字资源并进行整理和组织,自身可能有也可能没有自建资源库,即使有自建库也不是数字资源的主体。需要注意的是,这里的网络资源并不只是针对网页内容,而是包含了网络数据库、网站内容等的综合信息。其基本框架见图7-3。

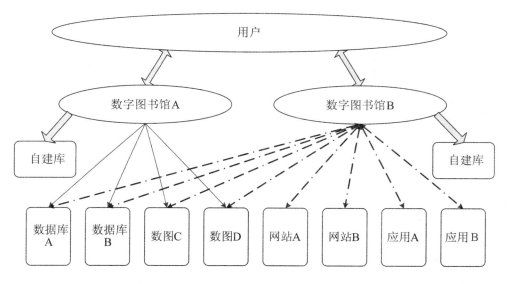

图 7-3　开放获取的架构

图7-3中共有4个数字图书馆,在图中分别标为"数字图书馆A"、"数字图书馆B"、"数图C"和"数图D",其中"数图C"和"数图D"代表了专业型的数字图书馆,采用了前面提到的独立架构。数字图书馆A和数字图书馆B是开放获取型

数字图书馆,其中,数字图书馆 A 为保证数据质量,对于资源来源有严格要求,只针对各类数据库和数字图书馆。数字图书馆 B 更关注数据获取的广泛性和完整性,因此针对互联网资源进行广泛的数据收集和整理,同时通过技术手段来分析和筛选数据以便保证数据质量。在现实生活中,Google Scholar 可以看做是数字图书馆 A 的典型案例,而搜索引擎则可以看做是数字图书馆 B 的一种应用形态。

这种结构下的数字图书馆,其数字资源将来自两个层面,第一个层面是互联网上的数字资源,第二个层面是自建和采购的数字资源。由于这种数字图书馆的核心资源并不是自身的内部资源,而是遍布互联网的开放数据服务,这些目标资源本身未必是完全开放的数据,但检索信息和检索接口的都是开放和可连接的,因此称为"开放获取"架构。

特别需要关注的一点是,在互联网环境中数字资源只是网络资源的一部分,在互联网中还有一个更为强大的资源,那就是网络社会力量。所谓网络社会力量是指在互联网所构建的网络社会环境中,现实生活中的人们根据各种关系、爱好和需求而形成的极其复杂的网络社会关系,这种关系将社会各界的人们聚集在一起形成合力。这种网络社会力量既包括了庞大的网络民众,又包括了复杂的网络渠道和关系系统。是互联网里真正活跃的力量,也是互联网强大的根本所在。

对于开放架构的数字图书馆,如果它所利用的资源仅仅局限在数字资源本身,那么它与独立架构的数字图书馆的差别仍只停留在数据采集规模、数据分类方法等技术层面,在业务发展的思想方法上并没有本质差异。但是,当它不仅引入了开放的架构,更开放地引入了网络社会力量,使整个网络社会资源成为数字图书馆发展的原动力时,数字图书馆在建设理念上就脱离了图书馆数字化的形态,而是以一种"机构改造"的信息化思路来建设数字图书馆。现在互联网上所出现的各种百科知识库,如维基百科、互动百科、百度百科等就是这种数字图书馆的业务雏形。当然,这类知识库由于其非专业性,往往会导致数据质量不高,规范性不足,而这正是数字图书馆的优势所在。因此,如何有效利用网络社会力量,形成开放的数据服务模式将是开放获取架构的关键。在这种思路下用户既是服务对象也是建设者和服务提供者,数字图书馆则是各种资源的会聚和互动平台。其基本思路可以用图 7-4 表示。

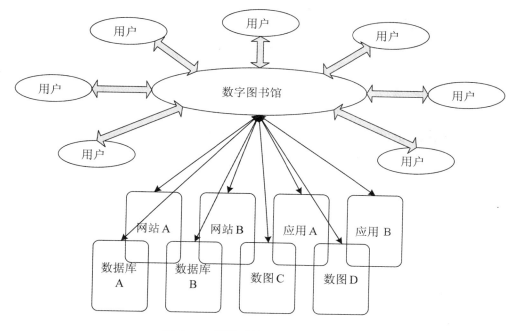

图 7 - 4　调整后的开放获取的架构

在调整后的架构中我们可以看到用户与图书馆不再是上下层的关系,而是处于同一平面,用户既是使用者也是建设者,与数字图书馆成为一体。这种变化不是简单地将用户位置下移的过程,而是数字图书馆有效融入网络社会,融入社会信息化的过程,是社会信息化过程中数字图书馆发展的有效手段。同时,反过来看,数字图书馆通过主动融入网络社会,从而更加有效地推动了社会的信息化发展进程,而不再仅仅是信息化社会的一个工具。

相比于独立架构,开放获取架构有两个重要的趋势:首先,网络搜索方式的数据收集组织极度依赖信息技术,是信息技术最高水平的应用之一,因此尖端信息技术的应用将成为这类数字图书馆一大趋势;其次,开放的数字图书馆,最大限度地利用了网络社会中的庞大社会力量和知识,数字图书馆不再单单是一个工程项目,而是社会信息化融合进程中的一个重要部分,这是社会信息化融合的趋势。

但是对于这种以搜索技术和网络力量为基础的数字图书馆,传统图书馆领域却有着许多不同的看法和意见。其中,争论的核心焦点就是:这种方式无法保证数据质量。以至于美国的图书馆馆员们要穿上带有"图书馆——没有垃圾的 Google" T 恤去宣传图书馆,以证明传统方式的数据可靠性和规范性要超过网络搜索机制。

虽然,现有条件下这种搜索机制的结果,比如搜索引擎的结果从总体来看干扰项更多,似乎不如传统图书馆,但是它忽略了两个问题:首先,信息技术是一个飞速发展变化的领域,搜索机制和搜索技术都在不断的进步中,技术的快速进步将在很大程度上弥合这种差距;其次,开放环境下网络社会力量的引入将极大地增强数字图书馆的数据筛选、分析和组织能力,比仅仅依靠有限的图书馆工作人员要有效得多,强大得多。总之,开放架构的数字图书馆充分吸收了社会信息化的两个重要资源——数据资源和网络社会资源,将会极大地加强数字图书馆的建设和服务能力。

7.1.3 开放互联

开放获取的数字图书馆架构代表了信息化进程中的一个状态,也就是社会各行各业都在利用网络发布信息、提供服务和获取资源,但彼此间由于行业壁垒和利益关系等因素还未真正整合,信息的共享和交换仅停留在有限的关联业务层面。

但是,随着全社会信息化的深入发展,行业内部的信息整合、行业间的信息交互、人与社会生活的信息化依赖程度将进入到一个更为深刻的层次。社会生产和生活中的信息将在相关活动、组织和行业间自动流转,使用者只需要关注事情的初始条件和结果即可,中间的处理方法和途径部门不再需要考虑。打个简单的比方,就像以前人们开一个公司可能需要找几十个部门盖章,而且需要自己去跑断腿。而经过整合后的政府管理部门可以大大压缩这一流程,甚至在一个大厅内就可以完成,这就是政府内部流程和信息整合后对于用户所体现出的整合效果。信息化的深入发展也是类似的道理。正如我们现在已经能够做到用一张银行卡就可以交水费、电费、煤气费、取暖费、电话费,人们可以不用拿着钱到处跑,也不用关注这些业务部门的后台系统是如何处理一样。而云计算、物联网的兴起又将信息技术的应用方式和应用范围进一步扩大到整个社会生产和生活领域,开拓了社会信息化发展的新疆界。

如果把这样的思路引入到数字图书馆系统建设领域,就形成了"开放互联"的架构模式。其核心思想是数字图书馆不是一个孤立的业务服务系统,而是要与整个社会生活的方方面面互通,其他系统是数字图书馆的关联系统,数字图书馆也是其他业务和系统的关联系统。通过紧密的联系和交换,数字图书馆的服务将会有直接的针对性,而关联系统也将获得数字图书馆的有效智力支持。其基本结构如图7-5,图中共画出了五个应用系统,代表各行业的应用系统,数字图书馆系统将与上述系统深度融合,互相成为对方服务体系的一部分,从而形成一个复杂的网络连接体系。用户在应用各种业务时,无论从哪个接口进入都有可能会用到相关系统的数据和服务,但却没有察觉,而不是在各个业务系统间跳转。

当然,这样的系统也不完全是天方夜谭。今天,在图书馆办读者证时需要二代身份证核对其实就已经与公安系统的数据库实现了对接,图书馆内的刷卡消费就需要与银行系统对接,手机服务则需要与电信业务系统对接。只不过今天的这些对接和互联还比较单一,也没有深入到信息和知识层面。未来,数字图书馆可能首先需要与"人口基础信息库"、"法人单位基础信息库"、"自然资源和空间地理基础信息库"、"宏观经济信息数据库"等国家四大基础数据库形成互联,并进而与整个社会业务系统连接。

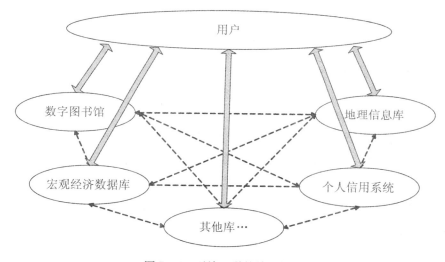

图 7 – 5　开放互联的关系结构

当然,这样的数字图书馆与前面所说的开放获取结构并不冲突,它在信息获取和信息组织方面依然会采用前面所说的机制和办法,只是这里更加强调的是它与整个社会信息系统的融合,而不仅仅是数据收集和组织层面。但是,这样复杂深入的功能和网络互联显然不是数字图书馆一方独自努力所能建成的,而是需要全社会的共同努力,需要整个社会信息化进程的高度发展,数字图书馆将是这一发展进步过程中不可缺少的动力之一。

7.2　软件体系

软件及其体系结构是数字图书馆服务能力的具体实现手段。一方面它直接反映了用户对于系统功能和业务的要求,另一方面也反映了系统对于数据组织管理和使用的思想脉络。同时,软件体系也直接反映了数字图书馆系统架构的类型和特点。

从用户角度来看,软件体系是根据用户业务需求进行的设计和划分。比如国家数字图书馆工程,就根据国家图书馆的业务需求形成了文献数字化加工系统、网页资源获取系统、数字资源组织系统、版权信息管理系统、唯一标识符系统、数字资源发布与服务系统、统一用户管理系统、数字资源保存系统、文津搜索系统等多个系统,每个系统分别承担对应的业务功能。这种根据软件系统功能进行划分的系统分析方式非常有利于人们对于数字图书馆具体功能理解。但是,不同的数字图书馆在功能和业务上往往存在显著差异,即使相同功能由于数据和用户的不同差异往往也很大。因此,通过软件功能描述数字图书馆将是一个非常繁密的工作,而超出本书的范围。

从系统建设角度分析数字图书馆的软件体系时,则往往会根据软件所处理的数据形态和特点的不同进行分层,比如平台层、数据库层、中间件层、应用层等。并且在每一层都会根据具体业务需求进行更加细致的划分,这也是大多数项目设计方案中常会采用的思路,尤其是在总体规划设计时。

这里我们不仅跳开具体的软件系统功能划分方式,也不打算从更为流行的软件系统应用架构的角度,如 SOA 和 ESB 等方向进行论证,而是从更为基础的数据组织角度来看待数字图书馆的软件体系,并从中看到数字图书馆业务与定位的不同对于其软件体系的影响。至于数字图书馆的软件功能和结构将在后面的案例介绍中,分别以国家数字图书馆工程和文化共享工程等为案例进行说明。

数字图书馆的核心功能就是管理和使用数据,并为用户提供数据服务,它具有面向海量数据管理和针对海量用户并发访问的双重特点。因此,如何有效地组织和管理数据,使之能够满足用户的实际要求就成为数字图书馆软件体系的核心所在,而这一点与传统图书馆核心工作是图书管理的道理是一样的。可以说一个稳定的、可管理的资源组织管理架构正是数字图书馆的软件体系的中心。不过,要想深入了解数字图书馆的资源组织管理架构,仍然需要回到用户需求这一源点,只不过现在我们将通过更为宏观的视角来分析用户需求,而不是具体的功能特点。

从用户角度来看,数字图书馆应满足两方面的基本要求,那就是,首先要满足数字图书馆工作人员日常业务的要求,数据的组织和管理要能适应信息的采编、流转等工作;其次,数据的组织和管理架构要能充分适应用户检索和访问需求,特别是大用户量的并发访问要求。根据这两点要求,我们从数据组织的角度,将分成关系数据管理型和文档数据管理型两个形态。

前者是各类传统图书馆建设数字图书馆服务平台时常用的结构。传统图书馆机构在建设数字图书馆时,往往是以现有印本书籍的业务信息化为起点,逐步形成了以采编检流为核心流程的图书馆信息化系统,然后在此基础上引入多种数字资源库,形成在业务形态上与传统印本书籍类似的数字资源使用流程和方式。这种数字图书馆系统的重心在于系统业务的稳定性和完备性,因此其基础数据将利用关系数据模型来构建。

后者则是将重心放在如何有效应对数据资源的大量用户并发访问,为保证海量数据的有效管理以及用户访问的及时性,传统的关系数据库(Relational Database)管理方式将被抛弃,转而建设更为实用的文档管理型的组织架构。

下面我们将通过信息管理的这两种截然不同的方式,来分析数字图书馆软件体系如何与用户需求和整体系统架构相适应,并进而影响更为基础的硬件架构。这里我们需要特别注意的一点是软件层面的数据组织与资源层面的数据组织并不完全一致,也不一一对应,软件的数据组织关注的是系统实现层面的方法,资源层面的数据组织关注的则是数据的逻辑关系,比如采用何种分类方式的问题。

7.2.1 关系数据管理型

数字资源的关系数据管理型是指利用关系型数据模型(需要建筑在关系数据库的基础上)来保存和使用数字资源的方法。它的基本原理就是,首先将数字信息抽象成关系模型,并建立相互间的关系联系,然后存储到数据库中,最后由用户利用 SQL 语言来查询(实际操作中用户并不写 SQL,而是由系统根据用户提供的关键字拼写出来)。更为通俗的解释就是将数字资源整理好后放入到关系数据库中,这种数据库可能是 Oracle,也可能是 SQL Server,或者是 My SQL、DB2,以及今天已经难以看到的 Sybase 等。

下面以一本电子版的《三国演义》为例。首先,根据关系数据模型的定义,我们可以将书看作是一个实体(Entity),同时它会有一系列的属性,按照《数字图书馆标准与规范建设》(科技部科技基础条件平台专项)中的《电子图书元数据著录规则》(CDLS-S05-030)的要求,该书至少需要有 15 项属性,我们将这样的实体属性集合通过关系表结构来反映,可以设计成如图 7-6 的形式。不过,在实际应用中这样的

电子图书表	
PK	<u>标示符</u>
	题名
	主要责任者
	主题
	描述
	出版者
	其他责任者
	日期
	资源类型
	格式
	来源
	语种
	相关资源
	时空范围
	版本
	价格

图 7-6　电子图书表结构

表结构往往是不够用的,因为这些属性只反映了业务上的基本要求。在实际业务系统中,表结构中还需要增加其他的一些辅助属性,如标识资源存储状态、位置、书目信息加工完成时间、责任人、审核人、修改过程等信息。这里为了简便起见,仅在图中定义了该表结构的主码——标识符。

当然,仅仅是一个关系表是无法完成实际工作的,在关系数据库中需要根据业务环境形成多种实体,并建立联系,才能够形成完整的关系数据结构。就电子书而言,可能的关联实体包括了出版者、责任者、来源等。从而形成如下的数据库结构(这种设计结构不唯一,此处仅为示例,不代表实际用例)。

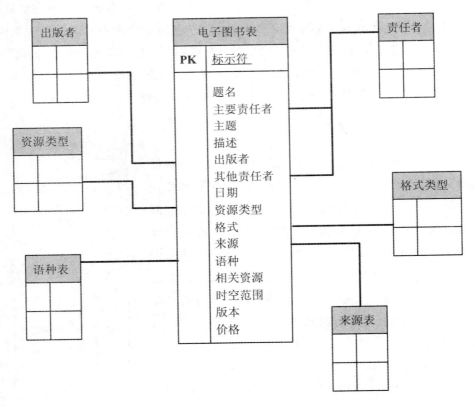

图 7-7 电子图书关系表结构示意图

通过这样的关系化处理后,这本《三国演义》的相关信息就以一行数据的形式保存在关系数据库当中了,并通过一个指针来标识电子书的具体保存位置。无论是管理员还是读者都可以通过应用软件的检索框界面输入"三国演义"来查找该书。这时,系统会将用户的请求转化为一个 SQL 语句,如下:

SELECT ＊ FROM 电子图书表 WHERE 题名 ＝"三国演义"

关系数据库管理系统 DBMS 会响应这一查询要求,并将结果反馈给用户。这时,用户可以通过检索到的该书条目,获得与该书相关的信息,如出版社、价格、作者等信息。对于管理员来说还有可能修改上述信息,或者将上述信息传递到其他系统。如果要在系统中增加一条信息,比如新增了一本电子版的《红楼梦》,只需要在电子图书表中增加一行关于《红楼梦》的描述信息,同时将电子文件存入数据库即可。

这就是我们日常使用图书馆查询业务(OPAC)时实际情况的一个简要说明,看起来非常顺畅甚至可以说是完美,也说明了我们为什么会用关系数据库来管理数字图书馆的数字资源。可以说,利用关系数据库管理数字资源,是数据管理方面的巨大进步,其优点是显著的。

首先,关系数据库具有严密的关系数据逻辑基础。关系数据库是建立在 IBM 公司的埃德加·弗兰克·科德(Edgar. Frank. Codd)所提出的关系数据模型、关系代数和关系演算,以及关系逻辑的第一、第二、第三范式和 BC 范式等一系列完整的数学逻辑基础上的,它的 ACID① 特性,使得基于数据库的事务管理操作具有严格的准确性。从而保证了关系数据库能够真实、准确地反映现实事物,用于社会实际生产。比如数字图书馆数字资源的管理。

其次,数据库系统尤其是关系数据库系统的形成,使得人们摆脱了原始的文件管理阶段,进入到利用数据库管理数据信息的阶段。试想,如果没有强大的数据库系统作为支撑,面对千万级甚至几十亿条的数字信息,人们唯一的办法就是以文件形式存放,将如此大的数据直接存放在文件系统中,犹如将同样数量的书籍放到一个巨大的图书馆中一样,管理将成为严重的问题。

然后,关系数据库系统的应用软件非常成熟。今天提到数据库,人们自然而然就会想到 Oracle、SQLServer、DB2、MySQL 等,而这些无一例外的都是关系型数据库。以至于人们通常都会认为数据库就是关系数据库。强大的关系数据库几乎已经成为整个信息社会的核心基础。我们日常生活的方方面面,如打电话、飞机火车票预定、身份证登记等,都是它在后台起着不可替代的作用。关系数据库的统治性优势也使得以其为基础的软件开发成为信息技术的主流,无论是配套软件、方案,

---

① ACID 是指数据库事务操作的四个基本特性,分别是原子性(Atomicity)、正确性/一致性(Correctness)、隔离性(Isolation)和持久性(Durability)。原子性是指事务要么都做,要么都不做;正确性是指事务将数据库从一个正确状态转变为另一个争取状态;隔离性是指多个并发事务间不会相互影响;持久性是指一旦事务提交成功,即使数据库崩溃,数据也将永远有效。

还是经验丰富的项目管理和熟练的技术人员都非常容易找到,从而可以保证工程上的可靠性和可行性。

最后,关系数据模型非常适合于图书馆业务流程和数据管理工作。图书馆运作的基础是对于书籍信息的编目整理,然后依托编目信息提供图书的管理和读者的借阅活动等。这些工作关系数据库都能很好地适应并完成。关系数据模型同样能够很好地满足以传统业务理念为基础的数字图书馆的业务需求。这类数字图书馆对于数据的组织和管理普遍采用分类或主题标引的方式,这两种方式都可以通过关系数据模型来实现,从而为相关业务提供数据组织基础。而基于此的数字资源生产管理,以及统一检索、联合编目等业务都是关系数据模型的理想应用环境。

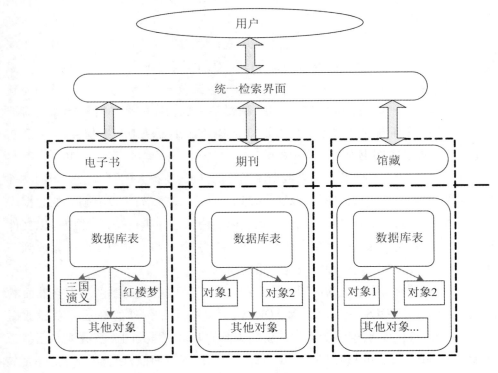

图 7 - 8　数字图书馆数据库关系示例

总之,利用关系数据模型管理数字图书馆的海量数据,能够很好地适应以业务流程为核心的数字图书馆工作和业务要求,从而为数字图书馆的发展奠定了良好的数据基础。图 7 - 8,展示的是一个数字图书馆示例,该图书馆有三个数据库,分别是电子书数据库、期刊数据库和馆藏文献数据库。前面所说的《三国演义》就存放在电子书数据库中。并且,在这里我们可以看到在数据库中,它的描述信息与电子书本身是不在一起的,而是通过指针链接的方式实现的对应。通过这样的组织方式,一个电子图书表就可以有效地管理几千万条书目信息,从而满足了数字图书馆对于海量数字资源管理的要求。

这里我们假设每个书目信息不超过 1KB,则 2000 万册图书的书目数据表规模为 20GB,对于今天的高档服务器而言已不是问题,不过,在实际业务处理中考虑到内存效率和检索效率等因素,还是会分割成几个表来存放。而这 2000 万本书如果是以 PDF 形式存放,假设每本书 20MB(这一数字来自于小范围的,大约 100 本书的取样平均),则总数据量为 400TB,已经与国家数字图书馆工程的存储规模相当。

将图中这些数据库组合就形成了数字图书馆整体的数字资源库群。读者和管理员就是分别从这些库中查找并获得所需的信息,同时开展各类业务工作,如元数据和对象数据的加工、联合编目、资源调度、参考咨询等工作。

但是,这种结构也带来了一些现实的问题。首先,用户希望获得的是所有数据的查询结果而不是单个库的查询结果。比如,用户查询《三国演义》时,可能不只是要看原著电子版,而且想看关于三国演义的最新研究成果,这就需要查询期刊库;如果用户还想获得相关的馆藏资料,则需要查询馆藏文献库。为了应对这一问题就出现了统一检索系统。其次,这种类型的数据组织结构,对于一般的查询而言问题不大,但对于复杂的查询和大量用户并发查询,尤其是有大量数据写入操作的影响极大,难以保证足够的响应速度,因此并不适合于互联网上的超大规模公共信息服务。

7.2.2　文档数据管理型

依据关系数据模型建立的数字图书馆数据管理架构能够非常好地适应数字图书馆对于海量数据存储管理的要求,以及数字图书馆常规内部业务和外部活动的需要。但是,随着数字图书馆的快速发展,其业务职能和用户需求早已超越了实现传统图书馆业务数字化服务的要求。今天的数字图书馆不仅要提供传统的图书书目查询、借阅还等工作,还需要能够适应互联网条件下的大规模用户并发访问请求,以及用户对于图书内容检索的新要求。而这对于以关系数据库为基础的数字图书馆提出了极大的挑战。

其一,关系数据结构下的数字图书馆大多数情况下是将书籍或者其内容看作一个实体,然后利用多种属性对其描述(也就是标引),从而形成与其他实体间的关系联系。这样的结构非常适合以书籍管理为目标的运作方式,但不适合以书籍内容为目标的管理方式。随着信息技术的发展，人们现在已经习惯于直接去读取书籍内部的具体章节、具体段落的查找和阅读方式，而不是先查书目、摘要，再根据目录翻看内容。而这就提出一个严重的问题，关系数据模型难以有效描述书籍里的全部内容。还是以《三国演义》为例，利用关系原理我们可以对其进行编目管理，确定其作者、年代、背景等。甚至对于每一章节，比如"第四十二回 张翼德大闹长坂桥 刘豫州败走汉津口"也可以利用关系逻辑进行整理，但是对于其中的某一句话，比如"我乃燕人张翼德也！谁敢与我决一死战？"这一非常有名的话语，我们却很难给其赋予一些严格的属性和相互联系。一个更为普遍的例子，就是当读者只记得一篇文章中的部分零散内容，而不能回忆起篇名和作者，以及所在章节时，传统的编目管理方式是完全无能为力的。这就是所谓"非结构化数据的问题"。后面我们会看到我们将用倒排索引的方式来解决这一问题。

其二，局域网环境下的数字图书馆服务不会面对太高的用户并发访问量，即使对于一个高校图书馆，也不可能出现所有的学生同时查询同一数据库的现象。以拥有45 000人的广东工业大学为例，其2008年和2009年的数据库访问总量分别为3 251 806次和3 577 712次，平均每天（全年按300天计算）访问次数仅为11 739次和11 925次，如果每天按12小时计算，平均每小时不到1000次。这只需要一台普通的PC服务器就可以轻松应对[3]。对于公共图书馆来说，由于接入设备数量普遍要比高校少得多，难以形成高并发访问的情形。但是，在网络时代下，任何能够连接到互联网的用户都可能会访问到数字图书馆的信息资源，其并发用户数将完全无法控制。对于一个关系数据库而言，每秒上万次的SQL查询请求一般还是可以承受的，但是如果数据表规模过大，或者并发数继续增加，同时又有大量用户参与评价等活动，从而形成对数据库大量的写操作，将会对系统和硬件造成难以承受的巨大压力。这时，即使是采用所谓的数据库集群技术也基本不可能应对用户的并发访问压力。正是由于这样的原因，国家数字图书馆的检索系统由初设方案中针对2亿条结构化数据50万次/秒的指标，调整为后来的平均10万次/分钟，峰值1万次/秒的指标。而这一问题的根本原因就在于关系型数据库并不真正适合这种业务。

其三，海量的数字资源超过了传统关系数据库的有效管理能力。关系数据库设计的初始目标就是管理海量的数据信息，但是考虑到数据完整性、一致性、实时性等实际应用需求，关系数据库从结构来说并不适合非常大的数据表结构。如果一个表的信息达到几亿甚至十几亿条时，即使是一个并不复杂的SQL查询都将极其耗时，如果是两个上亿级条目的表的连接，则其响应时间极有可能超出人的忍耐范围。因此,通常来说大多数关系数据库对于大表的处理办法是截断,仅保留部分近期数据,而将早期的数据截断后,另存在一个后备的表中,这个后备表仅用作统计等后台业务,而不参与到实时的用户交互中。这也就是为什么很多业务系统只提供短期历史数据的原因。但是,对于一个数字图书馆来说,虽然,几亿本书也许在很久的未来都不会出现,几亿条甚至几百亿条的数据并不困难。例如,对于一个有 2000 万种电子书的数字图书馆,假设每本书有 1000 个检索关键点,则其条目将达到 200 亿条。而且,要知道如果假定每本书平均 20 万字的话,1000 个检索点的覆盖范围其实还是非常有限的。如果数字图书馆针对的目标不只是书,而是整个互联网的信息查询,则其数据量更是完全不可想象。要知道,在 2000 年时,互联网拥有了超过 5500 亿份的独立文件[4]。因此,对于以网络用户为目标,以内容服务为核心的数字图书馆,寻找更为合理有效的数据组织和管理机制将是其开展业务的前提和基础。

通过前面的分析我们可以看到,以互联应用为主要目标的数字图书馆与前述的依靠关系结构管理数据的数字图书馆间最大的差异在于服务的内容发生了改变。关系数据管理型下的数字图书馆关注的是"书籍"(电子书籍)的管理,其数据的颗粒度一般只达到了书目层级,而网络时代下的数字图书馆则需要将颗粒度延伸到具体的文档内容当中,也就是数据服务的内容更加深化了。

关系数据库在面对海量数据和大用户并发处理时的困难主要原因是,关系数据库有着严格的数据完整性要求和实时性处理的要求。关系数据库对于事务的处理有着严格的一致性要求,从而确保了数据的准确,但也使得数据的更改代价很高,在高负载情况下对数据库的性能影响极大;数据库的读写实时性特点,能够高效地推进业务流程运作,一条信息插入后立刻就能够被检索到,但这却要牺牲相当的性能。而这些对于以信息查询服务为主的数字图书馆来说往往是不必要的特性。因此,以文档处理为主要目标的文档数据库(Document Database)就成为应对这一需求的解决办法,并因此而形成了文档结构的数据管理模式。

所谓文档数据库就是以文档为存储基本单元的数据库。在文档数据库中,文档是处理信息的基本单位,这些文档可以很长、很复杂、可以无任何结构,而且这些数据不需要进行结构化处理。IBM 公司的 Lotus Notes 是最成功的商业化文档数据库管理系统之一,它的处理方式就是将文档当做一个单独的记录存放在数据库中,并利用表单和视图等方法来记录文档,通过全文检索和关键字检索等方式实现信息查询。通过这样的描述我们可以发觉,图书馆本身就是一个"文档数据库",图书馆中的每一本书就是一个文档,图书馆就是这些文档的一个数据库集合。因此,这种非关系结构的数据库从设计目标来说就非常适合于数字图书馆的应用。

前面提到的 Lotus Notes 是一款非常优秀的商业文档处理软件,但它主要用于企业内的文档内容管理,在数字图书馆信息服务领域并不常见。这里我们将以两个具体的例子来分析以文档数据库为基础形态的文档数据管理结构在数字图书馆的应用。一个是新西兰数字图书馆(NZDL),另一个就是大家接触最多的搜索引擎 Google,尽管关于 Google 与数字图书馆的矛盾一直是一个深入的话题,不过从技术层面来看 Google 的海量数据管理、大并发用户响应、知识搜索等方面都值得数字图书馆思考和借鉴。同时,需要注意的是,他们与 Lotus Notes 都是针对文档进行管理的,但在具体实现方法上并不一致。

(1)新西兰数字图书馆(NZDL)

新西兰数字图书馆①是一个可以在互联网上免费使用的公共数字资源服务,其网址是 www. nzdl. org。它使用了一种称之为 MG(Managing Gigabytes)的全文信息检索服务系统,这个系统是整个数字图书馆的核心所在,由新西兰 Waikato 大学计算机系于 1985 年开始研究开发,目标是提供一种结构自由的、无需分类的且分布的信息存储机制。或者更简单地说,就是不采用传统的关系数据库去描述和管理数据,也不采用传统图书馆的信息编目和数据组织方式,而是采用文档形式的数据组织和管理结构,并通过全文检索的方式提供用户服务。

对于用户来说,使用 NZDL 就和使用搜索引擎是类似的,在输入检索条件时一般是直接输入所要查询信息的关键字,而不是像传统检索系统那样需要确认查询范围是作者、标题,还是数据源等,而且由于检索方式的不同,输入关键字的长短对于检索时间影响不大,而且结果是直接指向内容的,而不是指向一个书目列表。

当然与 Google 这样的通用搜索引擎不同的是,NZDL 需要对数据内容事先进行筛选,只针对学术信息进行组织,虽然 NZDL 并不对信息进行复杂编目和详细分类处理,但还是会根据内容分成几个大类,如计算机科学报告、世界环境图书馆、医学健康图书馆等。他的用户界面和检索结果排列方式等与 Google 这种搜索引擎非常类似,而不像大多数数字图书馆的检索系统,如图 7 – 9 和 7 – 10。

---

① 有关 NZDL 的内容主要参考 Ian H. Witten 等人的 Managing Gigabytes: Compressing and Indexing Dovumens and Images Second Edition(中文版为电子工业出版社出版的《深入搜索引擎——海量信息的压缩、检索与查询》)和 How to Build a Digital Library Second Edition,以及 NZDL 的网站 www. nzdl. org。

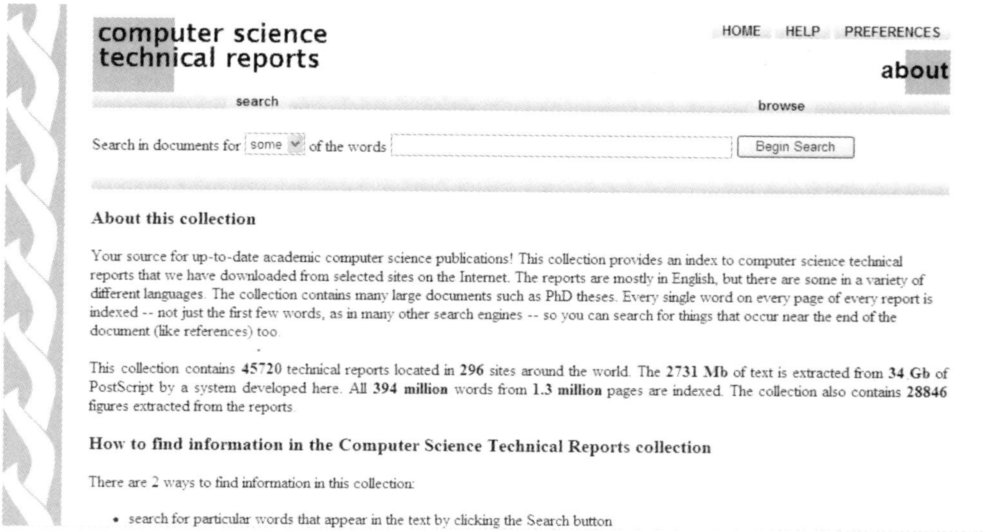

图 7 - 9 计算机科学报告的检索界面

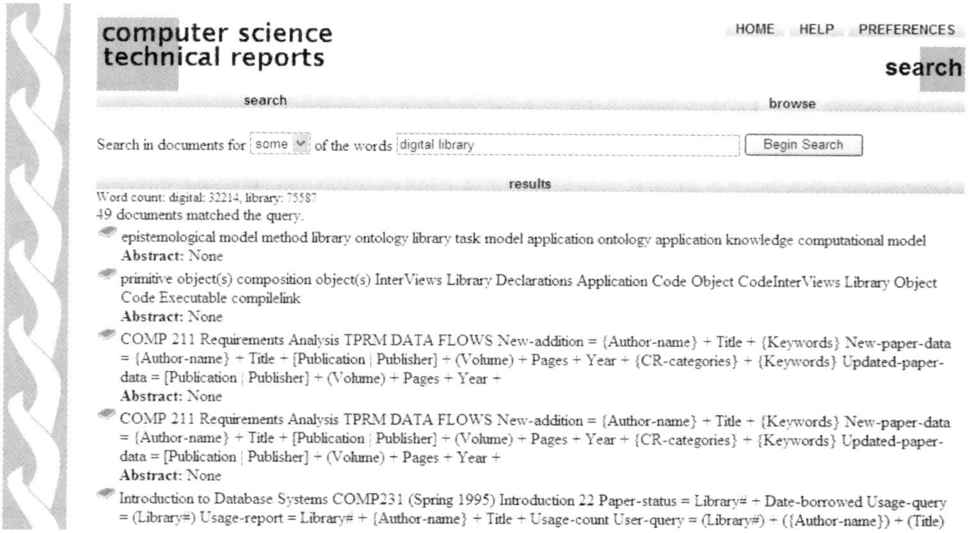

图 7 - 10 计算机科学报告分类中检索 digital library 的结果界面

  NZDL 实质上是一个文档数据库,它首先将收集的电子文档进行抽取,获得其纯文本信息,然后通过压缩,形成一个相对精练的倒排文件索引,用户通过检索框输入关键词,由系统在索引中搜索相关资料并返回检索结果。这里的关键点就是倒排索引的构造,它的结构和使用方法决定了与关系数据模型的根本差异。

我们再次回到《三国演义》,还是以"第四十二回 张翼德大闹长坂桥 刘豫州败走汉津口"的"我乃燕人张翼德也！谁敢与我决一死战?"为例来说明。在前面我们提到,利用关系数据模型,我们可以对《三国演义》很好的描述,但是,我们无法将这种方式深入到描写每一句话,这既是因为对于每一句话的属性描述难以实现,更因为对于拥有上千万种电子书的数字图书馆而言,这样的表结构将大到无法操作。

幸好,人们处理这个问题时,不会这样解决,而是采用了倒排索引。所谓倒排索引就是将文件中的每个字或词抽取出来作为一行,然后在属性中指出其在哪个文档中或文档中的什么位置出现。由于汉字仅有 7000 个左右的常用字和 56 008 个常用词[5],因此,这样的倒排文件是可控的(非常用词虽然多,但是出现机会也很少,因此总规模仍然可控)。人们输入检索条件后,会根据检索词在倒排文件中查询,然后列出最终结果。如果输入的是多个检索词,则可能会涉及检索内容的合并,但是由于检索词本身不会太长,比如 Google 的限制为 32 个字符,百度的限制为 38 个字符,因此,这种合并规模也是可控的。所以,这种倒排索引从一个完全不同的角度解决了内容检索的难题。

由于 NZDL 需要对文档进行压缩和建立倒排索引,这一过程耗时会相对漫长,因此一个新的文档进入系统后,不会很快地就被查询到,这与关系结构下的数据实时处理方式是不同的,与前面提到的 Lotus Notes 的文档处理也是不同的。相对来说,NZDL 的机制与 Google 等搜索引擎是一样的。关于 NZDL 的更多内容可以参考其网站或者 Ian H. Witten 等编写的 *Managing Gigabytes：Compressing and Indexing documents and Images Second Edition* 以及 *How to Build a Digital Library*。

这里我们需要特别注意的是,倒排索引并不仅用于文档数据库,在关系数据库中同样可以使用。以全文检索引擎斯芬克司(Sphinx)①为例,它能够做到对 1 亿条记录的全文检索信息,并且响应时间控制在零点几秒,达到商业搜索引擎的水平。但是,这种基于 SQL 的全文检索机制并不能回避关系数据库的数据完整性和实时

----

① Sphinx 是一个基于 SQL 的全文检索引擎,可以结合 MySQL,PostgreSQL 等关系数据库做全文搜索,提供比数据库本身更高效的搜索,实现专业化的全文检索。Sphinx 单一索引最大可包含 1 亿条记录,在 1000 万条记录情况下的查询速度为 0.x 秒(毫秒级)。Sphinx 创建索引的速度为:创建 100 万条记录的索引只需 3—4 分钟,创建 1000 万条记录的索引可以在 50 分钟内完成,而只包含最新 10 万条记录的增量索引,重建一次只需几十秒。具体案例可以参考张宴的《基于 Sphinx + MySQL 的千万级数据全文检索(搜索引擎)架构设计》。来源于:http://blog.s135.com/post/360/

处理性所造成的性能制约,而且它的倒排索引本身受限于关系数据库的制约,难以在大型集群上使用,因此仍然无法应对用户的高并发访问。下面我们会看到Google在使用文档数据管理时,还会专门建设文件系统和分布式处理机制,而这在商业关系数据库内是无法实现的。

(2)Google 文件系统

Google 为应对互联网用户的海量并发请求和互联网上规模巨大的网页信息,也采用了文档管理的结构。但是与 NZDL 不同之处在于,Google 的文件规模要大得多的多。对于 NZDL 来说,经过压缩后的倒排索引一般只有几个 GB,可以保存在任何主流文件系统中,而且可以一次性的装入服务器的内存里,而 Google 的网页数量达到了 1 万亿页以上[6],按照每个页面 1MB 计算,总共有 1000PB 容量,这还不包含很多视频和数据库等,任何单独的文件系统都无法直接存放如此庞大的文件。因此,Google 的文件管理方式是在操作系统之上建立了自己的文件系统,然后对这些文件进行管理。

关于 Google 文件管理的官方文档并不多见①,从已知的材料中,我们了解到为应对网络用户的响应,Google 在 Linux 操作系统的基础上自建了 GFS、BigTable 和 MapReduce 三个平台共同形成了其文件管理的基础架构。

①GFS(Google File System)是 Google 公司为了存储海量搜索数据而设计的专用文件系统,是整个文件管理架构的基础。关于文件系统,我们通常见到的是 FAT32、NTFS 这些 Windows 系统下的专有名词。从基本原理上来说 GFS 与这些文件系统是类似的,但是 GFS 是针对分布式环境下的大文件结构来设计和优化的。它采用了更大的文件块,以便应对互联网网页的超大文件;针对业务特点优化了读写操作,搜索引擎一般不会针对同一个文件频繁读写,这与我们平时的工作习惯差异是很明显的;针对设备的实效有更高的容忍能力,以便适应 Google 集群的硬件特点。

②BigTable 是 Google 的数据库,是为 Google 的特殊应用而定制的系统。正如前面所说它没有采用关系数据结构来组织数据,而是通过更为简单的 Key-Value 方式来确定索引与内容间的关系,具备非常高性能的检索能力,但不适合进行复杂的关系检索。依据这种联系方式 BigTable 形成一个稀疏的、分布式的、持久化存储的多维度排序 Map。能够提供有效应对 PB 级别数据的处理能力,并且能够同时部署

---

① Google 由于商业等原因对其技术细节很少公布,本书中获得的数据均来自于已公开的材料,尽管上述材料都属于早期的技术资料,但仍然可以了解到 Google 技术应用的基本思路。

到上千台机器上。BigTable 的这种结构特点具有很好适用性、可扩展、高性能和高可用性,满足了网络用户需求变化巨大的实际情况,以及 Google 集群的设计特点,并且已经在超过 60 个 Google 的产品和项目上得到了应用,包括 Google Analytics、Google Finance、Orkut、Personalized Search、Writely 和 Google Earth。虽然它的结构非常复杂且高效,但是单从功能来说它比 NZDL 和 Notes 似乎又更简单些。

③稳定的文件系统 GFS 和高效的数据库 BigTable 并不足以解决 Google 所面临的所有问题。因为 Google 是一个分布式的计算中心,必须在零点几秒以内就将用户的查询结果计算出来并返回给用户,这就需要一个能够很好地应对 GFS 分布式存储文件系统的并行处理机制,它就是 MapReduce。其基本思想就是将数据大规模地分发给网络上的每个节点,通过节点的负载来实现数据的分布处理,同时通过对于节点反馈状态的判断也可以实现系统可靠性的保证。后面我们将会看到它的基础就是 Google 的集群系统。

正是依靠 GFS、BigTable、MapReduce 的通力协作,Google 才实现了如此高效的数据访问能力和大规模的数据存储和检索能力。从中我们发现对于一个大型应用系统,可靠性和性能优化往往比功能的完善更重要,或者说在一定程度当功能和性能产生冲突时,要在优先保证可靠性和性能的前提下加强功能。

对于数据的组织,是采用结构化的关系数据库方式,还是非结构化的文档管理结构的关键在于系统应用目标。对于一个以业务流程为主的,以及需要复杂分类的系统来说,关系数据管理的方式更为合理;对于一个以大规模数据访问和大规模用户并发请求的业务来说,文档数据管理则是更好的选择,当然这样的代价可能是功能方面要做一定的简化。比如不能做复杂的组合条件查询等。

为了应对这一挑战,就出现了针对不同行业的专业搜索引擎,或者称为“垂直搜索”①,它是通用搜索引擎的细化和延伸。与通用搜索引擎的主要不同点在于,垂直搜索针对的只是特定的网页内容,提供特定的服务,同时对于网页还需要进行一定程度的结构化处理,然后再通过处理后提供检索服务。

如今,垂直搜索已经有许多成功的应用方向,如地图搜索、音乐搜索、图片搜索、文献搜索、地产搜索等,典型的应用如 Google Earth、Yahoo Shopping 等。由于垂直搜索都是针对特定领域和服务的,因此其规模相对较小。但其数据处理方面也需要用到爬虫程序来收集信息,也需要对数据进行分词、提取和建立索引等工作,

---

① 垂直搜索是搜索引擎的细化和延伸,与通用搜索引擎的最大区别是对网页信息进行了一定程度的结构化提取,然后将提取的数据进行深度加工处理,为用户提供针对性更强、精确性更高的搜索服务。

其中最关键也是最困难的就是需要对没有结构的网页进行结构化或半结构化的处理，而且不同于大多数数字图书馆，这些工作是自动进行的，而不是专业人员的手工过程。不过，即使这样它仍然是以文档数据管理为核心的，而不是利用关系数据库的方式来组织数据。垂直搜索可以很好地应对大规模用户并发请求和海量数据的检索任务，同时又能够通过业务细分保证数据的准确性，因此具有非常好的发展前景，数字图书馆未来的数据搜索服务就可以基于该技术来构建，从而很好地弥合数据的文档管理和用户的复杂查询间的距离。

7.3 硬件架构

数字图书馆的硬件架构是由其总体系统框架和软件设计体系而决定的。对于以业务流程运作为核心的数字图书馆系统，其数据是按照业务流的方向在不同分系统和子系统间流动的，因此它的硬件架构通常采取分系统建设并最后整合的结构；对于以海量数据存储和并发用户访问为主要目标的数字图书馆，其数据是以适应并发访问和大规模检索需求来组织的，通常采用文档（文件）管理方式，为应对特殊的用户应用环境，它将采用一种更为特别的计算机技术架构——集群。不过，需要明确的是，这两种结构主要针对的是硬件体系的建设思路，而不是最终方案。在实际应用中，分系统架构也会采用集群系统作为高性能运算平台，集群系统应用也会有其他分系统进行支撑。

由于数字资源的保存和管理是数字图书馆的核心任务，因此对于数据的存储组织和架构设计也是数字图书馆的硬件体系的重要基础工作之一，此外这里还捎带提到了数字图书馆的网络设计。

7.3.1 分系统架构

首先，我们来看一个典型数据中心硬件框架的示意图 7 − 11，这也是我们日常项目中最常见到的硬件系统部署图。一般来说可以从两个角度来分析硬件框架：一个是从信息设备类型；另一个是按照系统划分。就该图来说就是横向分割和竖向分割。

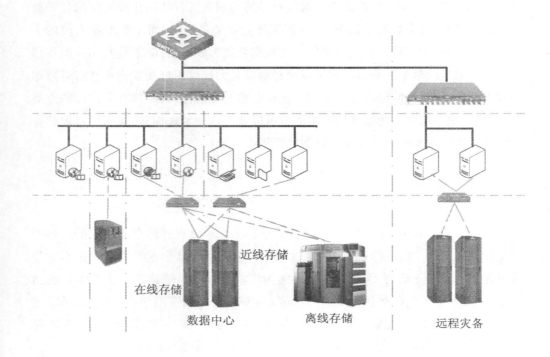

近线存储

在线存储

数据中心　　　离线存储　　　远程灾备

图 7 - 11　分系统结构的数据中心

　　从横向分割的角度来看,图 7 - 11 所代表的数据中心利用交换网络和存储网络将整体分为三个硬件层级。从上到下分别是安全及网络设备层、计算设备层、存储设备层。从横向分割的角度来看,此图中的数据中心可以划分为多个业务系统,每个业务系统分别占用一定数量的服务器和存储空间,拥有一定的业务功能,并且根据存储体系结构的不同,采取独占设备或共享存储的分配方式。而存储设备也可以根据其功能和定位的不同而划分为在线、近线、离线、远程灾备等。

　　这种数据中心的硬件结构有以下特点:

　　(1)数据中心由若干个分系统组合而成。每个分系统是由规定的业务及相关软件系统所确定的,他们之间可以有数据相关性,也可以没有任何系统和业务联系。但无论是相关还是无关,他们彼此都不影响对方的硬件结构。由于分系统独立性的特点,对于整个数据中心来说,在不考虑相互间数据交换的情况下,单个分系统的失败将不影响其他分系统的功能和状态。同时,也由于这种独立性,分系统的建设也是相互独立自由的,没有严格的先后关系,更多的是根据业务的需求而定。不过,实际情况是整个架构中的各个分系统通常是紧密联系的,一个分系统的瘫痪,可能导致整体业务的停滞。因此,分系统架构中对于相互关联的分系统的可靠性都有着较高的要求。

(2)分系统的独立性决定了它的性能和可靠性将完全由所辖的设备性能和结构所确定,与其他分系统无关。也就是说,假设某个系统由于压力过大而趋于饱和时,它不能直接从其他空闲的业务系统中自动调用设备。因此,每个系统在设计时都要留给自身足够的设备和性能冗余。如果该系统需要扩容,一般采取增加设备的方式实现,不过一般都需要复杂的系统配置操作工作。

(3)由于以上两个因素,分系统的性能和可靠性必须完全依赖于所辖设备的计算能力和安全性。因此,系统建设时通常都会采用高性能、高可靠的设备,依靠设备的绝对可靠性来提高系统的可靠性。这也就是我们在建设高性能数据中心时,往往采购较贵的名牌服务器,甚至是高档的小型机,而不愿采用国产品牌的价格较低的低端品牌服务器的原因。后面我们会看到这种方式与大规模的集群架构在思路上是完全不同的。

(4)数据与计算设备相分离。在这类系统中,为了保证数据的完整性和可靠性,通常都将数据单独存放在独立的存储设备当中,由存储设备负责数据的安全性,服务器只负责数据计算和业务逻辑。不过,对于一些数据量极小的系统,有时也会将数据只保存在服务器的硬盘里。这种结构使得数据存储演变成了一个单独的系统,甚至是一个单独的网络系统(存储区域网)。同时,为保证数据的可靠性以及存储系统的性价比,在大型数据中心中通常会在本地采取在线、近线、离线的三级结构,而且往往在异地会有灾备中心存在。

对于数字图书馆,尤其是大型数字图书馆来说,可靠的多级存储体系是其硬件系统建设的重要因素。这一方面是出于提高整个存储系统的性价比的考虑——性能越好的存储设备容量越小,价格也越高,反之性能一般的存储设施容量就较大,单位价格也较低;另一方面则是出于数据管理及保存的需要,毕竟对于以保存为目标的数据是不需要存放在在线环境下的,存放在脱机环境中更能保证数据不被意外所损毁。根据这样的思路就形成了常见的在线、近线、离线的三级存储结构,如下页图7-12所示。

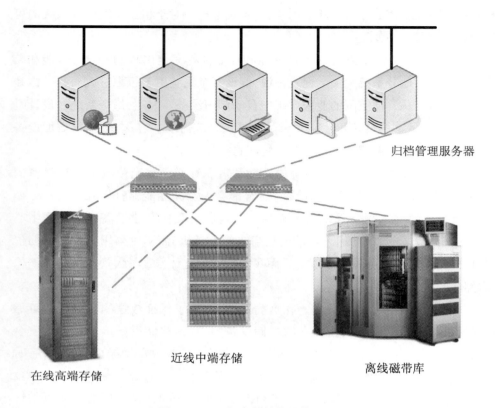

归档管理服务器

近线中端存储

在线高端存储

离线磁带库

图 7 - 12　三级存储结构的第一种方式

　　①在线存储是指直接与业务系统连接的存储设备,一般采用的是磁盘阵列,业务系统可以随时从中调出数据或将数据存储在该区域。业务系统如果进行数据处理工作,数据必须在在线存储中,如果不在,则需要先进行数据迁入工作。另外,出于成本、性能和用户需求的考虑,在线系统有时也会划分成主在线存储和辅助在线系统,并根据业务的不同分配使用。

　　②近线存储是指业务系统不能直接从中获取数据的设备。业务系统如果需要使用其中的数据,通常需要通过归档管理工具将数据从中迁移到在线存储设备中,然后才可以使用。由于近线系统一般只提供批量的用户响应,对于设备的容量要求较高、性能要求一般,因此会采用一些大容量低成本的存储设备。近线设备既可以是低端的磁盘整列,如图 7 - 12,也可以是磁带库设备,如图 7 - 13。

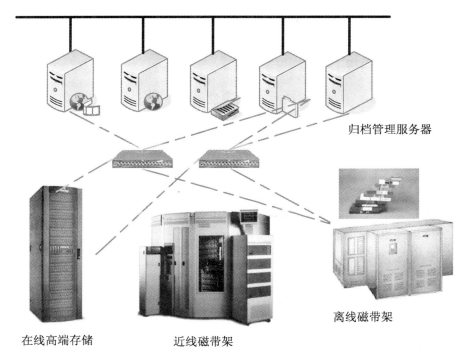

归档管理服务器

在线高端存储　　　　近线磁带架　　　　离线磁带架

图 7 – 13　三级存储结构的第二种方式

　　③离线存储是指与业务系统没有连接的存储形态。业务系统如需使用,需要通过机械甚至人工的手段,将数据存储介质调入系统后,才能开始数据操作。离线存储中的数据一般属于归档数据,平时很少使用,或者就是数据的副本,纯粹用于数据备份。离线设备既可以是带库,也可以是从带库中取出的磁带。它们虽然在形态上差异巨大,但是本质都是一样的,唯一区别只是机械化程度不同而已。

　　出于更高的安全性考虑,在硬件环境设计上往往都会有异地的灾备中心。而且灾备中心不仅与数据规模大小有关,而且与数据内容的价值有着更密切的关系。对于那些有唯一性的业务数据和数字资源,异地的灾备中心属于必须手段。这点和古代图书做好副本后不放在同一地点的道理是一样的。

　　总之,这种分系统架构非常适合以流程数字化为主要功能需求的数字图书馆。因为通过系统功能的划分,我们可以将一个大型的数字图书馆项目分解成一个个小的独立系统,每个系统对应一个确定的业务流程功能。从而分解项目设计、开发、实施和运维的难度。符合绝大多数数字图书馆机构的能力和需求,是通常系统建设中的基本做法。同时,通过整个系统的安全性和稳定性由少数几台相关设备来承担,通过提高关键设备的可靠性和稳定性就可以很好地控制系统整体的可用性,在同等条件下部署和实施难度相对较低。

7.3.2 集群架构

集群架构是一种利用集群技术,针对高性能计算、高可靠性需求和高并发访问等需求而形成的技术解决方案。对于一个以网络公众信息服务为主的,大数据量、高并发响应的信息服务而言,集群架构是最好的解决方案。这里所说的集群技术是指:将至少多个服务器系统连接在一起,使这几个服务器能够像一台机器那样工作或者看起来好像一台机器(不是指外形)。例如,一个由两台服务器生成的 Web 服务器集群系统,它对每个终端用户是透明的,而且看起来完全就像一个服务器。其主要目标是为了提高系统的稳定性,以及数据处理能力和可缩放性。

现在广泛应用的集群技术主要分为三大类[7]:高可用性集群技术、高性能计算集群技术、高可扩展性集群技术,是互联网服务和大规模的数值计算领域的重要技术解决手段。其中,高性能计算集群技术主要用于科学计算,如天气预报、数值计算等领域。高可用性和高可扩展性集群技术则可广泛用于用户信息服务,如搜索引擎、云计算平台等。

集群技术有两大特点:一是它的高稳定性主要不是通过提高每个节点的稳定性来实现的,而是通过系统整体的冗余,靠整体稳定性来弥补单个节点稳定性不足的问题。因此,即使一个很先进的集群,它单个节点的设备可能非常普通,而且随着节点的增多,对于单个节点稳定性要求反而会降低。这与分系统架构的要求正好相反。二是它的高性能和高并发访问能力,不是主要依靠单个节点的性能提高,而是通过整体协同来完成。它的单个节点性能往往不一定很高,利用率水平也一般。但是整体性能会非常好。而这也与分系统架构的做法正好相反。

就数字图书馆来说,集群可以很好地满足海量数据存取、大规模用户并发访问、海量信息检索等具有高可靠性、高稳定性和高并性特点的访问请求,为用户提供 7×24 的随时服务。是互联网环境下开放服务的理想解决方案。但是,由于集群技术对于系统管理水平和系统应用能力有着极高的要求,因此,在实践过程中只有少数业务压力较大,同时又具备较强系统管理能力的机构才可能考虑采用这种方案。例如,国家数字图书馆的检索系统就计划采用集群系统。根据国家数字图书馆工程的建设目标,其检索系统需要具备 2 亿条以上结构化元数据的检索能力,并可以扩展到 5 亿条,并且具备平均 100 000 次检索请求/分钟能力,峰值 10 000 次检索请求/秒能力,可以进行 1 亿页全文检索。为完成这一艰巨的指标,国家数字图书馆采用了集群技术,其结构如图 7 – 14 所示[8]。

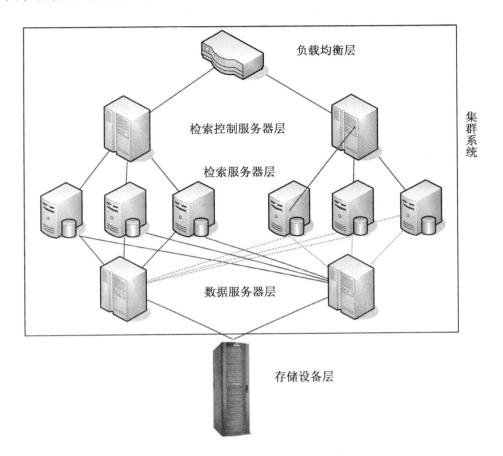

图 7 – 14   国家数字图书馆集群结构

该集群采用了四层结构设计,第一层是用于负载均衡和请求分配;第二层的检索控制服务器主要运行 Web 服务和检索控制程序;第三层的检索服务器用于加载索引数据并检索结果;第四层的数据服务器用于数据访问和更新检索服务器的索引。其中,第二层和第四层采用了高性能小型机,第三层采用的是刀片 X86 服务器。而数据则存储在专用 SAN 存储中。

这种集群设计很好地满足了国家数字图书馆检索业务的需求,但是它的目标主要是提高数据检索性能,以替换原有方案中的大型机设备,对于国家数字图书馆的整体结构没有改变,它的计算与数据存储相分离的设计是典型的分系统结构,不能当做一种独立的硬件体系架构思路来看待。因此,下面我们将以更有特色、更具创新力的 Google 集群为例,分析如何将集群作为一个硬件系统的基础框架来建设。

（1）Google 集群技术的应用需求

Google 作为最成功的互联网搜索引擎,其功能和特点也为大家所熟悉,既在互联网上提供多样化的信息检索服务,除了常用的网页检索服务外,还包括图片、视频、地图,以及图书和学术文章搜索等。由于 Google 必须面对来自全球的巨大用户方面请求,为保证服务的可靠性,Google 必须满足几个基本的要求:①能够检索到世界上绝大多数的网页,而且这些网页信息需要足够新;②系统要具备相当的可靠性,因为 Google 的用户来自全世界,必须每时每刻都能提供用户服务;③反应速度要足够快,它的检索结果不能超出人的承受范围。Google 的目标是,包括网络延迟时间在内,搜索查询的时间消耗不超过 0.5s。

由于大家每天都在接触搜索引擎,这些要求看起来似乎并没什么特别。但是,考虑到早在 2000 年时 Google 每个月就要完成对互联网上 13 亿个网页(这里采用 2000 年的数据是要与后面的集群结构相对应,到 2008 年时 Google 收录的网页已超过了 1 万亿)的一次更新搜索和索引,而且必须做到平均每秒接收 1000 个请求(如今,这个请求数已超过每天 2 亿次,平均每秒超过 2300 次请求),并同时搜索 13 亿个页面的索引时,这样的需求是相当恐怖的。

（2）Google 集群组织结构

Google 集群①的服务器数量和集群站点数量始终是一个不太明确的数字,在不同的文献中能得到许多不同的数字。造成这一结果的最主要的原因可能是 Google 由于商业技术的保密而不愿公开准确数据。这里我们不去详细对比这些数据的准确性,而是重点关注 Google 集群的技术方法。并以此作为数字图书馆建设大规模信息和知识服务平台的参考。

在 2000 年 11 月时,Google 就已经使用了超过 6000 个处理器和 12 000 个硬盘,提供大约 1PB 的存储能力。对比来说,2002 年提出的国家数字图书馆可行性研究报告中所规划的未来存储能力仅为 175.76TB[9]。

Google 不是通过采用高级磁盘阵列的方式来提高可靠性,而是依靠集群和站点冗余。首先,它在硅谷有两个站点,在弗吉尼亚有一个站点,有的观点认为是 4 个站点[10]。搜索的索引大约是几个 TB,以及大小相当的缓存页,这些数据在 3 个站点间进行复制。如果其中一个站点出现故障,其他两个站点仍然能够提供服务。

在每个站点内,通过独立的配置站点 OC48(拥有 2488MBb/s 的网络出口)连

---

① 以下关于 Google 集群的资料来源于下列资料的汇总:http://www.ha97.com/4128.html John;L. Hennessy,David A. Patterson. 计算机系统结构——量化研究方法(第三版). 北京:电子工业出版社,2004

接到互联网上,同时另有一条 622MB/s 的 OC12 网络连接作为备用。OC48 通过连通一台思科 12 000 交换机(下图中未划出)连到 2 台 Foundry BigIron 8000 交换机。这种交换机可以提供 128 条 1GB/s 的以太网链路,由于每个机柜需要 4 条 1GB/s,分别连接到两台 Foundry 交换机,因此,一个站点最多可以支持 64 个机柜,也就是 64 个机柜的 PC 机。不过,实际建设中部署的是 40 个机柜。

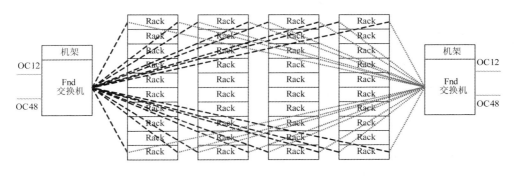

图 7-15　Google 站点集群示意图

对于每个机柜,Google 使用了只有 1 个 VME 单元的 PC 机(PC 服务器),和有 4 个 RU 高的机柜交换机。在机柜的一面总共布置了 40 个 PC 机和一台机柜交换机。在另一面按同样配置部署,因此一个机柜中总共有多达 80 台 PC 机和 2 台机柜交换机。相比之下,一般的 42U 机构当中如果部署超过 10 台 PC 机我们就会认为是非常满的了。因此,一个站点总共配置有 3200 台 PC 机。

机柜中的 PC 机并没有采用商业公司的设备,而是由 Google 公司自行设计,并采用标准配置,包括了 2 个 ATA/IDE 磁盘、256MB SDRAM 内存、中等水平的英特尔处理器,以及主板、电源和风扇。每台 PC 上运行 Linux。特别需要注意的是,每台 PC 只有两根线,一个是以太网线,一个是电源线(如果每个中心机房中都是这样的连接方式,机房给人的凌乱现象或许就不会存在了)。为了很好地协调费用和性能间的关系,Google 每 2—3 个月会升级配置。比如 2000 年 3—11 月,处理器从赛扬 533MHz 升级到奔腾 800MHz,硬盘从 40GB 升级到 80GB。

图 7－16　Google 集群机房①　　　　　　　图 7－17　GooglePC 服务器

（3）Google 集群性能

Google 集群的性能是个非常敏感的话题,虽然我们每天通过查询业务,能够感受到它的高效,但是试图从技术角度的全面分析却无法做到,原因还是其关键技术的商业机密性。不过,在这里,我们可以通过一些可以查阅到的数据,分析 Google 集群的网络负载性能和计算能力,尽管这些数据相对有些老旧,但对于我们认识和理解大规模集群的性能关键因素,还是有所帮助的。对于 Google 集群来说其关键因素主要是网络和计算能力。

Google 每个站点的出口是 2.4GB/s。我们按照平均每个用户请求回应为 4000字节(相当于每个页面 10 个结果,每个结果 200 个汉字的描述,这已超出了一般的页面回复量),每天回应 7000 万个响应(大约相当于 2000 年 12 月的水平),那么平均带宽为 26MB/s(这个数字低得令人有些意外)。这仅仅是一个站点连接速度的1%。即使我们按照最高峰 10 倍计算,相对来说仍然是个很小的数值。

当然查询响应只是搜索引擎的一部分工作。我们来看另一个业务——遍历网络(利用网络爬虫更新站点信息)。我们假设一个站点用 7 天时间遍历 13 亿网页,每个页面查询产生 4KB 的数据量,则所需带宽为 69MB/s。

Google 每个节点间还需要将索引的数据定期备份到其他站点上,以便实现数据的冗余。这里假设用 7 天时间备份 5TB 索引和缓存页,其结果是需要 132MB/s的网络带宽。因此,我们可以看到,单就网络带宽来看,性能是非常充裕的,尽管这个数值看起来并不惊人。

就计算能力而言,Google 的集群系统是当今最为强大的分布式计算平台,据预

---

① 图 7－16,图 7－17 来源于:Google 神秘服务器大公开. http://www. cnetnews. com. cn/2009/0506/1366768. shtml

测 2011 年时拥有的服务器数量在 100 万台左右,占全球服务器数量的 2%[①]。虽然它从来没有参加过国际 TOP500 计算能力测试,但是仅从其所具有的 CPU 数量来看,它的计算能力将远远超越当今最快的日本超级计算机"京"("京"拥有 88 128 颗处理器,计算能力为每秒一亿亿次)[②]。

图 7 - 18　日本超级计算机"京"

(4) Google 集群可靠性

尽管 Google 针对互联网搜索设计了强大的分布式文件系统,但是 Google 集群故障的最大来源仍然是软件,平均每个站点每天大约有 20 台机器要重启。由于每台 PC 的电缆数目已经减少到了难以置信的两条,Google 集群的 PC 机不能远程重启机器,当发现故障时,需要操作人员通知站点管理人员按照相应的标签找到机器,然后重启。当然这也就意味着,由于标签错误或人工失误,会有搞错的情况。这样的解决办法在绝大多数数据中心都是难以想象的,但这却是最先进的 Google 集群的解决方案。

可靠性的另一个问题是硬件设备的故障。统计结果来看,硬件故障率大概是软件的 1/10,而这些故障又主要来自于内存和硬盘,约占 95%。Google 大约每周一次,会将故障设备拆下来维修,配置好后再重新上架。

除了单个 PC 服务器的故障外,还有一个非常重要的问题就是配置站点的可靠

---

① Google 服务器的规模数据来源于 Intac. net 的统计 A Comparison of Dedicated Servers By Company. http://www. intac. net/a-comparison-of-dedicated-servers-by-company_2010 - 04 - 13

② 世界上最快的超级计算机"京"(K Computer)是日本 RIKEN 高级计算科学研究院(AICS)与富士通的联合项目。"京"(K Computer)没有使用 GPU 加速,而是完全基于传统处理器搭建。"京"(K Computer)的最大性能四倍于排在第二位的"天河一号"。现在的"京"(K Computer)配备了 88128 颗富士通 SPARC64 VIIIfx 2.0GHz 八核心处理器,核心总量 705024 个,最大计算性能 10.51Petaflop/s,峰值性能 11.28038 Petaflop/s,同时效率高达 93.2%,总功耗为 12659.9 千瓦。相关内容可以参看超级计算机排名网站(http://top500. org/)。

性。因为一旦配置站点故障，就必须依靠其他冗余站点提供服务。从经验来看，每个站点大约每年会有一次出现能源问题，或者是整个站点停机，或者影响到部分主要设备，而这样的故障通常会持续几个小时。因此，Google 采用多个镜像站点，不同的网络服务商，外加镜像站点间的应急线路，从而在相当程度上保证了系统的稳定性。停电、网络资源耗尽等都不会影响 Google 的服务。至少到现在为止还没有遇到 Google 中断服务的情况，相比之下我们的银联系统曾经中断过数小时，而国家数字图书馆每年例行停机检修的时间就有两天。

（5）几点思考

Google 集群作为世界上最强大的服务系统，它的基础架构建设思路与我们平常的设想完全不同，没有采用任何豪华的装备，无论是服务器还是存储，甚至在管理维护方面，也是更多地采用人工方式去替代机器。这在今天的任何一个数字图书馆建设方案中都是不可思议的事情，也使我们对于信息化的建设有了更新的认识和理解。

首先，有效的组织是系统高效运行的关键。在通常的信息化建设思路中，人们都将高效能与高性能等价，要获得高效能就必须拥有最好的设备。但是 Google 集群给出了一个完全不同的答案，即使是最普通的设备只要能够很好地组织它们，同样能够发挥超乎寻常的能力。因此，在数字图书馆的建设中，如何有效地组织利用有限的资源将是数字图书馆建设中的核心和关键，当然这里的资源不仅仅指设备，更包括了人员和组织管理。

其次，先进的技术源于合理的应用。Google 作为信息技术的领航者，不断地突破人们对于信息技术的理解与认识，人们往往将这些与 Google 的垄断地位和强大资金相联系，而忽略了 Google 在应对具体问题时其方案的合理性。在通常的数据中心，高度的自动化既是先进的标志，也是高效的体现。今天即便一个几十台机器的小型机房往往都会考虑投资建设昂贵的远程管理平台，而 Google 如此大规模的数据中心却采用了看似笨拙的手工管理方式，这种看似落后的手段正体现了 Google 在技术应用方面的理性——在很多时候人工管理会比设备更可靠，尤其是在自动管理本身要增加系统复杂性的时候。

再次，简化是处理问题的最理想办法。面对复杂的问题删繁就简是人们的通常想法，但是在实际处理过程中，人们却很难真正地做到这点，往往被各种约束条件所限制。但是 Google 集群在简化方面做出了出人意料的设计，每台 PC 机只有电源和网线两个外部连接就是 Google 简化设计的极致表现，而这种简化带来的就是整个数据中心管理的简化，从而保证了整个系统应用的稳定。

尽管像 Google 这样的超大规模集群架构很难被一般机构所复制,用于数字图书馆的机会可能更为不易,但是 Google 集群建设的思想方法却值得数字图书馆建设者的认真思考与学习,而且不仅仅是对设备,更是对组织和管理。

7.3.3 存储设计

数字资源的存储和长期保存是数字图书馆的核心工作之一。而且,相对于绝大多数信息管理和使用单位,数字图书馆对于海量数字资源的长期保存有着更高、更严格的要求。因此,关于数据的存储机制和存储体系方面的研究始终都是数字图书馆系统建设的关键点。

数字资源长期保存的系统层面设计和建设需要重点考虑以下几个主要方面:①存储数据类型;②数据存储模式;③存储系统平台。数据类型决定了数据管理和存储的方式,也决定了存储平台的基本结构方向;存储模式是具体项目过程中对于数据管理和实现的基本设计;存储平台则是数据存储方案的最终技术实现形式。

就存储数据类型来看,相对于大多数信息应用部门和行业来说,数字图书馆的数字资源量极大,通常都是以 TB 为存储空间的计量单位,少数超大规模的系统容量甚至可以达到 PB 级①。但是,由于这类数据中的绝大多数都属于独立的资源文件,其存储设计需要根据数据类型具体的特点进行划分,而不是盲目的建设超大规模的数据库系统和相应的高速在线存储设备。

数字图书馆常见的数据类型(业务层面)有:资源数据、资源描述数据、业务管理数据、用户交互数据等。其中资源数据和资源描述数据就是通常谈到的数字图书馆的数字资源及其元数据,在前文中我们了解到这些数据既可以采用常见的关系数据库进行管理,也可以采用基于文档数据库的方式来管理,但是无论是采用哪种数据库管理方案,他们都有一个基本的特点,就是只有读操作而基本没有写操作。对于软件来说,这一特点使得关系数据库的数据完整性检查等工作毫无必要,对于存储系统的设计来说则意味着系统的主要目标为应对并发请求,可以通过多副本的形式提供并发服务,这就使得相对低端的设备及技术也能有很好的应用空间。业务管理数据是数字图书馆业务生产活动中产生的数据,如工作记录、系统日志信息等,此类数据属于传统的关系数据库设计范畴,对于数据库平台也有较高的读写要求。用户交互数据则根据业务的不同有较大的差异,现在的大多数数字图

---

① TB、PB 均为计算机计量单位,1TB = 1024GB,1PB = 1024TB,在 TB 之下有 GB、MB、KB 和 B,在 PB 之上有 EB、ZB、YB,它们之间每差一级差 1024 倍。按照现有水平(2012 年),1PB 相当于 500 块硬盘容易。

书馆在这方面的关注度并不高。

通过上述分析，我们可以看出从数据类型来看数字图书馆的大多数数据都是以读为主要目标的，写操作仅针对少数业务数据。因此，数据原则上可以通过多副本的方式实现快速读取，而这种多副本既可以是在本地，也可以是在异地，这也是我们前面提到的 Google 集群系统在数据存储方面采用的方式。不过，这种方式对于数据的管理提出了极高的要求，超出了大多数机构的能力，因此在实际建设过程中我们见到的大多数方案仍然是通过提高设备性能来实现数据的有效管理与服务。

数据的存储模式主要是指数据采用怎样的存储和管理方式，主要有以下三种：集中式、分布式和联邦式。集中式是指建设一个统一的数据中心，把一个区域内需要共享的数据全部集中存储在数据中心；分布式是指一个区域内没有统一的数据存储中心，数据可以分散在不同的机构和地点；联邦式是集中与分布相结合的数据存储模式，对于用户经常访问的数据集中在数据中心，其余分散在不同地点或机构。数据存储模式通常是由于业务和历史等原因决定的，而不是技术方面，一般来说独立的数字图书馆项目都采用了集中式存储，而图书馆间的联合项目则会采用分布式和联邦式等，如：数字图书馆推广工程就属于是典型的联邦式数据存储，而文化共享工程更类似于分布式存储。而这些都将直接影响到数据存储平台方案的设计。

数据存储系统平台是数据长期保存和服务的硬件基础，其核心目标就是提供大容量、低成本、高性能、高可靠的存储空间。但是，由于技术条件和资金的限制，面对数字图书馆的海量数据管理和使用需求，我们现在还难以仅仅利用一个方法、一套系统、一种介质去实现业务要求。这里我们以常见的分级存储体系为目标，说明数字图书馆存储系统平台的建设。这类数据存储平台总共有六个层面的关注点，从高到低分别是：保护机制、存储体系、存储系统、存储结构、介质冗余、存储介质。保护机制考虑的是不同类型资源在各类存储设备和介质中的存放位置、保存策略、恢复方式和检验手段等；存储体系是指不同类型的存储设备所构成的存储层级，也就在分系统架构中提到的多级存储体系，以及异地或远程灾备设计等；存储系统是指存储设备的外部连接结构，主要是主机访问存储的方式及相关协议；存储结构是指存储设备的内部连接结构；介质冗余主要指存储设备内部介质的冗余保护机制；存储介质则是指具体的保存介质类型，如磁盘、磁带等。他们的具体内容和关系如表 7 - 2 所示。

表 7 - 2 数据存储六个层次的内容及关系

层次	内容	关注点	相互关系
保护机制	数据保存、调度和恢复机制	备份、归档、复制、镜像、恢复、检测等活动	有效利用硬件系统及存储体系的结构优势
存储体系	多级存储体系	在线、近线、离线，以及容灾备份规划	以系统结构和协议为基础，为保存机制提供支持
存储系统	主机访问存储方式和协议	SAN、NAS 以及 FC 和 SCSI、SAS 等协议	对于存储体系的设计有决定性影响
存储结构	指磁盘阵列体系结构	内部结构冗余能力和性能	保证设备内部结构的稳定和高效
介质冗余	指 RAID 等机制	冗余算法和性能	针对介质进行性能和安全优化
存储介质	指磁盘、磁带、光盘等	各种介质的性能	决定了冗余设计的方法

我们需要注意的是，这六个层级只是一个普遍概念，在具体的方案设计中，往往并不需要全部涉及。比如，磁带库一般只采用数据备份的方式，很少会采用RAID 方式实现冗余，也就是磁带库系统一般没有介质冗余这一层。而对于规模较小的系统，可能也不需要多级存储体系和存储的复杂连接方式，因此存储体系和存储系统层也不需要。

为了更好地说明这六级体系的关系，我们用图 7 - 19 来示例说明。在图中，我们以磁盘代表存储介质层；多个磁盘通过 RAID 组成一个磁盘组，在图中我们用一个磁盘扩展柜来示意介质的冗余；多个磁盘扩展柜通过内部结构连接形成磁盘阵列，代表了存储结构，图中用一个磁盘机柜来表示；磁盘阵列通过 SAN 方式（也可以是其他方式），与主机形成网络连接，从而形成了存储系统；多个存储系统根据功能不同就形成存储体系，图示中的存储体系包括了在线、近线、离线和远程备份；在一个完备的存储体系上，人们通过各种技术设定和业务流程形成有效的数据管理和保护机制。

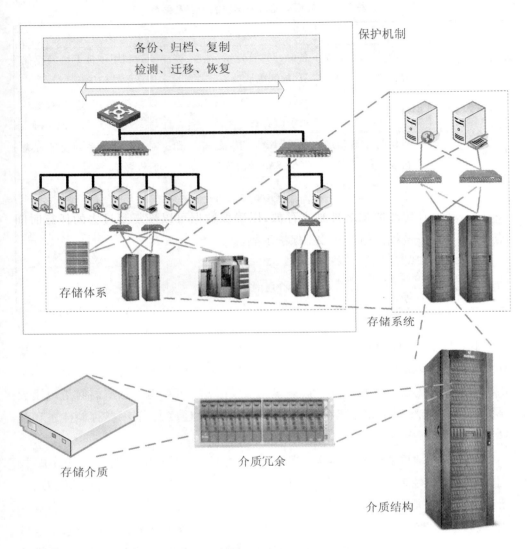

图 7-19　数据存储体系的六个层级示意图

　　从用户的角度来看,除保护机制属于软硬结合且与业务需求紧密相关外,其他五层都属于是硬件范畴或者说是设备范畴。从系统的角度来看,存储介质、介质冗余、存储体系和保护机制与数据的安全直接相关,存储结构和存储系统与设备的可靠性和数据的可用性直接相关。这其中,存储体系的分级在分系统结构中已经谈到,下面主要了解其他几部分的特点,这些都将对数字图书馆数据长期保存和数据服务提供有效支撑。

（1）保护机制

根据数据存储的六级分层结构,保护机制主要是在硬件设施的基础上通过多种策略和手段确保数据的可靠性。常见的有镜像、连续数据保护(CDP)、复制、归档、文件拷贝,以及可能的数据恢复和迁移动作等。

镜像是指通过同样的 I/O 读写操作,在独立的 2 个存储区域中保存相同的数据,并且可以同时进行 I/O 读写操作,简单地说就是一个数据同时存两份,是一种成本高昂,但是性能也非常突出的解决方案,对于关键业务的数据保护意义极大。

连续数据保护,(Continuous Data Protection,CDP)是指可以捕获或跟踪数据的变化,并将其在生产数据之外独立存放,以确保数据可以恢复到过去的任意时间点,是保证业务连续性的一种数据保护手段。

复制是指利用复制工具把数据从一个存储区域传输到另一个存储区域,生成一个数据副本,就是将已有的数据另外保存。

归档就是将数据另行保存,与镜像、复制技术不同,它属于一种数据的管理而非数据备份机制。

文件拷贝则可以理解为最低级的一种数据复制功能。

上述数据管理手段中 CDP、镜像和复制等既可能是硬件方式,也可以是软硬结合的方式,既可能是在服务器上完成,也可能是在网络或者是存储设备一级来实现。它们的具体差别可以参考相关技术手册。对于数字图书馆来说,需要根据其业务特点,针对不同数据采取不同的数据保护手段。例如,对于资源数据重点加强数据的复制和归档工作,对于关键的业务数据则需要考虑镜像和 CDP 方式。

（2）存储系统

这里所说的存储系统,是指存储设备所采用的主机设备连接方式,也是系统建设者关注最多的存储结构。现在主要包括了三种类型:直接附加存储技术 DAS (Direct-Attached Storage)、网络附加存储 NAS（Network Attached Storage）、存储区域网 SAN(Storage Area Network)。

DAS 是指将存储设备直接与服务器连接的一种存储挂接方式,它的特点是结构非常简单,没有复杂的网络连接,可靠性好,访问效率高。但是,由于存储设备与服务器是通过外部总线直接连接的,因此服务器所能连接的存储设备数量有限(一般最多两台),难以扩容;同时存储附属于指定的服务器,数据共享难度较高,无法实现网络化管理,无法形成大规模存储体系。因此通常只用于小规模的数据管理业务环境。在具体连接技术方面,DAS 既可以采用 SCSI,也可以采用 FC 和 iSCSI 等网络协议。

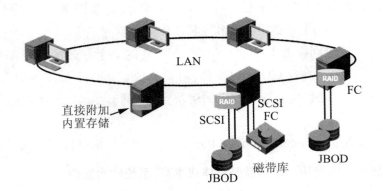

图 7 - 20   DAS 存储的连接方式①

NAS 是一种网络存储设备,实际上就是一台拥有很多硬盘的专用于存储数据的服务器。它与其他服务器的连接不是通过专用的通道或者网络,而是直接通过局域网(在广域网也可以)实现的。从网络的角度来看它与其他服务器没有任何区别。它的显著优点是:①容易部署,直接连接到网络中就可以;②数据共

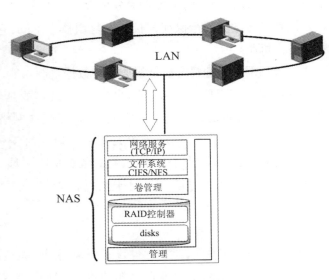

图 7 - 21   NAS 的连接方式

享简单,不同的主机与客户端通过文件共享协议就可以存取 NAS 上的数据,实现文件共享,例如 UNIX 中的 NFS 和 Windows NT 中的 CIFS 协议。大多数情况下 NAS 被认为是一种低端应用解决方案,并且由于 NAS 在访问数据时会占用网络带

①   图 7 - 20、7 - 21、7 - 22 及相关存储主机连接资料来源于 H3SE 存储培训教材,并参考了 EMC 和 HDS 相关培训材料。

156

宽,因此一般用于实时性较低、业务数据量不大的业务环境。不过,NAS 比较适合文件管理,在最新的方案中往往与 SAN 结构结合形成 SAN + NAS 的存储网络,成为适应性和性能都非常理想的解决方案。

SAN 是一种具备自有的、独立的存储网的网络化存储系统。与 NAS 不同,它的数据访问不经过局域网,而是自建立一个称为存储区域网的网络。利用这个网络,多个服务器可以连接到同一个存储设备上,而存储设备也可以通过增加硬盘和存储柜的方式进行扩容。由于它把存储与服务器间的数据交换与局域网分离,因而极大地优化了整个网络环境,具备极高的性能优势。同时,它的可扩展性和可连接性也都非常理想,并且可以将磁带库等备份设备直接接入存储区域网,非常适合于大型数据中心的使用。缺点就是整体成本高,系统较为复杂。

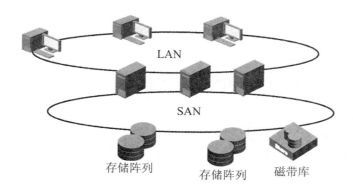

图 7-22 SAN 网络的结构特点

SAN 作为一种存储连接方式,可以有多种技术道路来实现,现在主流的实现方式是 FC-SAN 和 IP-SAN,也就是分别采用光纤存储协议和 IP 存储协议的 SAN 设备。

DAS、NAS、SAN 都是现在主流的存储设备连接方式,在技术、性能、成本等各个方面上存在显著的差异,对于数字图书馆而言就是要根据需求选择适用的产品。一般来说,对于规模较小、数据量不大的数据库,DAS 和 NAS 是优选方案,而且 NAS 还具备良好的数据共享能力,对于大型数字图书馆则通常考虑 SAN 的建设方案,不过对于超大规模的数字图书馆还是集群结构的存储方式才更为合理。

（3）存储结构

所谓存储结构是指存储设备内部的结构设计。这些结构设计都被封装在了机器的外壳之中,因此往往不为用户所知,但却是决定存储性能和能力的最核心因

157

素,也是同等容量下不同设备价格差距的关键因素。这其中包括了 CPU 数量、缓存数量、通道数量、支持磁盘数量等指标。他们分别反映了存储设备处理数据的能力、响应读写的速度、同时并发的能力以及磁盘容量扩展的水平等。而且,对于中高端设备在结构设计方面通常都做到了所有的节点都至少有两套系统互为备份。图 7 - 23 示意了一个存储设备中 CPU、通道、缓存、磁盘等的连接方法以及互为备份的结构特点。

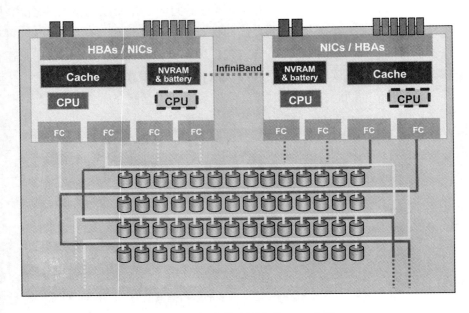

图 7 - 23　国家数字图书馆 SAN 存储

（4）冗余设计

独立冗余磁盘阵列（Redundant Array of Independent Disk,RAID）是数据存储的最主要冗余机制。它的基本方法就是将多块独立的硬盘（物理硬盘）按不同的方式组合起来形成一个硬盘组（逻辑硬盘）,从而提供比单个硬盘更高的存储性能与数据备份能力的技术。虽然 RAID 是为磁盘而定制的冗余方式,但是在磁带系统上也可以实现类似的机制,不过,由于磁带系统通常作为备份手段,这种机制在实际使用中并不普遍。对于具体的 RAID 分类和 RAID 实现方式可以参考计算机相关专业书籍和存储设备说明书。

（5）存储介质

数据存储介质是数据保存和管理的最终实现手段。现阶段,数据存储的介质类型主要有磁盘、磁带、光盘和固态存储等。

①磁盘

磁盘是现代计算机设备的核心外部存储设备。自从1956年诞生以来它一直占据着计算机存储领域的核心位置。作为几乎所有计算机系统的必配外设,其市场容量非常巨大,因此长期以来一直成为产业研发的重点,从而保证了其容量和性能的持续提升。1956年IBM生产的第一个硬盘RAMAC 305,容量为5MB,体积有两个冰箱的大小,而今天普通的SATA硬盘容量已经达到2TB,相当于40万个RAMAC 305的存储容量,而体积只有RAMAC 305的一万分之一,并足以容纳下10万本PDF格式的百万字的图书(按照平均每本书20MB计算),几乎可以说是摩尔定律的另一种体现。

磁盘作为现代存储设备的主要介质,有以下几个显著优点:①大容量;②低成本;③高带宽;④可随机读取;⑤反复读写次数极高。这使得它在始终保持计算机外部存储核心地位的同时,不断地取代其他许多类型的存储介质。但是,受限于机械转盘、加寻道的结构方式,磁盘在高速存储领域的表现始终不尽如人意。因此,在一些高速存储领域,人们一般采取DRAM或者闪存等固态存储介质。

还有一种今天已经基本消失的磁盘类型,那就是软盘。与之对应的普通磁盘称为硬盘。软盘曾是计算机间进行数据交换的主要介质,但是随着网络的崛起和固态存储设备的出现,今天它已经被淘汰出应用市场。

②磁带

磁带是另一种重要的磁性存储介质。虽然在形态和应用设备结构方面与磁盘差异很大,但是它们本质上都使用了同样的技术,并且作为计算机系统的外部存储设备,他们都有着相当长的历史。与磁盘的主要不同点在于,磁带是一种顺序存储介质,读取磁带时必须连续读取而不能像磁盘那样通过磁头移动和盘片的旋转实现随机读取。此外,磁带的物理特性也使它更容易损坏,而不适合反复读取。因此,磁带现在一般只作为数据的备份手段。

通常来说,磁带相对于磁盘的优势在于其相对低的价格,可以在相同资金投入的情况下实现更大的存储容量,这也是其作为后备系统的优势。但是,随着磁盘技术的快速发展,磁盘无论是在容量还是性价比方面都已逐步超过了磁带。因此,磁带作为备份系统的地位也受到了挑战。利用磁盘系统来模拟磁带库功能的虚拟磁带库产品就是在这样的条件下而产生的。

磁带作为后备存储系统时通常有两种形态:一种是磁带机,一种是磁带库。两种设备的核心差别在于机械化程度不同。磁带机只有一个驱动器,并且一般采取手动换带(自动加载磁带机有机械换带设备),而磁带库通常会有多个驱动器和机械手,从而实现了并发读取和响应。

③光存储

光存储主要指光盘,是一种利用激光技术存储数据的介质,与磁盘和磁带在原理上完全不同。虽然名为光盘,但它并不是用光来存储信息,光盘实质上只是用激光来识别盘面上的高低不同的坑而已。光盘的类型很多,如 VCD、DVD、蓝光光盘,以及市场上失利的 HD-DVD、SVCD 等。从可读写性方面又可以分为:可擦写的 RW、RAW,和不可擦写的 ROM 等类型。

光盘是一种非常良好的数据备份介质,因为相对于其他存储介质,光盘保存时间更长(一般来说为 10 年),单个盘片成本也非常低。作为备份手段,光盘一般是手动管理,当然通过光盘机等设备也可以实现类似磁带库的管理方式。不过,面对磁性存储技术的急速发展,光盘的演进显得非常缓慢,而且新一代的蓝光光盘由于受到来自网络的冲击和自身发展策略的影响,始终未能呈现出 DVD 时代的辉煌。今天光盘更多的是作为一种低成本数据传播手段而不是后备系统来使用。

④固态硬盘

所谓固态硬盘(Solid State Disk)是指用固态电子存储芯片,而不是传统磁介质的硬盘。固态硬盘的接口规范和定义、功能及使用方法上与普通的磁盘相同。在产品外形和尺寸上也与一般磁盘保持一致。现阶段固态硬盘的存储介质主要有闪存(FLASH 芯片)和 DRAM 两种。闪存就是我们日常生活中常接触到的 U 盘所用的存储介质,而 DRAM 则是计算机内存所用的存储介质。固态硬盘相对于普通磁盘来说有以下优点:

a. 读写延迟小。由于固态硬盘没有磁头,不需要寻道和盘片旋转等机械步骤,使得读写整体延迟很小。另外,由于固态硬盘实现了真正意义上的随机读取,因此传统磁盘上由于磁盘碎片所导致的性能降低的问题,在固态硬盘中也不再存在。

b. 无噪音、发热小。由于没有用于盘片旋转的马达以及用于对流空气的风扇,工作时是没有噪音的,同时也降低了整个设备的发热量。

c. 不会发生机械故障。磁盘始终是电脑各个系统中故障率最高的设备之一,关键原因就在于磁盘是一个精密机械设备。固态硬盘内部没有任何机械活动设备,从而大幅度降低了此类故障的发生,提高了设备的可靠性。

固态硬盘相对传统硬盘的缺点主要是单位价格较高,按照每单位容量的价格是传统硬盘的 5—10 倍(2011 年数据)。虽然这一成本差距在不断降低中,但是短期内还难以做到同一水平。正是由于这一重要制约因素,尽管固态存储在各方面性能占有显著优势,在可以预见的时间内还不会取代传统磁盘。但是,固态存储高速读写,尤其是高速读取的特点,使其作为快速响应业务的存储介质,仍然有较大的应用空间,比如人民搜索的搜索系统和国图的文津搜索都采用了固态存储作为快速响应系统的存储介质。

7.3.4　网络架构

网络是数字图书馆的基础环境。不过,在研究网络对于数字图书馆的影响时,其主要出发点是从"网络生态"的角度理解读者与数字图书馆之间、数字图书馆与数字图书馆之间、数字图书馆与信息社会之间的联系。至于技术层面或者说物理层面的网络一般来说并不是数字图书馆的研究重点。这与数字图书馆本身信息内容以文本图片为主,信息流量相对于现代网络环境来说要求相对不高有一定关系。

从技术层面来看数字图书馆的网络可以从两个方面来理解,一个是系统内部的网络组织,另一个是系统间的网络互连。其中,前者主要关注同一物理地点内部的多个系统间的网络连接,一般都是按照经典的"接入—汇聚—核心"的网络框架进行建设,包括前面提到的 Google 集群也是如此;而后者则关注多个地点间,尤其是跨区域的广域环境下的网络连接模式和方法,以及用户访问流量的分担等。从数据中心间的连接来看,尽管互联网的连通性可以保证数据中心之间数据的稳定交换,但由于数字资源版权以及数字图书馆后台业务的安全等因素,数据中心间的连接往往采用了专网或虚拟专网的方式,典型的如国家数字图书馆推广工程的虚拟网建设。这种多个中心间的网络连接主要承担的任务有业务互联,以及系统内部数据同步、数据备份和数据迁移等。对于外部用户的访问,主要是通过判别用户地址,实现就近访问。

但是,对于一个实际建设的数字图书馆数据中心,所需考虑的网络连接却并非只有互联网。以国家数字图书馆为例,其网络系统就包括了接入网、本地局域网、无线局域网、双向卫星系统、国际卫星节目接收系统、视频会议系统、数据广播系统、网络安全系统、异地灾害备份网络等九个部分[11],这是与其业务和功能定位直接相关的。

（1）跨区域数字图书馆网络架构设计

跨区域的数字图书馆网络架构是指多个异地的数字图书馆业务系统间的网络连接,由于它们距离遥远,且各系统往往并不同构,因此无法按照数据中心的网络结构进行连接,需要根据具体的环境和业务功能要求进行设计。

对于很多全国性的业务系统来说,这种跨区域的网络结构是其业务运行的前提和基础环境,典型的系统如海关、税务、银行、医疗等。这类业务系统往往具有非常强的内部业务和数据联系,必须保证数据的准确性和实时性,网络设计工作的核心就是保证业务数据的可达和通畅。此类系统实际建设中一般采用专用网或虚拟专用网来构建。图 7-24 所示的是区域卫生信息网络体系架构的设计图[12]。

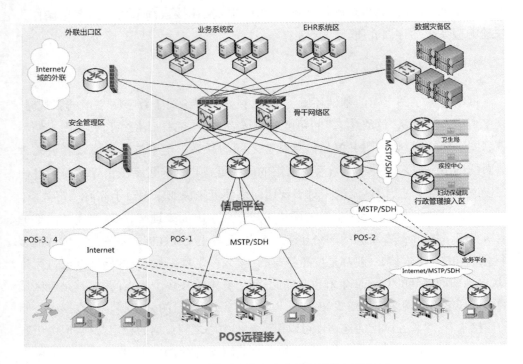

图 7 - 24 区域卫生信息平台整体网络架构设计

就数字图书馆的业务来说,这种以数据实时性和安全性保障为核心的网络架构其实并不太必要,因为数字图书馆内部的业务加工数据在不同数字图书馆间交换量很小,主要以书目数据等信息为主,而对于资源数据等大数据量信息往往本身又是公开信息,因此数字图书馆间的跨区域网络架构设计并不属于数字图书馆建设重要任务。但是,由于行政管理体制、业务结构设计等原因,事实上产生了一些跨区域网络连接系统。

以文化共享工程为例,由于其业务设计方面形成了从国家中心向省、市、县、乡、村的辐射式资源传输流,因此也就自然而然地形成了与行政级别相对应的分层网络结构。图 7 - 25 显示的是文化共享工程(图中用虚线来表示工程的各级站点)依托电子政务外网①而实现的分层网络架构。其中国家中心接入了国家电子政务

---

① 电子政务系统一般有内网和外网之分。内网仅供内部使用,与政务内网与互联网完全物理隔离。政务外网与互联网是逻辑隔离,供非涉密及使用。电子政务外网是我国电子政务重要的基础设施,由中央政务外网和地方政务外网组成,主要服务于各级党委、人大、政府、政协、法院和检察院等政务部门,为部门业务应用提供网络承载服务,支持跨地区、跨部门的业务应用、信息共享和业务协同,满足各级政务部门社会管理、公共服务等方面的需要。国家电子政务外网的建设和管理单位为国家信息中心。

外网,然后依托国家电子政务外网到各省的专线实现了与其 33 个省级分中心的连接。各省、地市、县级分支中心则分别与当地的电子政务外网建设单位进行连接,从而实现了依托政务外网的网络结构。尽管它不是一个专用的内部网络,但是其在基本原理上与其他专网平台并无显著差异。

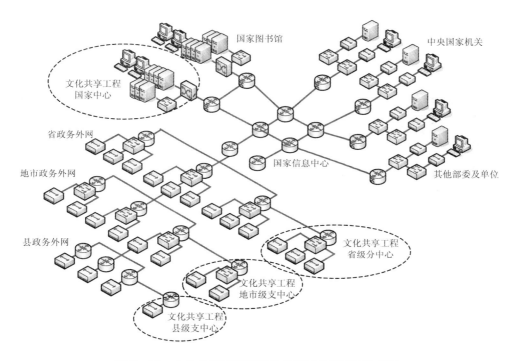

图 7 - 25　文化共享工程依托政务外网的网络架构设计

数字图书馆推广工程是另一个以跨地区的网络系统连接为基础的数字图书馆工程项目。该项目通过 IPSEC VPN 技术所组成虚拟网,将连接省、市级图书馆,实现公共图书馆网络体系纵向贯通。该虚拟网能够承载推广工程的各类业务系统,保障数据便捷、安全的传输,实现数字资源的远程访问和异地共享。

在虚拟网上面传输的数据主要有三类:一是服务类数据,包括国家图书馆及各地方馆的数字资源。到馆读者在无需用户认证的情况下,即可访问国家图书馆与地方馆的数字资源。二是生产类数据,即国家图书馆与省馆、市馆之间的应用系统业务数据交互。将数字图书馆的生产数据通过虚拟网传送,如数字资源组织系统数据等。三是沟通交流类数据,可通过虚拟网加强国家图书馆与地方馆的交流与联系,如视频会议系统数据等[13]。

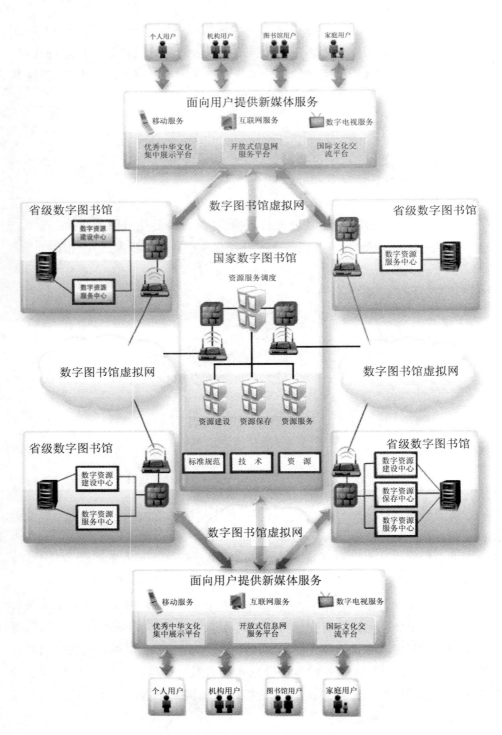

图7-26 数字图书馆推广工程的网络架构设计

（2）远程接入模式

①专线接入方式

专线接入方式是一种投资成本较高的连接方式，仅适用于业务要求较高、资金较为充裕的机构，就数字图书馆领域来说建设独立的专线网络成本过高并不划算。较为合理的方式是依托已有的公共专线实现网络连接，典型案例如，文化共享工程依托电子政务外网的连接。

由于电子政务外网已经搭建了非常完善的广域网系统，也同时解决了广域网路由问题。因此，数字图书馆的接入站点主要是部署具备 OSPF、RIP 等静动态路由协议的网络设备，即可实现数据的转发功能。为了避免重复 IP 地址造成的冲突问题，还需要对站点的部分 IP 地址进行转换，也就是需要站点的专线接入设备支持 NAT（网络地址转换）技术。虽然上述设备有一定的成本投入，但是相对建设独立专线而言成本要低很多。

②VPN 接入方式

利用 VPN 网络实现业务系统的连接是现在各行业普遍采用的接入连接方式，主要有 IPSec VPN 和 SSL VPN 两种方式。其中，IPSec VPN 由于采用了硬件加解密的方式，运行稳定性较高，较为适合大中型数据中心间的网络连接，而 SSL VPN 的软加密方式，以及免客户端维护的特点比较适合小型站点的接入。以数字图书馆推广工程为例，其主要连接站点为省、市图书馆，因此选择了 IPSec VPN。

7.4 新技术的意义和作用

信息技术领域里新技术应用广泛、产品更新换代频率高的特点，决定了以信息技术为基础的产业必须时刻关注新技术的发展变化，充分了解并掌握新技术带来的新动力和新市场，从而推动自身的发展进步。

新技术其实是一个非常广泛的概念，即使在信息技术领域内，新技术涉及的范畴也非常广泛。这里我们主要关注云计算、物联网和三网融合这些关键技术发展方向对于数字图书馆的意义和作用。这些关键技术方向普遍具有较强社会影响力、代表着信息技术今后投入的重点。对于这些关键技术方向的发展，国家给予了高度的关注。在国家"十二五"规划纲要中，旗帜鲜明地提出了"加快建设宽带、融合、安全、泛在的下一代国家信息基础设施，推动信息化和工业化深度融合，推进经济社会各领域信息化"的目标，并且将"云计算服务平台建设"、"物联网关键技术研发"、"三网融合"、"无线城市"、"新一代移动通信网、下一代互联网"等新技术及发展方向列入了规划之中①。数字图书馆是否可以有效利用这些新技术,并把握其所带来的发展机遇,推动数字图书馆的发展,就成为数字图书馆规划和建设过程中的又一重要任务。

7.4.1　云计算

（1）云计算的定义和分类

云计算(Cloud Computing)一词最早起源于 Google。2006 年 8 月 9 日,Google 首席执行官埃里克·施密特(Eric Schmidt)在搜索引擎大会(SES San Jose 2006)首次提出"云计算"的概念。它更早的来源则是 Google 工程师克里斯托弗·比希利亚所做的"Google 101"项目。

Google 所提出的云计算是一种理想的网络应用模式,是汇集多种最新信息技术的产物。"云计算通过虚拟化的数据中心为互联网用户或者企业内部用户提供方便灵活、按需配置、成本低廉的包含计算、存储、应用等在内的多种类型网络服务。云计算继承了并行计算、分布式计算、网格计算等领域的诸多技术积累,利用多核技术、虚拟化技术等领域的最新成果,提供了切实可行的商业实现模式,使它们能够方便地应用到日常生产和生活中,能够满足不同类型用户对于计算、存储等多种资源的需求。"[14]简而言之,云计算是最新信息技术的集大成者,是继 20 世纪80 年代大型计算机到客户端—服务器的大转变之后的又一次巨变。

这种巨变在技术层面主要体现为云计算模式的分层共享服务结构,也就是常说的基础设施即服务(IaaS,Infrastructure-as-a-Service)、平台即服务(PaaS,Platform-as-a-Service)和软件即服务(SaaS,Software-as-a-Service)。简单来说,就是通过云计算技术模式,将计算机设备资源、应用和系统软件资源,以及最上层的各类应用服务平台,打包成网络服务的形式提供给用户,用户可以根据自己实际需要选择恰当的服务层次和内容。除此之外,还可以根据云的建设规模和服务对象,分为私有云、公有云和混和云。不过,我们这里更关注云计算的应用方向,因此采用另一种分类方式,即云平台、云终端、云安全和云存储四个核心领域。其中,云平台主要提

---

① 在《中华人民共和国国民经济和社会发展第十二个五年规划纲要》的第十三章"全面提高信息化水平"第一节"构建下一代信息基础设施"中指出:"统筹布局新一代移动通信网、下一代互联网、数字广播电视网、卫星通信等设施建设,形成超高速、大容量、高智能国家干线传输网络。引导建设宽带无线城市,推进城市光纤入户,加快农村地区宽带网络建设,全面提高宽带普及率和接入带宽。推动物联网关键技术研发和在重点领域的应用示范。加强云计算服务平台建设。以广电和电信业务双向进入为重点,建立健全法律法规和标准,实现电信网、广电网、互联网三网融合,促进网络互联互通和业务融合。"

供动态变化的计算环境,能够按需对服务进行配置和管理,以支持不同业务的需求,这也是云计算的最关键部分,或者说是狭义的云计算概念;云终端是指能够接入网络并获得云服务的终端设备;云安全主要是依靠后台云平台提供安全、可靠、可信的云环境;云存储是一种能够按需分配的网络海量存储空间。

三者是从三个不同的角度来看待云计算。IaaS、SaaS、PaaS 关注的信息系统的分层,云平台、云终端、云安全、云存储关注的是应用方向、私有和公有云关注的应用范围。

（2）正确认识云计算

云计算作为信息技术应用领域的最新潮流,其作用和价值已为业界所广泛接受,并成为信息化建设的一个重要方向。数字图书馆作为信息化应用的具体单位,需要冷静看待、准确分析、合理应用这一新兴技术。

首先,明确云计算的本质是社会分工。尽管,云计算常常被看做是一项最新的技术成果,但是从纯技术角度来看,云计算并没有实质性的飞跃,云计算只是早先的分布式计算、虚拟化、网格技术等的综合成果。它真正的意义在于,云计算代表了信息产业的变革方向,是信息技术行业的产业分工细化和向服务方向转化的标志,我们可以将其类比为工业化出现后的人类社会分工与职能细化。

简单地说就是,在云计算出现以前,信息系统建设方和应用机构之间本质上是商品买卖关系,当信息系统建成后,系统的管理和维护工作都是应用机构的事情,应用部门不得不维持大量的专业技术人员,而难以专注于具体业务工作,而信息系统建设方一般只承担系统的维修工作;而在云计算背景下,系统建设双方的关系发生了巨大的改变,在双方之间出现了独立的云服务商,其职责是承担应用系统繁杂的系统维护工作,系统应用方摆脱了具体的系统建设和维护工作,可以专心从事业务,从而实现了信息产业的分工和细化。示例如图 7-28 和图 7-29。

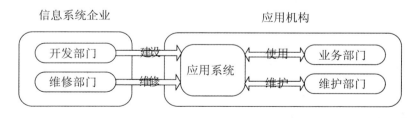

图 7-27 云计算出现以前的应用系统建设双方关系

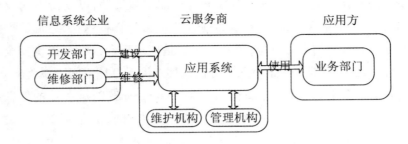

图 7-28   云计算出现以后的应用系统建设双方关系

从上述图示可以看出,云计算本质上就是信息技术革命进程中的一个标志,是信息技术从技术积累向推动产业变革的标志。因此,以信息革命的眼光来审视云计算的应用才能确保信息化建设方向的正确。

其次,充分认识"云计算服务平台"与"云计算"的差别。云计算在很多行业,特别是在政府部门被看做是新时代下信息技术的集大成者,是解决现有问题的一颗灵丹妙药,并将"十二五"规划当中提到要大力推进"云计算"当做这一观点的重要依据。但是,我们仔细阅读《中华人民共和国国民经济和社会发展第十二个五年规划纲要》,会发现全篇只提到过"云计算服务平台",而没有单独列出过"云计算"技术。虽然两者都含有"云计算"的概念,但是两者在指导思想上却存在着实质性的差异。"十二五"规划中强调的加强云计算服务平台的建设,其核心不是平台建设本身,而是通过推进云计算服务平台的建设,为中小企业和信息应用部门提供可托管的信息服务体系,降低中小企业和一般信息应用部门的建设成本,使其更有效地关注主营业务,并进而带动整个信息产业分工的步伐,是建设信息社会宏观指导思想的具体步骤。而通常的云计算方案,只是将云计算的技术方案看做是整合现有业务系统的一个措施,或者干脆只是一个概念,云计算在这里只是一种工具而已。这样的云计算应用方案,由于缺乏长远的眼光,非但不利于云计算的发展,甚至是可能成为社会信息化发展的阻碍。

再次,对于云计算的应用,要准确适当,不能唯技术论。尽管云计算是一项包含范围很广、应用效能很高的应用技术模式,但是在具体应用时应根据实际需求和条件合理分析,选择合适的云服务机构,或建设适度的云计算平台,而不能不假思索地全盘接纳。云计算的应用不等于盲目建设大而全、小而全的云数据中心。毕竟云代表的是社会分工和资源共享,而不是更加独立、更加自主、更加庞大的系统投入。

根据上述三点,在数字图书馆建设过程中,可以从以下几个方向推进云计算的应用：

①数字图书馆作为大规模信息汇聚和知识服务的载体,应用云计算可以有效地提高其信息汇聚程度和知识整合能力。但是云计算服务平台高度的技术复杂性和巨大的投资建设成本,使得大多数数字图书馆依托自身条件建设云平台的道路困难重重,充分利用社会化云计算服务机构的信息资源,通过合作方式使用云计算服务是数字图书馆领域推进云计算应用的合理选择。从云计算的理念来看,数字图书馆脱离具体的技术平台建设、管理和维护工作后,将把主要精力用于提高信息服务的方法上,从而更加有效地增强数字图书馆的专业服务能力。

②无论从行业发展,还是信息技术演进的角度来看,数字图书馆行业自建云计算平台的意义并不大。但是,在现阶段全社会云计算服务尚不完善的条件下,由少数几个大型图书馆或相关机构联合建设一个私有云平台,提供行业内的信息资源共享服务,也是可行的选择。这种云平台的现实意义在于通过行业内的数据集中和资源共享,减少系统的重复建设,强化人们的信息服务理念,从而为今后更大规模的业务与系统分离奠定思想基础。

③数字图书馆的云计算应用要避免"满天彩云"的局面。由于国内信息化建设和资金管理体制,以及人们对于云计算的过高预期等原因,普遍存在着对于"云计算"的盲目热情,其结果可能是在短时间内,出现许多的"云平台"。这种分散的"云"系统,虽然也会采用各种具体的云应用技术,但从本质上来说是与"云计算"的理念相违背的,既不利于行业的发展,也不利于云技术的应用。

④在云计算的四个具体应用领域,可以有以下策略。a. 云平台的应用是云计算应用的核心。数字图书馆作为信息服务部门,应积极推进与云平台服务机构的深入合作,强化自身信息服务专长,回避信息技术领域的不足;b. 云终端可以广泛地应用于图书馆的电子阅览室。但是无论从理论还是实践经验来看,云终端只适合于大规模服务机构,中小型图书馆,由于终端设备有限,应用云终端后其管理和维护成本可能不降反升,需要谨慎考虑;c. 云安全在数字图书馆领域拥有良好的应用条件,而且,事实上现在很多安全服务商提供的方案就具备云安全的特征;d. 云存储是现阶段数字图书馆建设中最容易推进的一个方向,但需要纠正部分领导关于数字资源存量的概念。

7.4.2　物联网

物联网(Internet of Things,IOT)顾名思义就是"物物相连的互联网",是指通过各种信息传感设备,如传感器、射频识别(RFID)技术、全球定位系统、红外感应器、激光扫描器、气体感应器等各种装置与技术,实时采集任何需要监控、连接、互动的物体或过程,获得其声、光、热、电、力学、化学、生物、位置等各种需要的信息,并与互联网相结合而形成的一个巨大网络,其目的是实现物与物、物与人,所有的物品与网络的连接,方便识别、管理和控制。物联网最早是在 1999 年由 MIT Auto-ID 中心的 Ashton 教授在美国召开的移动计算和网络国际会议时被提出的。在我国,国务院总理温家宝 2009 年 11 月 3 日发表的《让科技引领中国可持续发展》一文中明确提出"全球互联网正在向下一代升级,传感网和物联网方兴未艾",从而将物联网提到了国家战略高度。

物联网的核心在于实现物品之间的互联。相对于互联网来说,物联网将计算机之间的连接扩展到了更加贴近人类生活的物品。从技术角度来说,物联网与互联网和云计算具有高度的相关性。我们可以把物联网看做是前端的传感器及网络设备,通过各种有线和无线网络与处于后台的云计算处理平台进行连接,并由它们共同构成能够服务于社会实际生产生活的应用网络系统。从信息化发展的角度来看,物联网实质上是信息化从单纯的信息处理向信息系统直接参与社会管理,甚至生产活动的转变,是信息化进程中的又一关键步骤。它与云计算代表了信息化变革的两个不同方向,但都将成为改变人类社会发展的重要推动力量。

由于物联网关注的核心要点是整个社会生产生活的信息化,也就是国家所提倡的以信息化带动工业化方面,因此对于图书馆的应用,关注点并不高。但是,图书馆行业通过多年的实践和探索,在物联网的基础应用方面也已经做了一定的尝试,其中最主要的就是将 RFID 标签技术引入到图书的借还和书架整理等方面,从而进一步推动图书馆传统业务的信息化发展。

7.4.3　三网融合

三网融合是另一个众所周知的技术概念。不过,其直接原因并不是它的技术先进性,而是由于广电和电信部门的垄断经营,导致各项服务及资费方面均难以满足用户要求,于是打破垄断和行业壁垒,就成为用户的普遍理想,三网融合恰好满足了用户的这种期望。三网融合是指电信网、广播电视网、互联网在向宽带通信网、数字电视网、下一代互联网演进过程中,三大网络通过技术改造,其技术功能趋于一致,业务范围趋于相同,网络互联互通、资源共享,能为用户提供语音、数据和广播电视等多种服务。三网的融合不是三大网络融合成一个物理的网络,也不是被其中的一个网络所取代,而主要是指高层业务应用的融合。这种业务的融合是以三网在技术上的融合为基础,即其核心技术以"IP"和"光网络"为基础并逐步趋同,进而导致三网接入终端的融合、三网运营的融合、三网监管的融合。终端融合表现为,经由不同网络的不同业务都能在同一个终端上使用,无论它是电脑、电视还是电话。简单地说就是可以用任何一个设备实现电话、上网和看电视。运营融合表现为,运营商从单一业务扩展为全业务,也就是电视台可以搞通讯和上网业务,电信公司可以搞电视接入。监管融合是指对于不同业务的管理和检测规则及体制将纳入统一的框架中,其最终结果将可能导致广电的网络部门与电信部门合并。如:1998 年 3 月,邮电部和电子工业部完成合并,信息产业部正式成立;同时,广电部改为目前的广电总局。在《印发国家广播电影电视总局职能配置内设机构和人员编制规定的通知》[国办发(1998)92 号] 中有这样一段并未执行的文字:"将原广播电影电视部的广播电视传送网(包括无线和有线电视网)的统筹规划与行业管理、组织制订广播电视传送网络的技术体制与标准的职能,交给信息产业部。"

三网融合对于数字图书馆来说,主要是为其提供了更理想和便捷的网络接入通道,扩展了终端类型,方便了用户的使用。数字图书馆起初主要是以网络和电脑终端为技术服务对象的,移动互联网的发展以及移动终端的广泛普及使得数字图书馆的服务范围得以极大的扩展。电视图书馆的出现,则是数字图书馆在现有数字电视网络条件下的一种尝试。但是,由于三网融合进程的缓慢,这些努力只是在形式上做到了在三种网络上的服务,与真正意义上的三网融合还有非常遥远的距离。为了实现这种多通道的服务,数字图书馆建设者不得不建设一个个专有的业务系统,这也与三网融合的初衷背道而驰。因此,对于这类国家网络基础设施的建设,数字图书馆建设者应该以更为冷静的态度和长远的眼光来看待,而不是盲目追求热点和潮流。

云计算服务平台、物联网、三网融合本质上都是国家的信息环境基础设施,为国家信息化建设提供基础的网络和环境支撑。数字图书馆应充分了解并跟踪上述基础设施的发展和变化,制订符合自身条件的应用方案,既要避免出现过度强调技术平台先进性,而忽视业务和产业环境的技术决定论,更要避免盲目跟踪先进技术,超前建设的大跃进思维。

参考文献

[1]侯三军,严明. 数字图书馆系统架构研究评述. 数字图书馆论坛,2011(9)

[2]张晓林. 数字图书馆机制的范式演变及其挑战. 中国图书馆学报,2001(6)

[3]黄艳芬. 高校图书馆电子资源使用效益分析——以广东工业大学为例. 广东工业大学学报

（社会科学版）,2011(3)

[4]M. K. Bergman. The Deep Web:Surfacing Hidden Value. Bright Planet Co. White Paper,2001

[5]现代汉语常用词表(草案). http://202. 205. 177. 9/edoas/website18/25/info1228806995399 725. htm

[6]Google 官方微博. http://googleblog. blogspot. com/2008/07/we-knew-web-was-big. html

[7]高洁. 服务器概述. 见:中国计算机科学技术发展报告 2006. 北京:清华大学出版社,2007

[8]魏大威. 国家数字图书馆工程基础支撑硬件系统设计. 数字图书馆论坛,2008(8)

[9]申晓娟. 国家数字图书馆工程建设回顾与展望. 数字图书馆论坛,2008(8)

[10]熊乐. Google 集群系统技术综述. 中国科技信息,2009(9)

[11]申晓娟. 国家数字图书馆工程建设回顾与展望. 数字图书馆论坛,2008(8)

[12]饶克勤等. 电子健康档案与区域卫生信息平台. 北京:人民卫生出版社,2010

[13]http://www. ndlib. cn/xnw2012/201201/t20120113_57986. htm

[14]金海等. 云计算的发展与挑战. 见:2009 中国计算机科学技术发展报告,2010

8 关于数字图书馆建设的思考

8.1 数字图书馆成功的内在要素

随着国内外数字图书馆工程的不断发展,数字图书馆建设已经进入一个快速发展期,无论是传统图书馆建设的数字图书馆服务项目,还是由数字资源服务商和网络信息服务商建设的纯网络环境的数字图书馆,都取得了丰硕的经验和成果。但是,我们仍然要清醒地认识到,这些项目中的大多数仅适合于科研和学术机构使用,能够真正满足普通群众需求的并不多,有些项目甚至连初期制定的基础目标也难以达到。

这里既有数字图书馆建设因素的复杂性所导致的结果,如版权问题、资金问题、部门分割问题等,也有信息化项目本身管理和控制困难所导致的因素,从信息化建设的角度来说这是正常的结果。据统计,过去 10 年中,信息工程项目的成功率大概是 25%—30% ,失败率也是 25%—30% ,其余 40%—50% 则是介于两者间的部分成功的项目[1]。因此,数字图书馆的掌舵者和建设者必须清醒的认识到项目成功的不易,准确把握成功的关键要素。

对于数字图书馆建设成败的要素,人们首先想到的往往是国家政策的支持、建设资金的保障、信息技术的可靠、法律条款的调整等外部因素。但是我们相信数字图书馆的发展不仅仅来源于外界的良好支持,更来自于建设者对于数字图书馆的认识与把握、对于信息化变革所带来的机遇与挑战的认识与准备,以及数字图书馆自身对于社会的开放与互动的程度。下面我们主要将从建设者和群众参与的角度来叙述数字图书馆成功的内在因素,这里需要强调的一点是群众不是数字图书馆的客人,他们是数字图书馆实实在在的参与者,因此也被看做是内在因素的一部分。至于宏观政策和财政以及外部支持,我们相信他们既是数字图书馆良性发展的必然条件,也会是数字图书馆良性发展的必然结果。

8.1.1 认识决定成败

数字图书馆作为一项以传统图书馆服务理念为参考的信息化工程,既受到现代信息技术发展脉动的不断冲击,也受到源自传统图书馆行业思维模式和行业利益的深刻影响。如何理性看待传统模式的价值,正确认知信息革命的本质将是数字图书馆在当前条件下发展进步的第一要务。

胶片行业的数字化进程给了数字图书馆行业以很好的启示与警示。柯达作为传统的胶片行业老大,虽然握有最大的市场份额、控制着产业链条,甚至能够在相当程度上影响国家政策,但是对于数字化进程认识的错误使其丧失了发展的机遇而不得不黯然退出。这里特别需要注意的是,柯达并不排斥数字技术,在相当一段时间里它甚至是数字相机的领跑者,真正困扰它的是在传统行业与新兴产业间的利益纠葛,以及由此所导致的迟缓反应,但时不我待,市场没有给它更多的时间。柯达的沉浮既证明了数字技术作为新生产力的无限活力,同时也说明了在一个变化的时代中局限于传统领域的思维有着巨大的危害。

今天,在数字图书馆建设方面,传统图书馆、数字资源服务商和以 Google 为代表的网络信息服务商是数字图书馆的主要推动力量。对于数字技术他们都持有积极的态度,但是由于背景和定位的不同,对于数字图书馆的认识也有很大的差异。传统图书馆更加关注利用数字技术整合馆藏资源并实现图书馆间的联合与协同,数字资源服务商的重点则是信息资源渠道的掌控和市场地位,Google 现阶段则是以无偿提供帮助的方式与各方进行深入合作,以期获得全面的数字资源及数字内容服务的网络导向控制权。应该说这些选择并没有对错之分,只要很好地把握都能有自己的天地。但是,并非每个选择都会走向以服务大众为目标的数字图书馆。一个以服务大众为目标的数字图书馆不是传统图书馆信息化的一个代名词,甚至不能简单地理解为一个信息化工程和项目。它是网络时代和信息社会中的"图书馆",它是因网络而存在的,它应用的是网络技术、使用的是网络资源、参与的是网络群体、服务的是网络社会;它不能仅仅理解为一个数字资源库,它实质上更是一个资源汇集的平台,一个凝聚各种网络数字资源、网络社会资源和网络"人力"资源的组织。

数字图书馆有两个关键的属性,其一是技术性;其二是网络社会性。技术性是指数字图书馆必须依托于现代信息技术,而且由于业务的特殊性,它对于信息技术的要求极高,是信息技术领域的尖端项目。网络社会性是指数字图书馆生存于网络生态环境中,对于它而言网络不仅仅是资源的通道和访问的入口,更是其运行的基础。数字图书馆核心的资源不是静态的数据,而是生存于动态网络环境中的数字图书馆用户,不是孤立的上网用户,而是依托于网络社会群体中的成员。数字图书馆的技术性意味着它的建设主体必须具备极强的技术应用能力,数字图书馆的网络社会性决定了它是以协同、协作为前提的社会化服务体系,而不会是一个孤立的系统和组织所建立的某种服务。这里我们有意地忽略了通常意义上的数字图书馆最关键属性——数字资源属性。在传统的数字图书馆建设理念中,数字资源始终是其核心价值所在,但是从更广阔的视角来看,在一个信息化高度发达,网络无所不及的条件下,数字图书馆的核心是对于资源的收集和组织,而这依托的正是技术和其网络社会性,资源生产工作本身反倒不是它的核心工作,正如图书馆不会着力出版书籍一样。

从这两点来看,Google 数字图书馆的发展非常符合这一要求,一方面 Google 拥有最强大信息处理能力,另一方面 Google 数字图书馆、Google 学术搜索等是以协作方式与全球的出版集团、图书馆系统、学校科研机构等合作来实现资源服务的。这一项目在全球范围内受到普遍欢迎,世界各地的重要组织都积极地参与其中。尽管该项目推进过程中不断遭遇到法律及文化问题,但是从项目的成长来看,它更符合整个社会信息化的潮流,更符合人们的操作习惯和需求,是数字图书馆建设的重要方向之一。

与之形成鲜明对比的是传统图书馆建设数字图书馆时的困难与艰辛。尽管图书馆人在数字技术应用方面做了相当多的投入和实践,但是大多数情况下,我们看到却是由于资金和技术的限制而无法"完善"的数字图书馆项目。即便是一些国家级数字图书馆工程也面临类似的问题。究其根源就是对于数字图书馆认识的不到位,没有真正把握数字图书馆的网络社会属性和其技术复杂性,试图仅仅通过单位自身或者是图书馆行业范围内的努力就完成这一社会工程,其结果必然不会尽如人意,出现虎头蛇尾的局面。

因此,准确地认识数字图书馆的性质,把握自身的价值与优势,形成协作发展、共同进步的理念将是数字图书馆进步和发展的必然要求。就图书馆人来说,就是要坚持有所为有所不为的原则,充分认清自身的优势与不足,有效利用网络社会中的各种技术、内容和协作资源,通力合作、共同建设。

8.1.2　全民的参与

数字图书馆不应当成为政治领导和部门长官的工程,也不单是工程建设者的任务,更不仅仅是专家学者的工具,而是全民知识服务和社会信息化体系的重要组成部分。它的成败关乎民生和社会发展,因此必须坚持"紧密联系群众,从群众中来,到群众中去"的工作方法。作为一个为公众提供知识服务的系统工程,全民的参与既是数字图书馆自身价值体现的最好方式,也是完善和推进其服务能力的最好手段,应着重从以下三点推进。

(1)提高全民意识

提高全民意识就是要把数字图书馆的理念深入人心,让人们从心底里知道并认可数字图书馆,对于数字图书馆的服务能力和服务方法有正确的认知和理解,让人们意识到数字图书馆是与人们相伴而行的知识服务,而不是局限在城市中心那个建筑里的高精尖设施。

提高全民对于数字图书馆的认识首先需要加强宣传工作。只在图书馆里宣传数字图书馆是远远不够的,而且容易引起误解。在传媒技术飞速发展的今天,充分利用各种传播手段,通过多种方式宣传数字图书馆的存在及价值是提高群众认知程度的重要方式。数字图书馆是依托于网络而存在,因此如何在网络中获得更为有效的宣传是其宣传工作的核心,通过加强网站的SEO(搜索引擎优化)、与各种网络服务深度整合都能够起到很好的宣传效果。

有效的教育措施是提高全民意识的重要手段。以前,刚进校的大学生都会接受为期几天的图书馆利用方法的教育,以便在今后的学习过程中掌握利用图书馆获取知识的技能。在数字图书馆兴起的今天,数字图书馆的使用也应成为学生学习的必修课程,而且与以前不同,数字图书馆可以不局限于大学校园,网络的无限通达使得即使是边远的小学也能够获得同样的知识。因此,从小培养的数字图书馆利用意识将是数字图书馆深入人心的基本方法。

教育不仅仅存在于校园,针对社会各阶层、不同背景、不同文化、不同年龄的全民知识普及同样必不可少。我国正处于社会发展和转型期,这种针对社会公众的相关教育工作尤为重要。这就需要政府以及社会各界在推动数字图书馆服务普及方面加大力度,国家的各项文化惠民工程、企业以及各种专门组织的培训工作都是推动数字图书馆教育普及的重要手段。

（2）创造全民参与的环境

与推动全民数字图书馆意识同等重要的是创造全民参与的服务环境。在数字图书馆建设领域曾经存在一个错误的认识:数字图书馆就是一个网站,只要把电子书籍放在网站里就可以了。这种思想是从根本上排斥了用户参与对于数字图书馆发展的作用和意义,因而也就无法取得群众的信赖。

在全民参与环境的建设上,首要考虑的接入环境的建设。互联网虽然无限可达,但是民众未必可以随时随地地接入到互联网。国家投入大量资金建设的基层信息服务网点,如文化共享工程基层服务点、公共电子阅览室、城镇街道文化站等正是这种全民参与环境的有效措施之一,它们能够成为城市普通居民、进城务工人员,以及广大农民的重要参与环境。

在移动互联网飞速发展的今天,手机等移动终端设备已经成为全民接入互联网的最有效手段。摆脱简单的网站建设观念,提供能够更加贴近群众的移动知识服务将为全民参与的数字图书馆提供更为广阔的空间。同时,电视图书馆等服务方式也进一步拉近了人们与数字图书馆的距离。

相比接入环境的建设,更为重要的是数字图书馆在建设服务理念上要吸纳民众的参与。传统的图书馆理念中,民众只是服务对象,图书馆馆员才是图书馆建设的主体。但是,在网络条件下,这一局面具备了发生本质改变的可能。一方面,数字图书馆的知识深度和复杂度都远超传统的图书馆,知识的深度组织需要广博的行业知识与经验,而不仅仅是图书馆学的知识,民众的参与将成为弥补图书馆馆员知识不足的根本手段;另一方面,数字图书馆不是知识的静态存储,在一个不断变化的数字环境下,数字图书馆的知识也在不断地更新变化,群众既是这一变化知识库的使用者,更是这一变化知识库的创造者。因此,开放服务的数字图书馆不仅仅是公众的服务机构,更是大家共同建设的知识平台,成为全民参与的环境本身。

(3)引导和开发全民需求

今天,有很多数字图书馆项目规划得很好,完成得也不错,但实际使用效果却并不理想。究其原因就是对于用户需求的理解和引导都不到位。这点正如数字电视推广过程中所遇到的问题一样,数字电视作为一项先进技术没人否认,但是它所提供的服务与民众的需求相差过大,难以为人所接受,因而陷入长期的发展困境,不得不借助行政手段才能继续推行。

数字图书馆作为一项公众服务在提高数字资源含量和服务效能的同时应积极加强用户需求的开发与培养,使用户认同数字图书馆的服务方式、服务理念与服务手段,要让用户通过使用数字图书馆获得比其他途径更快捷更准确的服务,这样才能有效调动全民使用的积极性。引导和开发全面需求的另一个重要意义在于,通过这样可以持续地提高数字图书馆的服务能力和水平,使之与群众的实际需求相配合,而不会演变成为一个针对数据管理的设施。

8.1.3 拥抱变革容忍挫折

在经济学理论中有一个著名的"创造性破坏"[①]理论,意思是创新就是不断地

---

① 　美籍奥地利经济学家约瑟夫·熊彼特(Joseph A. Schumpeter,1883—1950)在1912年出版的《经济发展理论》一书中指出,企业家就是"经济发展的带头人",也是能够"实现生产要素的重新组合"的创新者,其作用在于创造性地破坏市场的均衡(他称之为"创造性破坏")。他认为,动态失衡是健康经济的"常态"(而非古典经济学家所主张的均衡和资源的最佳配置),而企业家正是这一创新过程的组织者和始作俑者。通过创造性地打破市场均衡,才会出现企业家获取超额利润的机会。"创造性破坏"就是不断从内部使这个经济结构革命化,不断地破坏旧结构,不断地创造新结构。

从内部变革经济结构,不断破坏旧的,同时创造新的结构,创新与破坏就是相伴而行的一个事物的两个方面。我们将信息化看作是一种变革的力量,就是因为信息化发展过程对社会原有体系、原有制度、原有生产模式会产生一种破坏,同时通过新技术的引入形成一个更加有效、更加合理的新体系、新制度和新生产模式。但是,在实践过程中,人们往往会过度关注于新技术所产生的新花样,将新技术的应用看成是变革本身,却忽视了新技术只不过是变革过程中的实现工具。总是希望在不改变原有运行环境的前提下,利用新技术来改善现有局面。但是,无数实践的结果证明,脱离了新技术所赖以生存的变革环境,新技术本身的活力就将大打折扣,甚至成为一种累赘。因此,对于信息化建设,人们必须以一种开放的心态,以一种变革的精神来看待和迎接。

就数字图书馆的建设和发展来看,我们要充分意识到数字图书馆是整个社会信息化发展到一定程度后人们对于知识所求的必然结果。它所突破的远远不是纸张本身,它所带来的也绝不只是更为方便的图书浏览,它生存在一个信息高度发达的时代、一个出版和传播即将或已经全面网络化的时代,它既是这一变革的结果,也是这一变革的参与者和推动者。尽管将数字图书馆看做是消亡传统图书馆的工具的想法过于简单,甚至不太可能,但数字图书馆的运作方式将是对传统图书馆的彻底颠覆是毋庸置疑的。

因此,数字图书馆的建设者应当拥有强烈的变革精神,以发展的眼光去看待这项事业,积极投入到社会信息化所造就的变革大潮,而不是将信息技术孤立地看做是传统图书馆千年不变业务的又一次管理和服务效能的提升。

但是,变革就意味着选择和风险,就意味着可能成功,也可能失败。即使对于创新的领军者也是如此。例如,摩托罗拉曾是手机世界的王者,为了实现随时随地通话的目标,它建设了创造性的铱星系统[①],试图通过环绕全球的 66 颗通讯卫星实现全球无盲区的服务。但是当这个创新产品投入使用时,运营商的手机移动网络

---

① 铱星系统是由美国铱星公司委托摩托罗拉公司设计的一种全球性卫星移动通信系统,它通过使用卫星手持电话机,利用卫星可在地球上的任何地方拨出和接收电话讯号。为了保证这种通讯功能,它在设计上采用了 77 颗地轨道通讯卫星,正好与化学元素铱的 77 个核外电子数量相同(也是铱的质子数),这就是它名称的由来。不过最后调整为 66 颗。铱星系统开创了全球个人通信的时代,是现代通信的一个里程碑,使人类在地球上任何"能见到的地方"都可以相互联络。其最大特点就是通信终端手持化,个人通信全球化,实现了 5 个"任何"(5W),即任何人(Whoever)在任何地点(Wherever)、任何时间(Whenever)与任何人(Whomever)采取任何方式(Whatever)进行通信。但是随之而来的 2G 手机的普及,以及地面通讯网的发达,使得铱星在使用上的方便性和成本上都失去优势,最后只能黯然离去。而移动电话的开拓者摩托罗拉在之后的 2G 手机领域也逐渐败退,最后被 Google 收购。

基站已遍布了全球,曾经的"盲区"已基本消失,而且相比卫星通讯来说,基站服务的方式价格很低,创新的铱星也就此失败。

就数字图书馆而言,无论在国内还是国外它都是一个全新的事业,它的每一次成功都很难有现成的案例可供参照,都会是一次切实的突破。这同时也意味着它的发展道路上也会有波折,这既需要各界的理解,同时也需要建设者们能够深刻地反思,将这种挫折看做是宝贵的经验,容忍挫折珍惜机遇。不过,相比于因变革而遭遇的挫折,瞻前顾后、裹足不前的信息化政策则更为可怕。尽管担心挫折而谨慎小心是合理的思路,但是因此而采取过度保守的政策则往往会导致更大的损失。因为在一个急速变化的环境中,不变本身就是在朝一个错误的方向前进,这样的例子在信息行业中比比皆是。即便是在传统图书馆所建设的数字图书馆这种相对稳妥的领域,保守策略所造成的损失也很巨大,很多图书馆里配备的先进但不知如何使用的计算机设备就是这种建设理念的所呈现的结果,而且更为严重的是这种保守会带来思想和理念上的长期束缚。

8.2　数字图书馆评价指标

一个工程建设应该有其相应的评价指标,从而能够衡量工程水平,确保工程质量。数字图书馆作为一项以数字技术为基础、网络服务为手段的新型信息组织和服务方式,有效的评价指标既是工程建设的需要,也是工程发展和服务的要求。它不仅仅能够作为数字图书馆的设计者、管理者、用户之间沟通和评价的工具,更有助于检验一个数字图书馆为其用户提供的服务效用如何,从而引导数字图书馆的建设及其健康发展。但是,现阶段还没有一个官方的,或者是被普遍认可并采用的数字图书馆评价指标体系。因此,这里我们将先从已经较为稳定的公共图书馆评价体系指标入手,分析其中的数字信息服务特点,然后简要介绍现有的数字图书馆评价指标体系研究成果,并在最后提出关于数字图书馆核心指标的一些想法。

8.2.1　传统图书馆评价指标

图书馆作为一个传统的用户服务机构,其核心业务和运行机制一直非常稳定,因此其评价体系也较为明确,这里以文化部所颁布的公共图书馆评估定级指标为例来说明。该标准最早形成于 1994 年,最新细则公布于 2009 年,包括了省、地市、县公共图书馆和少儿馆共六级图书馆的评价指标和方法,共 7 个大类、100 多个指标的评价内容,满分 1000 分,基本涵盖了公共图书馆的主要工作内容。同时对于建筑面积、财政拨款、本科以上比例、图书年入藏数量、年外借册次、信息化建设、文化共享工程、古籍保护、读者满意率等九个关键项目提出了限制性指标[2]。

表8-1　公共图书馆评分标准划分

分类	省级馆	省级少儿馆	地市级	地市级少儿馆	县级	县级少儿馆
办馆条件	180	215	180	240	240	240
基础业务建设	250	235	220	230	255	240
读者服务工作	270	290	310	280	260	290
业务研究、辅导、协作协调	120	110	120	110	90	90
文化共享工程	80	50	50	20	50	20
管理	80	80	100	100	85	100
表彰、奖励	20	20	20	20	20	20

从表8-1可以看出，尽管图书馆的类型级别不同，服务人群也不尽相同，但是其基本评价指标和权值还是非常稳定的，反映了各级公共图书馆业务的稳定。这里我们更关注的是与数字服务相关的数字化建设在图书馆中的地位。由于数字化建设在评级指标中未作为单独一项，因此我们需要细分并统计。以省级图书馆为例，与业务数字化相关的项目有：办馆条件中的现代化技术设备40分；基础业务建设中的电子文献年入藏量10分、地方文献数据库4分、联合编目20分、数字化建设35分（另有自动化建设的10分未列入）；读者服务工作中的数字资源服务40分；业务研究中的网上联合目录10分；以及文化共享工程40分（总共80分中经费、培训、指导站点建设、共建共享、制度建设未列入），共计199分，大致占总评分的五分之一。相对应的地市级和县级图书馆数字化建设总分分别为130分和80分。这基本反映了不同规模的公共图书馆对于数字资源信息化服务和数字图书馆的定位与认识。

另外，我们还可以从具体评分细则来分析。以省级图书馆为例：电子图书年入藏量5000种的指标为印本图书年入藏数量3.5万册的七分之一，数字资源利用10万篇次/年的指标也只有年外借册次的五分之一，同样也反映出了数字化服务在省级图书馆服务的从属和辅助地位的性质。同时，也反过来证明了图书馆建设的数字图书馆服务系统效能较低的现实。

为了更好地理解传统图书馆对于数字化建设和服务的认识，这里我们按照后台硬件设施、用户服务设备、软件、服务、专业活动、资源内容建设等几个方面重新分配上述标准中的指标分数,得出省、地市和县级公共图书馆的数字化建设评分体系如表 8-2。

表 8-2 公共图书馆数字化项目评分划分

内容	省级		地市级		县级	
	指标	评分	指标	评分	指标	评分
后台硬件设备	宽带、存储容量、共享工程资源渠道及配置	35	宽带接入、共享工程地级支中心建设	15	网络对外接、县级支中心建设	15
用户服务设备	计算机数量、OPAC 数量、信息接入点	25	计算机数量、OPAC、馆内局域网	25	计算机数量、馆内局域网	25
软件	网站的结构、内容、美工等	7	网站的结构、内容、美工等	15	图书馆网站	5
服务	网上服务、资源利用、网站访问量、共享工程活动	43	网上服务项目	10	地区联网服务	5
专业活动	联合目录相关工作	20	联合目录相关工作	20		
资源内容建设	数字化、文献入藏、地方文献、联合目录条数、共享工程资源建设	69	电子文献入藏、数字化、地方文献数据库、	45	文献年入藏量、数据库建设	30

将上述数据转化成柱状图,见图 8-1,能够更加清晰地显示出现阶段公共图书馆在数字化建设和服务领域的几个特点:

①强调资源建设。无论哪一级图书馆,其数字化资源建设占据的绝对和相对分值都是最高的。

②基础设施投入占用的比例比较一致,尤其是用户服务设备方面的投入。

③在数字资源服务方面差距显著。省级的服务评估分值是地市和县级的 4 倍和 8 倍多,这种差距主要是由于各级图书馆数字服务手段多少造成的。但是,应该

说在互联网条件下,不同的图书馆在数字资源服务能力方面应该说是相当的。因此,这种差距实际上是反映现阶段公共图书馆在互联网上的数字资源服务还非常有限,更多的还只是评价馆内的数字资源服务。

④软件比值最低。在实际评分细则中并没有明确的软件项目,这里是将网站建设部分列入了软件建设领域,这也说明了公共图书馆在数字化建设中对于软件的认识还不充分。而且这也与公共图书馆在实际建设过程中重视设备投入,而轻视软件开发的现状相一致。

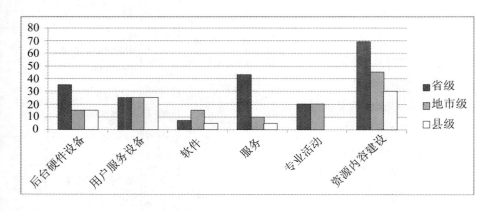

图8-1 公共图书馆数字化项目评分划分

8.2.2 数字图书馆评价指标体系

与数字图书馆工程建设方面红红火火的局面形成鲜明对比的是,现在关于数字图书馆的评价指标仍主要以研究为主,尚未形成普遍接受并实际用于工程指导的指标体系。

国外数字图书馆评价研究主要集中在研究项目和标准规范两大方面。这里最具代表性的有:以电子资源及其使用评价为主的 E-Metrics 项目、以数字图书馆服务质量评价为主的 DigiQUAL 项目、以电子服务绩效评价及评价工具为主的 EQUINOX 项目,以及 ISO 2789:2006《信息与文献 国际图书馆统计》和 COUNTER 网络电子资源在线使用统计等标准规范[①]。

国内对于数字图书馆评价体系的研究更多的是从图书馆信息化建设与服务的

---

① 参考资料包括:Association Of Research Libraries. Measures For Electronic Resources（E-Metrics）Complete Set,2002. 以及 http://www.digiqual.org/. http://equinox.dcu.ie/reports/pilist.html

角度来衡量数字图书馆建设指标,实质上是图书馆信息化与数字图书馆服务的复合指标。如:吴建华设计的"211大学数字图书馆评价指标体系"共有5个一级指标、24个二级指标,包含有无线上网总量最大并发用户数、读者用计算机数量、数据库经费占图书经费的比例、大学馆藏资源目录上网比例、电子资源整合入OPAC的比例、用户在校外资源的可访问性等多个传统信息化和自动化服务项目,约占指标总数的四分之一。而以国家数字图书馆工程建设为经验所形成的数字图书馆评价指标体系将这一趋势更加细化,形成了总共包含五大类(馆藏、服务、技术、管理、综合效益)、21小类、119个子项的体系框架[3]。其中从事数字图书馆业务正式人员与非正式人员比例(年度)、数字资源采集与印本文献采集的重复率、用户使用数字资源与印本文献用户数比率、中高级职称所占比率、馆内计算机终端使用率(年度)、年人口流动率等与人事、馆内服务及印本书籍直接相关的指标,更是只有传统图书馆所建设项目才能应用的指标。

这些研究项目对于以图书馆等公益性文化机构为建设主体的数字图书馆的快速发展起到了很好的指导和推进作用,但是由于项目设立时就明确了其以传统图书馆为基础的前提,因此也就约束了上述评价体系的应用范围,并不适用于网络条件下其他类型的数字图书馆。因此,进一步研究能够适用于多种类型数字图书馆,尤其是那些与传统图书馆无关的纯网络服务的数字图书馆评价指标体系,将会是今后的一项重要工作。

8.2.3 关于数字图书馆核心指标的思考

上述的数字图书馆评价指标体系是一种较为完善的综合评价体系,是衡量数字图书馆综合性能的手段。但是,在现实需求中我们往往只需要几个关键指标作为数字图书馆服务能力和价值的评价标准,这样既直观又方便,我们在这里称之为"核心指标"。比如传统图书馆有两个非常重要的核心指标,一个是藏书量(按册或万册标准);另一个是建筑面积(按平方米或万平方米计量)。从信息的角度来看,藏书量就是图书馆的实际信息容量,建筑面积意味着可能的最大信息容量和可能的信息最大流量(用户量)。

如果将上述观点直接延伸到数字图书馆领域,就会形成数字资源总量和存储空间容量两个衡量指标。而且,现实中这两个指标也确实成为绝大多数数字图书馆的核心指标。比如国家数字图书馆在其立项建议书、初步设计方案、详细设计方案中就分别确立了175.76TB、340TB、660TB(在线存储不小于150TB,近线存储不小于150TB,永久保存能力不小于360TB)的存储核心指标。而在数字图书馆推广工程中更提出了超乎想象的 10 000TB 容量的指标。

但是,通过前面的分析我们会发现这样的核心指标存在一些缺陷。尽管今天的大多数数字图书馆项目都只是以提供馆藏数据为主要方式的,但是从长远来看,数字图书馆作为一个网络信息服务体,它的核心绝不只是自身所保存的数据,而是它所提供的网络资源组织能力,它最大的资源库不在自身的存储系统内,而在整个互联网中。所以,以存储容量为核心指标的数字图书馆实质上仍停留在传统图书馆建设的思路上,只能作为数字图书馆的一项重要指标,而不适合作为决定数字图书馆今后服务能力和发展的最核心指标。

因此,从面向未来发展的角度来看,数字图书馆的核心指标应以反映其在网络环境下的管理信息和服务用户的能力为原则,至于其所管理的信息是在本地,还是在远端,或者只是一个链接,都不重要。前者可以使用可检索条目数或可连接数据库总数为指标,后者可以用访问用户量或检索用户量为指标。相比于静态的存储容量指标,这些指标更为动态化,并且与信息化的发展和用户的需求更为接近。尽管在一定范围来说可检索数据量和数据容量有一定关系,但是在网络信息服务中,这种关系已经非常弱,没有必然关系。而对于用户来说可检索量比存储数据量要有意义得多。而从系统角度来说,用户访问量的指标也比存储空间总容量要实用得多。

尽管,这些指标在现有的数字图书馆指标体系中都已存在,但是作为核心指标它们却有不同的意义。将静态的容量指标变成动态的访问和连接数指标,反映的是对于数字图书馆认识的根本改变。这点对于公共图书馆为主体的数字图书馆建设尤为重要。

8.3 关于数字图书馆建设的思考

社会的信息化是数字图书馆发展的根本动力。准确把握信息时代下的社会信息生活发展的潮流,正确认知自身所处的地位及新时代下的优势,合理有效地利用信息技术和数字资源是数字图书馆未来发展建设的根本所在。

工业革命的历史告诉我们,产业分工细化,资源聚集利用是大生产的根本。信息革命继工业革命而出现,它在重组整个社会生产生活体系的同时,实质上是对于整个社会分工的一种更高层次的细化和优化,利用互联网络,信息资源、人力资源、知识资源得到了比工业环境下更好的调配。云计算模式代表的是信息技术产业深度的分工与细化,物联网代表的是信息产业与社会生产生活的深度融合,网络社会的迅速崛起则是整个社会全面信息化的直接反映,苹果手机的崛起就是这一系列变革的最好注释。

在数字图书馆建设初期,人们希望通过将现有资源数字化后,建设成资源库,通过互联网提供服务的方式实现数字图书馆。但是随着网络社会的发展,人们逐渐意识到网络时代下的数字图书馆绝不只是现有资源的数字化,更不会仅仅停留在书籍的数字形式,传统数字资源库的联合服务最多只能是数字图书馆的一个基本功能而已。社会生存环境的转变,用户对于信息需求的迫切,以及信息和文化产业的变革都决定了今天的数字图书馆必须重新审视自己的定位和方法。试图在一个部门或行业内就完成数字图书馆的全部功能既无必要,也无可能。数字图书馆必须融合到社会信息化生活之中,从中获取资源,从中获得支持,并回馈于整个信息化社会才是根本之路。

因此,我们认为今后的数字图书馆建设的基本思想是业务功能的分工与细化。传统图书馆的服务职能,在数字时代下、在网络社会中将由多个实体协作完成,各司其职共同发展。传统的图书馆将更专注于业务服务,网络信息服务商将更专注于技术与平台的搭建,数字资源服务商将更关注于产业链和商业链的整合,公众则从单纯的用户演变为整个信息和知识服务的构建者,数字图书馆将成为整个社会信息服务的活动平台,而不只是一个资源库。

中小型的传统图书馆将成为数字图书馆的终端实体节点和重要的活动环境,利用优雅的阅读环境,以及比家庭中更优良的通讯和服务平台为公众提供更为直观的信息体验。图书馆中不再需要服务器和本地的资源存储,也不必安装和维护专业的应用软件,图书馆工作人员将是专职的业务人员,而非技术人员。

大型图书馆也不再以建设复杂的数字图书馆服务系统为目标,其数字图书馆工作将主要围绕数字资源长期保存、珍贵资料数字化、项目科研、标准化研究、服务体系推动、专题内容建设,以及主题活动等为主。其数字图书馆系统更多地关注内部业务流程而不是外部资源服务,它的设备和软件将以专业和特殊设备为主,而不是以通用的庞大存储空间和计算设备为主要目标。

网络用户日常访问的数字图书馆门户将缩减到有限的几个,这类网络门户将是极为复杂的信息系统。具备极强的数字资源收集、组织和检索能力,以及极强的用户行为判别和语义分析能力。它的数字资源可能存在本地数据库,也可能保存在网络空间的任何地点;它与图书馆的数字资源库间将形成深度的链接,并在自己的系统内对内容体系进行重新组织和划分;它与商业资源提供者将是互助协作的关系,通过与社会信用体系及商业系统的结合将具备良好的支付功能;它与数字出版、发行、零售行业将深度融合,现有的行业界限会被打破,新的融合体系将在其中诞生;它将会逐步嵌入到社会生活的各个应用当中,让人们不知不觉中已经享受数字图书馆。而这一过程将由整个网络信息服务市场来推动,最终由公众决定谁的服务更好。

网络时代的出版、发行、图书零售行业也将在很大程度上与数字图书馆相融合,因为从数字形式来看,看书与买书并无本质差异。网络书店本身就具备了数字图书馆的书籍浏览功能,数字图书馆在一定范围内也可以承担书店的销售职能。两者的相互融合将大幅度加强整个数字内容的建设水平和服务能力。公众将成为最大的受益者。一方面,数字图书馆将提供更加便捷、智能、有效、低廉的信息服务;另一方面,公众将成为社会信息服务的主体,他们以个人或者网络社群、网络团体的方式为数字图书馆提供知识和信息服务。在有效改善传统图书馆业务中服务主要由馆员来承担所导致的知识和人力不足的同时,也为整个社会的发展提供了互助互利的良好氛围。

在这种职能分工更为细化,产业融合更为深入的环境下,传统的专业图书馆所建设的专项和专业数字图书馆仍然会有良好的发展空间。行业的分工与细化从来都是针对主流方向而言的,少数的几个公众数字图书馆门户可以满足社会大多数人的大部分要求,但并不能包打天下。针对特殊研究和爱好的专业数字图书馆能够更好地适应用户的部分要求,与今天不同之处在于,云计算平台将为这类数字图书馆提供良好的基础支撑,人们可以将全部注意力集中于内容本身而不需要过度关注设备和系统的建设。

总之,社会信息化的发展,必将导致数字图书馆建设的社会化与资源共享,这将是比今天我们所提到的简单的内容分享的共享形式更为深刻的资源共享,从而为社会的发展和人类的进步奠定基石。

参考文献

[1]Project Success And Failure:What is Success,What is Failure,And How Cam You Improve Your Odds For Success?. http://www.umsl.edu/~sauterv/analysis/6840_f03_papers/frese/

[2]文化部办公厅关于开展县以上公共图书馆第四次评估定级工作的通知. http://www.gslib.com.cn/xh/pgdj/2009pgdj/09pgtz.htm

[3]赵悦,申晓娟,孙一钢.数字图书馆评价指标体系.数字图书馆论坛,2011(7)

9　数字图书馆的发展

　　分析数字图书馆的建设历程是研究数字图书馆发展的最好手段,也是人们理解数字图书馆建设原理和未来走向的最好实例。不过,在信息革命的推动下,全球数字图书馆建设和研究工作如雨后春笋般不断涌现,现在已经很难像十多年前,甚至是几年前那样,详细地罗列出各国的数字图书馆项目。因此,这里我们将从几个主要国家的关键项目以及我国的部分数字图书馆项目入手,展现数字图书馆的建设发展历程。

9.1　国外数字图书馆的发展

　　从 20 世纪 90 年代初①开始到现在,国外数字图书馆的创建活动已具有 20 多年的历史,与其他行业的信息化应用一样,数字图书馆在不断吸收信息技术最新发展成果的同时,也在不断的创新服务模式、提高服务质量、完善服务手段。更为重要的是数字图书馆建设者经过不断的探索与实践,已经深刻地认识到了信息革命所带来的知识、环境和需求的巨大变化,在继续努力加强自身服务能力的同时,也在积极地推动与各种专业信息服务机构的深入合作,从而更加有效地参与到信息时代下社会化分工体系之中。

　　在这个过程中,数字图书馆创建活动的参与国,从 1990 年的英、美两个国家逐步扩展到主要的发达国家,如今世界各国已接受了数字图书馆的概念,并根据本国特点,从不同角度推动数字图书馆的发展。从全球来看,作为国家信息基础设施组成部分的数字图书馆正在健康发展,并继续向前迈进。这里我们以美、英、法、日、俄罗斯,以及世界图书馆项目 Google 数字图书馆为例,简要地介绍国外数字图书馆的发展情况。

---

　　① 这里主要考虑工程实践,而没有按照 Robert E. Kahn 和 Vinton G. Cerf 发表的 “The Digital Library Project Volume I:The World of Knowbots,(DRAFT):An Open Architecture For a Digital Library System and a Plan For Its Development” 的时间来计算,如果按照该文章的时间,则应为 1988 年。

9.1.1 美国

美国是全球最早从事创建数字图书馆活动的国家,也是数字图书馆研究和实用化程度最高的国家,在项目数量、技术深度、研究和建设进度,以及涉及范围等方面都走在世界的前列。而且,其数字资源特别是原生数字资源量极大,为数字图书馆的建设与服务提供了有力的支撑。

20 世纪 90 年代初期,美国政府提出的建设"信息高速公路"计划,引发了全球范围内的信息技术革命,也带动了数字图书馆的快速建设与发展。1992 年的"俄亥俄图书馆和信息网络计划"是最早的数字图书馆相关建设工作之一,该计划由 17 所知名大学和州立图书馆合作实施,将大学校园与州立图书馆相互连接,并向当地社区学校、图书馆和其他机构开放[1]。

在许多国家,图书馆在传统意义上来说是一项社会公益服务,属于政府职能。但是,美国作为最发达的资本主义国家,其市场经济理念不仅贯穿整个经济领域,在数字图书馆这种社会服务系统中同样也有着深刻的反映。那就是由国家主导并支持数字图书馆的研究、探索和实践工作,在技术和环境成熟后,鼓励私人企业和机构使用上述成果,以市场的力量来带动整个服务的发展。

美国数字图书馆的管理机构主要是国家科学基金会(NSF),由国家研究创新公司(CNRI)具体进行技术指导与协调,并通过多方合作的模式进行推动,这其中最为重要的就是 1995 年成立的国家数字图书馆联盟(National Digital Library Federation)。这些组织和机构推动了多项具有划时代意义的数字图书馆探索和建设项目,其中较为著名的项目有:数字图书馆先导计划、美国往事和 NSDL 等。

但是,这些工程项目无论最初如何定位,更多的还是一种学术与研究性的项目,在公众中的影响力相对有限,在全球信息化浪潮中未能有效地体现出其巨大的资源价值。改变这一局面的则是亚马逊的 Kindle 和 Google 数字图书馆。这里我们将主要描述与美国政府和图书馆相关的一些数字图书馆建设项目,关于 Google 数字图书馆将在后面专门涉及。

美国的数字图书馆发展还有一个重要的特点,就是其关注重点主要在各类研究方向,因此其课题主要由高校来牵头,依托高校的科研优势,形成了一条以技术为主导的发展路线,这与我国以工程建设为主的发展思路差异非常显著。

9.1.1.1 美国国家数字图书馆联合会(DLF)

美国数字图书馆联盟(Digital Library Federation,DLF),原名国家数字图书馆联盟(National Digital Library Federation,NDLF),它是图书馆和相关的机构组成的联

盟,致力于倡导应用电子信息技术来扩展图书馆的馆藏和服务。1995 年,在美国国会图书馆的建议下,包括国家档案与记录管理局等国家行政和事业单位,以及哈佛大学、耶鲁大学、康奈尔大学等大学院校共 15 所研究图书馆和档案馆联合成立了国家数字图书馆联合会 NDLF,开始进行较大规模的国家数字图书馆规划(National Digital Library Program,NDLP)。在开始阶段,NDLP 的管理及网站均放在美国国会图书馆,进行的主要项目有:美国国会图书馆的"美国往事"(American Memory),密西根大学与康奈尔大学合作的"美国的形成"(Making of America)等十多个项目。

1997 年,美国成立了图书馆与信息资源委员会(Council on Library and Information Resources,CLIR),它是一个由图书馆和相关机构组成的联盟,这些联盟机构都是利用电子信息技术拓展其藏品和服务的杰出代表。目前,成员单位一共有 62 家[2]。联合会有一个专职主任,一小支员工队伍,指导委员会的成员来自每个成员单位。通过吸收本联盟成员,以及学术界、图书馆界和计算机界的专家,共同支持联合会每项创新计划的开展。图书馆与信息资源委员会负责提供场地,进行行政管理,并协调各类出版物的出版工作。联合会运行的资金来源于成员单位与拨款。CLIR 成立后,国家数字图书馆联合会 NDLF 改由 CLIR 直接管理。

1997 年 9 月,DLF 咨询委员会去掉了"国家"字眼,目的在于:强调联盟不是美国政府的组织;同时,试图建立消除打破国家界限的数字图书馆基础设施。目前 DLF 已经打破了国家的界限,吸收了包括后来加盟的大英图书馆、牛津大学图书馆、亚历山大图书馆等,已经成为国际性的图书馆联盟。

从 DLF 成立后的活动看来,DLF 致力于下列研究:数字图书馆的结构、标准、保存和使用;电子期刊的档案;使用于教育的在线藏品;学者扩展存取使用资源的因特网服务;图书馆在未来的作用等。DLF 通过美国原有的风险投资和激励机制的运作,在体系结构、数字资源保存、藏品开发、标准与实践、信息利用等方面取得了丰硕的成果,其早期的主要研发活动可以参考"附件 1"。

总的来说,DLF 在全美数字图书馆建设实施中起着引导数字图书馆相关标准发展的重要作用,例如:明确引导美国数字图书馆走 Web 技术标准的道路(以 XML 为开发的基础平台;采用一系列 Web 技术标准;达到数据一次加工可适应长期多种方式调用;实现高效灵活的跨库无缝检索等)。

在数字图书馆的具体建设方面,DLF 制定出了一系列实际可操作的基准条例,尤其是元数据方案和长期保存数字资源方案,首先由成员单位推广实施,进而推向全国,对于实现规模型的数字图书馆群,发挥了重要的保证作用。

9.1.1.2　美国科学基金会（NSF）领导的数字图书馆研究计划

（1）数字图书馆先导计划（DLI）一期（1994—1998）

美国数字图书馆先导计划（Digital Libraries Initiative，DLI）是由美国三个最著名的基础和应用研究机构：国家科学基金会（NSF）、美国国防部高级研究计划署（DARPA）和美国航空与宇航局（NASA）联合资助的一项数字图书馆项目，该项目由于后来有了接续的计划，而被称为数字图书馆先导研究计划第一期（DLI-1）[3]。一期项目为期4年，从1994年开始到1998年结束。

1994年9月，美国科学基金会的DLI项目组从73个候选项目中正式遴选了6个项目，投资3000万美元，开始了为期4年的研究，该计划还要求每一个承担单位配套提供等额或数倍于国家投入的资金，最终确定的6个项目可以参考"附件2"。先导研究计划一期从研究目标、形式到项目的内容范围、检查与验收办法等，都作了详细的规定，非常明确。

其目标是：促进数字资源的收集、存储和组织的手段，使之能够以一种对用户方便的方式，通过网络进行查询、检索和处理。

项目人员构成强调要有各方面的专家合作进行，包括研究人员、应用开发人员和用户。先导计划一期都是由大学主要负责，但参加人员包括以下四个方面：数字图书馆的用户、商业公司（软件开发商、股票交易所、设备制造商和通讯公司）、公共或个体信息提供商、相关的计算机和其他科学技术研究团体（学术团体、超级计算机中心和商业化实验室等）。

项目主要鼓励以下方面的研究：数字信息的获取、数字信息的分类和组织、海量数据的查询和筛选、可视化与交互技术、网络协议和标准、网络信息资源的利用、个人与群体行为研究、社会与经济问题研究。

（2）数字图书馆先导计划二期（1999—2003）

先导计划二期在一期工程的基础上增加了四家资助机构，包括：美国国家医学图书馆（NLM）、美国国会图书馆（LC）、国家人文科学捐赠基金会（NEH）和美国联邦调查局（FBI），以及三个合作伙伴，即：美国国家档案和记录管理局（NARA）、史密森学会（SI）、美国博物馆和图书馆服务协会（IMLS）。投资5500万美元，共有36个资助项目、16个特别项目、12个国际合作项目获得资助[4]。该项目的研究目的是开展数字图书馆相关课题的基础性、前沿性科学研究，开发下一代数字图书馆，为用户充分利用全球化、分布式的信息资源提供先进、可行的方法和技术。

该项目特点：①项目持续时间更长、经费有所增加。计划持续5年时间，费用总额从3000万美元增加到5500万美元。②资助方式有所不同。所有项目分为两类:单独的研究项目和多学科综合项目。单独资助项目1—3年,大型项目资助1—5年;从实施情况看,一些重要的大型项目允许突破这个限制。③研究目标有所侧重,重点提出三个中心,以人为中心、以系统为中心和以技术为中心;并突出了对超大型数字图书馆群的建设项目和语义网研究项目的支持。④极大地扩展了数字图书馆的应用领域。一期项目以研究为主,本期项目涉及许多专业领域。⑤加强了对项目的管理,注重项目之间的交流和成果的转化与推广。DLI-2的部分项目资料可参考"附件3"及"附件4"。

我国也参与了DLI-2项目的建设,由美国和中国共同申请了"CMNet(中文往事网络):朝向一个全球数字图书馆中文学习的美中合作研究"项目,中方牵头人为高文教授。

(3)美国国家科学数字图书馆(NSDL)

美国国家科学数字图书馆(National Science Digital Library,NSDL)是国家科学基金会资助的,用于提供科学、技术、工程、数学(Science,Technology,Engineering,and Mathematics,STEM)教学和科研资源的免费在线图书馆建设计划。它缘起于1995年NSF本科生教育委员会(Division of Undergraduate Education)的一篇概念性文章,并于1998年正式启动。截至2010年10月,该项目共包含了120个资源库和超过13.2万项主题[5]。

该项目是到目前为止美国政府资助的最大的数字图书馆研究项目,有近百个高校、学会及国家科学实验室参与其中。NSDL的主要目标是构建一个高质量的国家科学、技术、工程、数学数字图书馆,为各种级别(包括接受正式和非正式教育)的学生和老师提供一种非常广泛的信息获取途径和数字环境,包括丰富、可靠、经授权的教学资料及相关服务工具,并提供多媒体、交互式学习环境。其所提供的服务方式和计划的服务目标有:通过高品质的、具有前沿科学内容的互动资源去激发学生们的学习热情;利用Web服务帮助教师和学生增强他们的经验;通过软件工具和服务的方式帮助博物馆、非营利教育组织、学区和数字学习企业等机构,管理和传播数字教育内容;利用合作网络为教师提供专业发展机会;提供数字教育方面的最佳实践;促进各种教育技术的使用以及专业知识的传播。

在课题研究方面NSDL侧重于研究机制和服务手段方面的研究,主要资助三个方向的研究:①"馆藏方向"(Collections Track),但从2004年开始,"路径方向"(Pathways Track)取代了"馆藏方向"(Collections Track);②"服务方向"(Services Track);③"对象研究方向"(Targeted Research Track)。这其中最大的变化就是其研究重点从早期的重视馆藏资源转变为重视帮助用户"连接"资源,或者是找到符合他们目标的资源路径。

9.1.1.3 美国国会图书馆的数字图书馆项目

美国国会图书馆(Library of Congress,the United States)是美国的 4 个官方国家图书馆之一,也是目前世界上最大的图书馆,拥有近 1.45 亿项馆藏[6]。其数字图书馆项目最初是 1989 年开始的国会馆规划的一部分,即在该馆或通过联机检索向用户提供文献全文信息的服务,后来发展建设了著名的"美国往事",现在的主要计划有由国会图书馆牵头的美国国家数字信息基础设施和保存计划(National Digital Information Infrastructure and Preservation Program,NDIIPP),以及国际合作的世界数字图书馆项目(World Digital Library)等[7]。

(1)"美国往事"(American Memory)

"美国往事"[8]是一项旨在通过互联网为公众提供有关美国历史资料的网站。它所提供的内容包括由国会图书馆、其他公共图书馆、研究图书馆,以及个人提供的绘画、图书、音乐、手稿、照片、视频、音频等众多资源的数字化信息,这些资料主要用来反映美国的历史、文化和人文,并通过主题方式形成知识资源库。

"美国往事"起源于一项名为 American Memory Pilot 的数字资源先导试验项目,该项目从 1990 年开始直到 1994 年,主要是通过 CD-ROM 的方式将国会图书馆制作的珍贵数字资源发放给 44 个选定的机构。当这个实验性项目接近尾声时,图书馆对 44 个接受 CD 的机构进行了调查,发现用户的反响非常热烈,特别是中学师生们表示需要更多的数字化资源,但是 CD-ROM 制作和发放的困难也使该项目难以为继。不过,紧接而来的互联网大潮和 WWW 技术使得该项目有了新的发展。1994 年 10 月美国国会图书馆获得了新的 1300 万美元用于推进其国家数字图书馆项目(NDLP),于 1995 年正式启动了"美国往事"项目,并成为美国第一个真正意义上的全国范围的合作项目。1994 至 2000 年的五年之间,国会两党提供了 1500 万美元资助,同时公共部门和私人部门的密切合作使该项目得到了来自私人部门的 4000 万美元捐款。截至 2008 年年底,已有 1530 万件数字藏品可在国会馆网上使用,其中 110 万件来自合作单位。在"美国往事"网站的多媒体历史主题内容总计达 90 种。"美国往事"工程的成果,形成了对美国各级学校的爱国主义及历史教育巨大的知识后援[9]。

(2)全球网关(Global Gateway)

由美国国会图书馆六个区域研究科组负责的该网关,分为八大功能部分,除去该馆的外国资源索引之外,最重要的有两部分:在"通向世界的门户"部分中,实现了联结全球 150 个国家与地区庞大的电子资源,用户可方便地进行资源存取,但不可跨库无缝检索。在"合作的双语种、多媒体数字图书馆"部分中,包含美国国会图书馆与他国图书馆合作完成的三个数字图书馆项目,它们是:美国与荷兰合作的"大西洋世界"数字图书馆;美国与俄罗斯合作的"拓荒者的会见"数字图书馆;美国与西班牙合作的"同步的历史:西班牙、美国和美国的边境"数字图书馆。

（3）THOMAS 公共立法信息系统

THOMAS 公共立法信息系统（Thomas Legislative Information）建立于 1995 年,得名于美国第三任总统托马斯·杰斐逊。他是国会图书馆的奠基人和创始人,他的个人收藏也是国会图书馆最初收藏的核心。THOMAS 是一个针对公众开放的联邦综合法律信息网站,收录的信息包括:从第 101 届国会（1989 年）以来的国会法律全文和国会会议记录;第 73 届国会（1973 年）以来的议案总结、近年来的国会委员会报告、立法机关工作时间表;1990 至现在的国会选举情况等与美国国会立法相关的信息。用户可以利用网站提供的检索工具查找所需资料[10]。

（4）国家数字信息基础设施和保存规划（NDIIPP）

2000 年 12 月,美国国会通过法案建立了国家数字信息基础设施和保存计划（National Digital information Infrastructure and Preservation Program, NDIIPP）（PL 106—554）,将收集和保存原生数字资源的任务交由美国国会图书馆来牵头,并与各政府部门和其他拥有收集与保存数字内容专长的实体进行广泛合作,如商务部、OCLC、国家档案及文件署等。其所关注的原生数字资源类型包括了:电子图书、电子期刊、数字音乐、数字电视、数字录像、网站 6 种媒体类型。

该项目初期主要关注于项目规划的制定,并于 2003 年通过了由美国国会批准的《保护我们的遗产:国家数字信息基础设施和保存计划方案》（Preserving Our Digital Heritage:Plan for the National Digital Information Infrastructure and Preservation Program）。2004 年开始,国会图书馆开始内容保护和建立合作伙伴的组织网络,于 2005 开始了与 NSF 的长期合作。到 2011 年,国会图书馆公布了《保护我们的数字遗产:国家数字信息基础设施和保存计划 2010 年的报告》（The National Digital Information Infrastructure and Preservation Program 2010 Report）,根据该报告,NDIIPP 主要实现了 4 项战略性目标,分别是:建立了分布的数字资源长期保存管理网络;与合作伙伴一起建立了国家级的数字资源库;建成了用于数字资源长期保存的三级技术架构;制定了服务于数字资源长期保存的公共政策体系。

（5）制定、维护、发展数字图书馆相关标准

美国国会图书馆对于数字图书馆技术标准的建设方面也作出了巨大而且突出的贡献,它所研究和制定的一系列标准都已成为数字图书馆领域事实上的行业标

准,例如:EAD 编码档案描述;书目数据的 MARC21 格式;元数据编码和转换标准（METS），并已完成其扩展标准;元数据对象描述模式（MODS）;MARCXML 等。

9.1.2　英国

英国和美国是全球最早从事创建数字图书馆活动的国家,然而,由于英国政府的信息化政策与美国差异较大,在较长时期内未给英国的数字图书馆建设以大力支持,而是将数字图书馆建设的经费需求,寄希望于具有支持文化发展传统的英国信息界及基金会,实际上形成了在相当程度上主要依靠欧盟项目经费发展数字图书馆的状况,导致数字图书馆建设在英国一度进展明显迟缓。这种情况直到 20 世纪后期才得以改观,在新世纪英国政府颇为重视对数字文化和数字图书馆建设的投入与发展。不过,由于英国政府在国家信息化服务,尤其是信息化教育方面投入了大量的资金,也在一定程度上弥补了英国数字图书馆建设的不足,这包括了下面提到的国家学习网格计划和全民网络计划等。

英国数字图书馆建设的特点是:①注重发展实用性强的混合数字图书馆;②馆藏连续出版物数字化以英国国家图书馆为主;③切实避免出现重复性再制品的生产;④注重数字资源库在各级教育、终身教育的应用;⑤注重投资于建设数字博物馆和美术馆。

9.1.2.1　英国"国家学习网格"计划（NGfL）

国家学习网格计划（National Grid for Learning,NGfL）[11]是由英国政府投资的一个互联网教育资源门户项目,尽管该项目还不能算是一个数字图书馆项目,但是对于英国今后的数字图书馆发展却起到了重要的推动作用。其目标是为英国学校、图书馆和家庭的提供正式或者非正式的学习支持,并将许多独立的网格（Grid）建立在北爱尔兰、苏格兰和威尔士的学校里。在 1998 到 2004 年间,英国政府投入 35 亿英镑实施该计划。但是,由于多种原因,2006 年 4 月英国教育传播与技术署（Becta,British Educational Communications and Technology Agency）关闭了 NGfL 的门户网站。不过,NGfL 的理念和服务仍然存在,如:Northern Ireland （C2kNI）, Scotland （Glow） 和 Wales （NGfL Cymru）等项目。

9.1.2.2　全民网络计划（People's Network）

1998 年,英国政府投资 1.7 亿英镑,实施全民网络计划[12]。本计划由英国资源委员会（博物馆、档案馆与图书馆委员会,Resources:the Council for Museums, Archives and Libraries）负责管理,并得到新机遇基金会（New Opportunities Fund）的资助,其主要目标是使英国所有图书馆能够接入互联网。本计划将新建 3 万个计算机终端,以保证每个公共图书馆都能够提供互联网访问及学习服务。总投资中的 1 亿英镑将用于计算机硬件设备和网络建设,5000 万英镑用于内容建设,2000 万英镑用于 209 个图书馆的员工培训。另外,比尔与梅林达·盖茨基金会(Bill & Melinda Gates Foundation)提供 2600 万英镑,支持 413 个公共图书馆 1903 个终端的安装。截至目前,已有超过 3100 个英国的图书馆和 460 个移动图书馆接入该门户,22 000 个图书馆员在使用该服务,每年回答的问题超过 5800 万条,提供的高速上网服务时间每年超过 6000 万小时。

9.1.2.3 英国国家图书馆的数字图书馆规划

英国国家图书馆(大英图书馆)是世界最大的学术图书馆之一,也是全球图书馆界实施馆藏知识资源数字化方面的先锋。早在 20 世纪 80 年代后期,英国国家图书馆便致力于建立馆藏期刊的数字资源库,到 90 年代中期已颇具规模,如今,这个库群在全球期刊业的在线服务和离线服务市场份额中均占据着最重要的地位。

(1)信息利用首创计划(Initiatives for Access)

信息利用首创计划(Initiatives for Access)是英国国家图书馆为应对数字浪潮、探索数字图书馆建设标准和道路的大型工程项目。项目开始于 1993 年 7 月[13],其主要目标是研究图书馆资料数字化和上网所需的硬件及软件平台,建立信息存贮、标引、检索和传输的标准,探讨版权等问题。该计划包括的子项目有:英国国家图书馆网站、网上订购服务、古籍修复与存储技术、网络 OPAC、微缩图片数字化等多个项目。

该规划早在 1995—1997 年即全面完成。其中 INSIDE 数据库是当今国际公认的最有价值的国际期刊数据库,以图书馆为主的用户遍布全球(因其收费较高)。内含:2000 万篇期刊论文(每日新加入 8000 篇,每年新加入 200 万篇);20 000 种现刊,100 000 种会议录,可按篇名查询;BL 藏有的 25 万种其他刊物的刊名信息。

该数据库中的信息逐日更新,英国国家图书馆收到新刊或会议文集后,经编目在 72 小时内进入 Inside 数据库;可按键入的关键词查询,按主题词查询,及按特定文章名查询。并提供特需的日常查询——有预定感兴趣的文章出现时,系统将通知用户;文章的全文可在网上定购。

(2)英国国家图书馆与 Google 合作的新战略

2011 年 6 月 20 日,英国国家图书馆公布了其与 Google 合作的最新计划内容,将要把部分版权已过期图书进行数字化[14]。此次数字化的作品包括有图书、报刊、手稿、地图等约 1500 万件,几乎代表了文字文明的每个时代。Google 此次计划中将把英国国家图书馆收集的从法国大革命至奴隶制废止时期(19 世纪中叶)约

100 万本图书的 1/4 进行数字化。这也是 Google 将世界大量图书数字化的宏大计划的一个组成部分。英国国家图书馆表示,与 Google 的合作是其向学术机构和公众免费开放藏书的一条新途径。此外,英国国家图书馆还和微软签署了类似协议,甚至还计划和苹果公司合作,推出面向 iPad 的古书计划。

9.1.2.4 英国高校联合信息系统委员会(JISC)的相关规划

英国高校联合信息系统委员会(Joint Information Systems Committee,JISC)主要任务是关注数字技术的应用,确保英国在信息技术研究、教育及学习方面的世界领先地位,它同时也是英国数字图书馆研究与开发最重要的组织机构之一。在数字图书馆研究领域 JISC 管理了超过 13 类规划(Programme)、36 个项目(Project)和 2 个服务(Service)。其中包括了,elib、Information Environment Programme 2009 – 11、Repositories and Preservation Programme、Libraries of the Future、RePosit:Positing a New Kind of Deposit、Scholarly Journal Information-seeking:Measuring Activity and Value 等[15]。

英国电子图书馆计划 elib Programme(Electronic Libraries programme)是英国数字图书馆建设项目中最具代表性的项目。该项目起始于 1995 年,共分为 3 个阶段。其中第一阶段和第二阶段包括近 60 个课题,第三阶段从 1998 年到 2001 年,包括 20 个课题。其中前两个阶段主要集中于资源开发,第三阶段则主要着眼于数字资源的集成和应用。该项目总投资达 1 亿英镑,其中启动经费 1500 万英镑,2400 万英镑用于数据服务,网络设施建设费用超过 5000 万英镑。本项目的主要目的是促进英国传统图书馆的转型,为英国高等教育和研究提供高质量的国家级网络基础设施和数字资源服务。其所涉及的领域包括:网上资源访问、电子文献传递、电子期刊、电子短期借阅、培训及普及、分块虚拟联合目录,以及混合图书馆等。到 2006 年,英国 eLib 项目已完成 1200 万页的数字化资料、4000 余万条网上编目,并且拥有 400 万名网络读者,检索次数高达 19 次/分钟[16]。

9.1.3 法国

法国是一个具有悠久历史和璀璨文化的国家。法国政府始终都在坚持自身文化的独立性,努力保护和弘扬民族文化,对于美国的流行文化尤其是网络数字文化的冲击具有高度的警惕性。比如法国国家图书馆与 Google 的馆藏图书数字化合作计划就由于文化界的强烈反对而搁浅,法国政府因此而建立了"图书馆遗产类馆藏数字化委员会"对图书数字化的发展进行充分研究①。并于 2010 年 1 月 12 日,提交了《文字遗产数字化报告》(Rapport sur la numérisation du patrimoine écrit),该报告详细分析了图书数字化的现状和法图与谷歌的合作,并就法国数字图书馆的发展方向提出了建议。该报告根据搜索引擎的多元化与数字图书馆服务社会化发展的大趋势,提出了关于法国数字图书馆发展的总体思路,其核心观点包括以下三个主要方面:

①加快图书数字化进程,增加数字图书拥有量。主要内容是在继续增强法国国家图书馆数字化能力的同时,加大与出版商及 Google 这样的私营机构的合作,有效拓展 Gallica 数字图书馆的数字资源容量,改变现有资源来源过于单一的局面。

②提升法国数字文化的网络影响力。重点加强 Gallica 数字图书馆的技术和服务能力,强化搜索技术应用和元数据标准化建设,并着力从用户使用的角度提升网络服务效果和网站表现力,从而有效提升法国的数字图书馆网络影响力;并且明确地提出,与谷歌图书合作的另一个好处(前一个好处是内容资源合作)就是可以利用其搜索引擎功能,提高 Gallica 被检索到的几率,从而提升网络可见率。

③通过合作联合等方式推动图书数字化。《报告》认为,有必要将欧洲联合起来,共同抗衡谷歌的数字图书馆计划。包括:联合有意向的图书馆,建立一个图书馆网络,共同推进数字化进程;推进欧洲数字图书馆 Europeana 的建设,深入研究该项目的资助方式和经费保障措施,促进其发展;达成一个公立机构与私营机构合作进行数字化的公共宪章,以法律形式确保数字化建设的有序和有效。

总的来说,《报告》以加快法国图书数字化进程和提升法国文字遗产的网络影响力为出发点,通过加强 Gallica 数字图书馆的自身建设、与其他公立或私营机构合作并在欧洲范围寻找推动图书数字化进程的新动力,汇集原本孤立的数字化成果,建立起一个面向世界的,并能够与 Google 抗衡的法国文化门户网站,使之成为任何搜索引擎都无法回避的,进入法国文化的必经之路。其根本目的就是进一步提升法国的文化软实力,在新兴的网络世界中占据有利地位,以免在信息时代到来之际错失良机[17]。

(1)Gallica 数字图书馆

Gallica 是法国国家图书馆的数字图书馆项目,是可在网上访问的最大的数字

---

① 2009 年 8 月,法国国家图书馆透露,正与谷歌就其馆藏图书数字化合作进行商谈,并有可能在几个月后有所成果。此举遭到了法国文化界的强烈指责,被认为是"以国家无可估价的文化遗产换取技术服务"。法国文化部长密特朗随后做出紧急表态,叫停法图与谷歌的合作谈判,并宣布成立"图书馆遗产类馆藏数字化委员会"。

图书馆之一。Gallica 致力于成为一个文化遗产图书馆和百科全书式的数字图书馆,它主要从法国国家图书馆的藏书中获得数字化资源,包括优秀的版本图书、字词典和期刊,这些藏书涉及历史学、文学、自然科学、哲学、法学、经济学和政治学等诸多学科。同时也建设整理了大规模的图片库,该图片库主要从有关旅游、科学和文学的属于稀有珍本的内库藏书中萃取的插图组成,并包含了大量的版画和照片等[18]。

  Gallica 数字图书馆计划是法国国家图书馆积极面对数字时代冲击的最重要应对措施。但是,由于环境和条件的限制,以及当时人们对于信息社会认识的不足,Gallica 在其 1997 年创立初期主要定位为"提供各领域文献资料,对内容有选择的数字图书馆",而且将数字化看做是工业化的另一种形式①。其结果就是,尽管Gallica 在建设初期取得了巨大的成就,但是从 2005 开始,面对来自谷歌数字图书馆计划的不断冲击,Gallica 不得不调整其定位,重新确定了"整体数字化"(numérisation de masse)的发展方向;2007 年又与法国国家出版业公会(SNE)就开放版权图书进入 Gallica 展开谈判。目前,已有 2 万册当代出版的图书,可通过Gallica 在发行网站上有条件的阅读。此外,报纸杂志的数字化也是 Gallica 发展的方向。截至 2009 年年底,Gallica 可提供 95 万份资料,其中 14.5 万本著作、65 万分卷图书和期刊、11.5 万张图片。与 Google 的馆藏图书数字化合作计划夭折之后,法国总统萨科齐进一步宣布了投资 1.5 亿欧元用于法国国家图书馆馆藏的数字化工程,用以加速国家图书馆的数字化过程,尤其是报纸和录音的数字化。不过,即便如此,也仅有 20% 的报纸和比例更小的图书能够实现数字化,它的数字图书馆发展之路仍然漫长。

  除 Gallica 项目外,法国还有一些早期建设的重要数字图书馆项目如下,供参考。

  (2)法国国家书目数据库

  法国国家书目数据库包括 BN-OPALE 和 BN-OPALINE 以及英文界面的 BN-OPALE PLUS 三个大型数据库,共包括约 800 万条书目数据。BN-OPALE 中含1970 年以来的书目数据、1960 年以来的连续出版物数据及 1994 年以来的计算机文档数据;该库通过 FTP 服务。BN-OPALINE 中含法国国家图书馆的特藏书目数据,包括地图录音、视频、多媒体资料、照片资料、乐曲总谱、硬币条目,以及装饰艺

---

  ① "数字化是一个工业过程,它可以通过软件化,生产成百上千的资料,并将其集中在紧密相连的集合中。逐渐地,数字化以其特有的方法、专业人员和手段形成一个近乎工业化的加工组织。"资料来源:J. P. 安格密. 法国国立图书馆未来的网上图书馆伽里卡计划. 中国图书馆学报,1999(3)

术资料等,共计约 90 万条数据;该库通过 FTP 服务。BN-OPALE PLUS 中含 800 万种书刊的 700 万条书目数据以及 85 万条规范记录;该库的用户界面是英文的[19]。

（3）法国联合目录(CCF)

该项目早期目标是将法国期刊目录(CCN)、法国国家书目、法国高校联合目录等一并纳入此系统,目前发展成为全法国 3900 个图书馆和文献中心的联合目录,2001 年初,读者可使用的联合目录数据达 1100 万条记录,它们主要是法国国家图书馆及法国各大学图书馆的联合目录数据。

（4）"文化遗产"数字化

法国是一个极为崇尚文化艺术精品的国家,法国国家图书馆的自有藏品中本已有许多艺术精品,再加上在新馆数字化项目中,法国国家图书馆与各城市精品藏有馆(如里昂)通力合作,将原本分散于法国各地的古书的艺术插页用彩色高分辨率扫描进入 CD-R 光盘,送至国家馆新馆,因而,使此项目精品纷呈、目不暇接。

目前完成了 JPEG 静止影像 30 万幅,MPEG-2 下数字视频节目 1000 小时。另外,还有 11 万本图书可供全文存取。此项目十分巨大,一般估计其数字式资源的存储量已超过 3TB。目前在因特网上可看到这个项目的部分成果,颇具特色。

（5）"文化精品数字化"项目

2000 年,法国政府投入 8100 万法郎,由文化部组织实施"文化精品数字化"项目。到 2000 年已具有处理 60 万幅数字化静态影像的能力。这些影像来源于图书馆、档案馆、大型博物馆和文献中心。该项目着重进行历史遗迹、考古学及建筑图片的数字化,并制作相应的目录和解说。该项目的实施,使那些已老化、不宜频繁提供使用的、过于脆弱的原始文献,能够通过因特网为公众使用。

本项目目前建设了 69 个资源库,包括 56.9 万篇文献、141 万份简介、26.6 万幅影像、2100 万条目录、1.07 万件手稿、1500 部影片、2300 个音乐片段以及 100 部戏剧。

9.1.4　日本

日本的数字图书馆被称为电子图书馆(Electronic Library)。日本是世界公认的信息技术最为发达的国家之一,在电子图书馆领域也有不少居于世界前列的应用和研究成果。但是,相对于许多数字图书馆建设的先进国家,日本图书馆及其他相关机构之间缺少横向合作,图书馆之间的合作也不多,未能形成像美国 DLF 这样的联盟组织[20]。而是形成了由经济产业省(原通产省)、邮政省、文部科学省(原文部省)和日本国立国会图书馆等四大"省"级机构分头立项、推进建设的现状,其中经济产业省着重开发电子图书馆通用系统及应用软件；邮政省研究解决将网络技术用于多媒体电子图书馆的一系列应用技术关键问题；国立国会图书馆着重于实施珍藏品数字化；文部科学省主要推动高校图书馆及网络向数字图书馆转化[21]。

日本国立国会图书馆将 2002 年关西馆的开馆看做是其电子图书馆正式启动的标志，并于 2004 年 2 月制定了"国立国会图书馆电子图书馆中期计划 2004"，目标是让国立国会图书馆成为日本数字文献库的重要据点，以及建立连接日本全体数字信息的综合导航网站。并于 2007 年发布了针对电子信息资源及信息提供服务进行导航服务的综合性门户网站——国立国会图书馆数字文献库门户网站（PORTA）。国立国会图书馆提供的主要数据库和电子服务包括：贵重图书图像数据库、近代数字图书馆，以及将日本历史、文化的资料按题目编辑并加以讲解的"日本国宪法的诞生"等电子展览会、馆藏书目及各式各样的书目索引库等。此外，对于互联网上的信息资源，还建立了根据著作权人许可而进行收集、积累、提供网上信息的"互联网上信息选择性积累事业（WARP）（http://warp. ndl. go. jp/）"项目等[22]。

推进大学的电子图书馆事业是日本文部科学省学术振兴的基本对策之一，较为典型的包括了：奈良先端科学技术大学（NAIST, http://library. naist. jp/），筑波大学数字图书馆数字化信息公共服务（TULIPS, http://www. tulips. tsukuba. ac. jp/welcome. english. html），京都大学数字图书馆（http://ddb. libnet. kulib. kyoto-u. ac. jp/minds-eu. html），东京大学数字图书馆（ http://www. lib. u-tokyo. ac. jp/index-e. html），东京工业大学 Titec 数字图书馆（http://www. libra. titech. ac. jp/welcome_e. html）等。其中，奈良先端科学技术大学的"曼陀罗图书馆"是日本最早实用化数字图书馆[23]。

日本的各类研究所也积极参与到电子图书馆的建设工作中，如国立信息研究所的电子图书馆服务 NACSIS-ELS（Electronic Library Service），日语文学研究资料馆的电子资料服务等。此外，日本电子出版协会、新世纪通讯网实验协会（BBCC）等组织也投入到了数字图书馆的建设大潮中。

9.1.5 俄罗斯

相比西方国家，俄罗斯图书馆的自动化、网络化程度不是很高。但俄罗斯的图书馆和酷爱读书的读者却举世闻名，世界第二、第四大图书馆（俄罗斯国立图书馆—莫斯科，俄罗斯国家图书馆—圣彼得堡）[24]均坐落在这个国家。与日本类似，俄罗斯也将由图书馆的信息化工作称之为"电子图书馆"。

俄罗斯的图书馆信息化工作可以分为三个主要阶段[25]：第一阶段是1992—1994年，主要目标是建库和联网，基本处于图书馆信息化的探索阶段；第二阶段是1995—1998年，图书馆信息化被确定为全俄图书馆事业的优先发展方向，图书馆信息化政策也被确定为独立的联邦政策。核心目标是建网和联网；第三阶段是1999年至今，1999年6月，俄罗斯科技部受政府委托，联合俄文化部、教育部、国家出版委员会、司法部、科学院、联邦档案局、联邦国家通信委员会、基础研究基金会等部门，制定了"俄罗斯电子图书馆计划"[26]。其目标是：加强俄罗斯的信息基础设施建设，建设科技、文教和医疗保健领域的数字资源，形成新的信息环境，满足俄语信息交流需求，传播俄罗斯学者的科技成就，提高俄罗斯在世界信息市场的地位，扩大俄语在世界范围内的应用。2005年的《关于俄罗斯联邦发展图书馆事业的国家政策》令指出，到2010年之前国家的政策目标是，"为了提高对国民的信息和图书馆服务质量，在运用先进的信息通信技术的基础上发展和整合图书馆的信息资源"，形成了较为明晰的发展道路。

在具体建设方面，俄罗斯国立图书馆，俄罗斯国家图书馆，以及俄罗斯国家电子图书馆是典型的代表[27]。

俄罗斯国立图书馆在1999年2月制定了《开放式俄罗斯电子图书馆（OREL-Open Russian Electronic Library）》计划，开始系统性整合分散在互联网上的俄罗斯信息资源。并于2002年确定了"俄罗斯往事"、"19—20世纪俄罗斯历史与文化"、"俄罗斯图书馆事业"、"相遇在国界"等四个优先数字化计划，奠定了电子图书馆建设的资源基础，并逐步开始了图书、期刊、学位论文的数字化。

2001年7月，俄罗斯国家图书馆也开始馆藏文献数字化转换，迈出了电子图书馆建设的步伐。并于2002年提出了《电子图书馆构想》，对电子图书馆的资源组成与类型、资源建设原则与方法、资源统计与保护、资源服务与利用、图书馆系统运行等方面作了详细的规定与规划。并优先对馆藏各类珍贵绝版文献、手稿、善本、档案文献、孤本复制本、手工画、有价值的文献等进行数字化。

2003年6月，俄罗斯国家电子图书馆建设工作正式启动。2003年底，俄罗斯国家电子图书馆网站（www.rusneb.ru）正式开通，其目标即建立全俄文献电子收藏中心，接收和收藏各地图书馆、机构组织甚至个人的电子资源，以便对全俄文献资源长期保存、更新与利用，并向Internet用户提供免费和收费的经济、财政、法律、教育学、心理学方面的电子版学位论文。

除上述政府投资建设的工程项目外，各种社会组织、商业机构和个人创建的电子图书馆也逐步崛起,如:面向民间文化的"俄罗斯文学和民间艺术"基础电子图书馆(www. feb-web. ru)、面向科研的科学电子图书馆(www. elibrary. ru)、面向公众的公共互联网图书馆(public. ru),以及俄罗斯虚拟图书馆(www. rvb. ru)、马克西姆·莫什科夫图书馆(www. lib. ru)、库利尔和梅福迪网络图书馆(www. lib. km. ru)、叶夫根尼·彼什金公共电子图书馆、阿列克谢·卡玛罗夫图书馆(ilibrary. ru)等。

9.1.6 世界图书馆项目

世界数字图书馆(World Digital Library,WDL)是一个由美国国会图书馆主推,众多国家参与的以互联网服务为核心的数字图书馆。它由联合国教科文组织UNESCO 所支持,并由一些公司和私人基金会提供财力支持。根据 WDL 网站(http://www. wdl. org/)的申明,其愿景是:"在互联网上以多语种形式免费的提供源自于世界各地各文化的重要原始材料,促进国际和文化间的相互理解;增加互联网上文化内容的数量和种类;为教育工作者、学者和普通观众提供资源;加强伙伴机构的能力建设,以缩小国家内部和国家之间的数码技术鸿沟。"[28]

WDL 起源于美国国会图书馆馆员詹姆斯. H. 林顿在 2005 年 6 月向美国教科文组织全国委员会的一个建议。基本思想是建立一个以互联网为基础的,收集并保存世界各国文化古籍的数字副本,并突出所有国家和文化成就的数据库,从而促进全球各文化间的认识和理解。该项目于 2009 年 4 月正式向国际社会推出,内容涵盖了 UNESCO 的每一个会员国。

WDL 让世界各地的读者可以在其网站上按地点、时间、主题、条目类型、参与机构等分类方式进行浏览所保存的很多珍贵信息和文物的数字化材料,这些内容包括了手稿、地图、珍本书籍、乐谱、录音、电影、印刷品、照片和建筑图纸等。同时,为方便读者,该网站还提供了阿拉伯文、中文、英文、法文、葡萄牙文、俄文和西班牙文等世界主要民族语言的说明和导航。

相对于其他项目世界图书馆有以下特点:

①统一的元数据。WDL 的每一项馆藏条目都用统一标准的元数据进行了描述,而不是直接采用成员馆所提供的原始描述信息,这既是由于世界图书馆的特殊定位所决定的,同时也为其开展统一的资源服务奠定了基础。

②深刻的描述。这是 WDL 最为重要,且令人印象深刻的特点,就是对于每一个项目的描述都非常准确且深入,回答了"这一项是什么和它为什么意义重大?"的问题。从而使读者对于信息有更加清晰和深刻的认识,而不仅仅是对于项目本身的简单说明。图 9 – 1 就是其中关于《太平戏院的京剧脸谱集》的描述。

图 9－1　WDL 内容描述网页

③多种语言页面。WDL 的多语言不仅仅是界面和导航,它的每一个项目的元数据和支持内容都被翻译成了 7 种语言:阿拉伯文、中文、英文、法文、葡萄牙文、俄文和西班牙文。这大大地提高了它针对全球用户的服务能力。

④创新的用户界面。WDL 采用了一种与传统数字图书馆形态完全不同的页面设计和导航形式,仅从页面来看它更像是 Google Earth 的一个网站版本。通过地域、时间轴、专题、机构等划分形式,使得数据更加直观和贴近用户。

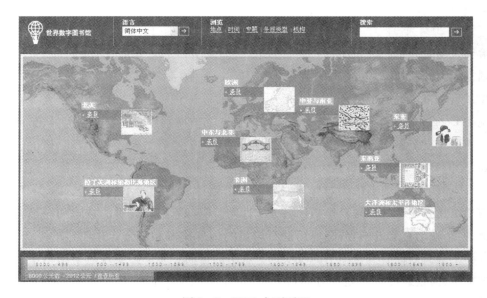

图 9－2　WDL 主页页面

9.1.7　Google 数字图书馆

Google 数字图书馆是 Google 公司通过与世界各地的图书馆界和出版商合作，在大量扫描图书的基础上，为用户提供互联网在线图书浏览或相关信息获取的服务，它包括了合作商计划以及图书馆计划。

与很多人的认识不同，Google 数字图书馆的起源比 Google 搜索引擎还早，甚至在某种程度上说，是 Google 数字图书馆的早期构思催生了 Google 搜索引擎。早在 1996 年，Google 的创始人 Sergey Brin 和 Larry Page 还是计算机系研究生的时候，他们就一直在从事斯坦福数字图书馆技术项目支持的研究课题，并以建立数字图书馆为目标。当时，他们就有这样一个构想：在大量藏书都实现数字化的未来世界，人们可以使用"网络抓取器"BackRub 为图书的内容编制索引并分析图书之间的关联，从而通过跟踪由其他图书引用的次数和质量来确定任何给定图书的相关性和有用性。而这正是现在 Google 搜索引擎的关键技术——网页评级算法的基本思路。

Google 数字图书馆正式开始于 2002 年，当时 Google 的一个工作小组秘密地研究了关于数字化全球每本图书的可能性，并且通过实地考察美国往事、古登堡计划等图书馆界的图书数字化项目后，坚定了这一想法。后来，在 Larry Page 与密西根大学沟通过程中，了解到以该图书馆当时的计划，数字化后馆内的 700 万卷图书需要 1000 年，而如果与 Google 合作，这一过程只需要六年。

到 2004 年 12 月，Google 正式宣布了其名为"Google Print"的图书馆计划，并与哈佛大学、密西根大学、纽约公立图书馆、牛津大学和斯坦福大学达成合作协议，计划完成大约 1500 万卷图书的数字化工作。这些数字化成果将由双方共同享有。2005 年，Google Print 更名为"Google Books"（Google 图书搜索），也就是今天我们所说的 Google 数字图书馆。今天，Google 数字图书馆搜索界面已经能够提供 35 种以上的语言支持，来自 100 多个国家和地区的 10 000 多个出版商和作者参与了该计划，是世界上服务能力最强大的数字图书馆服务平台。

Google 数字图书馆计划与其他数字图书馆计划最大的不同在于，Google 数字图书馆具有显著的协同合作与社会分工性质。Google 拥有先进的技术和充足的资金，但却缺乏有效的内容；图书馆拥有海量的信息技术和资金却是明显的短板；作者和出版商则拥有大量图书的版权。三者中的任何一方单独实现数字图书馆都困难重重，但是通过该计划各方通过分工合作，共同努力则能够实现非常伟大的目标。这既是技术进步的使然，更是整个社会信息化进步的共同选择，它体现的不仅仅是技术融合的进步,更是信息时代下社会分工的细化与协作。

但是,Google 数字图书馆的变革必然带来对于现实的冲击和挑战。从而陷入各种垄断和侵权纠纷中。垄断方面,主要是指责 Google 会滥用其在网络搜索引擎的垄断地位,"最终将会导致消费者、图书馆、学者和学生面临更高价格和不够水准的服务"①。这些反对者中最主要的就是由亚马逊、微软和雅虎所组成的"开放图书联盟",侵权方面则是各类版权机构和作家协会,比如我国文著协(中国文字著作权协会)。不过,这些垄断和侵权案的根本还都是各种商业利益的斗争,因此大多都能通过协商解决。而且,这种纠纷和冲突本身也反映出了 Google 数字图书馆在应用上的进步。

除了 Google 图书搜索外,Google 还提供了另一项与数字图书馆服务紧密联系的搜索业务——Google 学术搜索。与 Google 图书搜索不同的是,Google 学术搜索实质上是一个可以免费检索学术文章的垂直搜索工具,主要是通过与世界各地学术机构、学校、图书馆的检索系统相连接,实现信息的检索,并根据权限提供相关文章的全文或部分内容的服务。该项目最早发布于 2004 年 11 月,到现在已索引世界上绝大部分出版的学术期刊和文章。

9.2　我国数字图书馆的发展

我国数字图书馆的研究和建设起步工作均晚于欧美等发达国家。90 年代初,在我国图书馆学刊物上开始出现介绍国外数字图书馆的文章,1994 年我国第一次引进"数字图书馆"的概念②,首个国家级的数字图书馆工程到 2005 年才开始实施。

不过通过多年的努力,我国数字图书馆研究与建设已取得一定的进展。863 国家高技术研究发展计划、973 国家重点基础研究发展规划、国家自然科学基金委员会、国家教育部、国家科技部、国家文化部等机构先后批准了许多数字图书馆研

---

① 2009 年 9 月 26 日亚马逊、微软和雅虎公司以及其他一些机构和企业 26 日成立"开放图书联盟",以抵制谷歌协议。联盟联合主席彼得·布兰特莱和加里·里巴克批评谷歌协议"形成一种前所未有的垄断和定价垄断"。布兰特莱和里克联合发表声明说:"由单独一家公司和一小撮合作出版商控制的数字图书馆最终将会导致消费者、图书馆、学者和学生面临更高价格和不够水准的服务。"资料来源于:http://news.qq.com/a/20090828/000769.htm

② 1994 年,许中才在《关于"数字图书馆"的对话》一文中,第一次提出了"数字图书馆"这一概念,《图书与情报工作》1994 年第 4 期上刊载的许中才《关于"数字图书馆"的对话》一文被认为是中国较早的介绍数字图书馆的文章。

究和建设项目,并取得显著的成果,对我国的数字图书馆发展和建设起到了至关重要的作用。我国的数字图书馆项目大致可分为研究项目和建设项目两大类。下面分别简要介绍其中有一定代表性和时代特征的项目。

9.2.1 研究项目

图 9-3 所示的是从 1994 年开始到 2005 年我国核心期刊发表的数字图书馆论文数量(以题名包含"数字图书馆"为检索词,检索 CNKI 系统),从 1994 年开始出现关于数字图书馆的研究文章,到 1999 年以后开始迅速增长,反映出我国数字图书馆研究在 1994 到 1998 年这一阶段处于发展起步过程。自 1999 年起,国内数字图书馆研究不断走向深入,开始向技术性研究及相关领域扩展,目前的研究主要集中在数字内容的组织、管理、存储和检索等方面。近年来,许多专门的数字图书馆研究机构纷纷成立,一些国内外知名企业也相继推出了自有的数字图书馆解决方案,力图从技术角度诠释数字图书馆。同时,一大批有关数字图书馆资源建设、技术研发、标准制定等方面的研究课题也相继启动。这些研究工作为我国数字图书馆的进一步发展提供了坚实的理论支持和有效的技术保障。

这里我们将主要列举我国数字图书馆研究工作的一些早期项目,这些项目普遍以当时主流的信息技术为基础,研究数字图书馆的应用技术,并取得了相当的成果。但是,由于信息技术潮流的变迁,许多成果并未在日后的建设中得以使用。今天当我们回首这些项目时,或许更能帮助我们看清"主流信息化技术"的价值,理清今后数字图书馆的建设与发展方向。

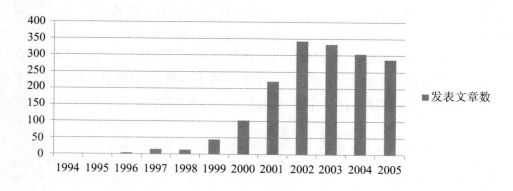

图 9-3　我国核心期刊数字图书馆论文发表情况统计

9.2.1.1　基于特征的多媒体信息检索系统的研究

该项目是 1996 年国家"863—317"攻关项目,于 1998 年 12 月通过技术鉴定。

由中科院计算技术研究所与国家图书馆合作进行,是跟踪国际上数字图书馆检索系统所使用的高新技术自行研究开发的项目。项目主要研究基于特征的图像信息检索,实现按照图像的纹理、颜色、形状等特征对图像信息进行检索;研究中文信息全文检索,利用相关检索机制,提高检索效率;研究信息存储管理方法,实现跨平台的客户端检索[29]。

该项目设计起点很高,目标广泛,但是限于信息技术的发展水平,很多研究内容实际上无法应用于实际业务当中。即使从今天来看,上述很多工作也难以完全依靠信息技术来实现,反映了当时人们对于信息化技术过于乐观的期望。

9.2.1.2 SGML 的图书馆应用

该项目是 1997 年文化部立项的科研项目,由国家图书馆承担,与北京大学计算机研究所合作开发,主要用来解决网络环境下的数字资源存取规范性及具体应用的问题,实现利用 WWW 浏览器来存取基于 SGML 标准的图书情报的书目、馆藏及流通信息,从而克服传统机读目录(MARC)格式在网络条件下的不足。该项目的成果包括:

①以"文津"图书管理系统的成果为基础,完成 SGML 标准在图书馆的应用。

②在中文环境下完成了 CN-MARC 到中文 SGML 转换的软件包。

③完成了基于 Web 环境下中文 SGML 到 HTML 的转换接口软件。

④建立了一个应用系统原型即国家图书馆读者目录检索系统应用,该系统实现了研究系统和原型系统的实时连接。

该项目所开发的 CN-MARC 格式转换为书目的 SGML 格式的软件、SGML 置标数据的搜索软件及由 SGML 转换为 HTML 的软件,使得图书馆能够使用 SGML 技术实现在互联网上的信息服务。项目成果于 1998 年 2 月开始在国家图书馆提供用户使用,并于 1999 年 7 月通过文化部组织的验收[30]。不过,由于 SGML 技术在具体实现上过于复杂,IT 行业最终转向支持更为简单的 XML 技术,因此该项课题成果并未取得有效的实际用途,但是对于今后向 XML 方向的发展还是提供了许多有益的经验。

9.2.1.3 中国试验型数字式图书馆项目

中国试验型数字式图书馆项目是 1997 年由原国家计委批准立项的国家重点科技项目,于 2001 年 5 月通过验收鉴定。项目以国家图书馆为组长单位,联合上海图书馆、深圳图书馆、广东省立中山图书馆、辽宁省图书馆、南京图书馆和广西桂林图书馆共同完成。其目标是建立一个多馆协作、互为补充、联合、一致的试验型数字图书馆;实现多类型、分布式、规范化的资源库整合。

该项目创建了多馆合作的网络内容资源建设和共享体系,实现了基于分布环境的、以藏品建设为基础的数字图书馆应用系统。该系统从功能上覆盖了内容资源从采集加工、处理、储藏组织、管理调度、资源发布、用户利用等全过程,并支持分布式网络环境下多馆合作资源共建共享的模式;创建开发了基于 XML 的通用数字资源加工系统、调度系统、资源发布系统和用户界面等;建成了符合数字图书馆资源建设要求的、可互操作的、分布于全国七个城市 30 个以上的数字资源库群,总容量超过 900GB[31]。

该项目为今后在互联网上的内容资源建设准备了必要的技术条件,为我国的数字图书馆建设起到了良好的示范作用,在我国首创了一个分布式、可扩展、可互操作的、具有一定规模内容资源的试验型数字图书馆。但是,限于管理和经费体制,以及自身技术方向把握能力的不足,该项目并未能持续发展,而且紧随而来的互联网热潮和搜索引擎的出现,以及 CNKI 等数字资源库的崛起,使得这种基于严格内部联系的大规模分布式系统渐渐淡出了人们的视野。

9.2.1.4 知识网络——数字图书馆系统工程项目

该项目是 1998 年国家科技部批准立项的 863/306 项目,由国家图书馆与中科院计算所共同承担。该项目实现了数字图书馆体系结构的设计与开发,初步建立了一个中国试验型数字图书馆系统,该系统实现了可扩展、可互操作、可在因特网上运行,具有多媒体资源加工、管理、存储、信息查询、检索与 Web 发布及海量信息存储等功能,达到了技术上可与国际数字图书馆主流技术接轨的要求;基于 XML扩展的标记语言研究建立了一个适用于数字图书馆建设的通用的应用基础平台,该平台支持多个 XML-DTD 的高效多功能搜索引擎和 XML 应用;在国内率先建立了一套基于内容的实用的数字资源加工系统,该系统可支持从单用户加工到大规模用户并发加工的联机事务处理,适用于由文本、图片、音频、视频四种资源类型构成的多媒体数字资源加工工作;完成了总量超过 100GB 的五个规模型多媒体资源库建设,实现了跨库联合检索[32]。

该项目是图书馆界实现资源全面数字化建设的又一次重要尝试,充分反映了互联网崛起以前人们对于数字图书馆运行机制的认识与理解,并对数字图书馆今后的发展产生了重要的影响。

9.2.1.5 数字图书馆技术

1996 年底至 1998 年底,教育部"九五"攻关项目,由清华大学、北京大学、上海交通大学、华南理工大学完成。主要研究了数字图书馆体系结构、异构数据源的数字化、存储和检索机制以及相应的标准规范,建立了一个图文信息联合导读学习系统、音乐数字图书馆的雏形系统和一个小型数字化视频数据库的示范系统。

9.2.1.6 海量信息系统的组织、管理及其在数字图书馆中的应用研究

国家 973 项目,项目实施时间为 1999 年至 2004 年,由清华大学承担。本课题结合数字图书馆系统的应用需求,在理论方面研究非结构化数据的数据模型、海量信息处理的事务模型、大规模并行数据管理系统的体系结构、海量信息的并行查询与优化理论以及海量多媒体信息的相似性检索算法。在系统方面研制支持数字图书馆系统应用的海量多级存储机制及海量信息管理实验系统,在实际应用中验证理论研究成果。

9.2.1.7 中华文化数字图书馆全球化的关键理论、方法和技术研究

国家自然科学基金重大国际合作项目,由清华大学、北京大学、上海交通大学合作进行,项目实施时间 2002 年至 2005 年。本项目与美国 NSF 的 CMNet 项目合作,研究基于因特网的中华文化数字图书馆的关键理论、方法与实现技术,包括我国古建筑、拓片、民乐等典型文化资源的数字化方法及其标引与规范、检索理论与方法、人机交互的导航技术、互操作协议以及支持数字图书馆的软件技术中的关键问题等。

9.2.1.8 地区性数字图书馆体系结构研究与应用平台开发

国家计委 2001 年批准立项,由深圳图书馆承担。该项目将通过计算机技术、通信技术以及数字化的多媒体信息技术的引进和整合,研究和开发一套网上数字图书馆应用软件平台,探索跨地区的、可互操作的、网上分布式资源库检索技术与信息服务方法;在已建成的 ILAS 用户群和地方版联合采编协作网基础上,研究分布式资源库建设模式和网络环境下的虚拟图书馆模型,探索适合我国国情和具有地区特色的网上资源共建共享模式;探索对数字图书馆资源的管理与应用服务、信息开发与提供、电子商务处理、系统运行管理及系统产品推广销售服务模式。

9.2.2 建设工程

9.2.2.1 国家数字图书馆工程

国家数字图书馆工程是由国家图书馆建设的国家级数字图书馆工程,是一个以传统图书馆为基础条件的数字图书馆项目,在国家图书馆网站上将国家数字图书馆工程定义为是"网络环境和数字环境下图书馆新的发展形态"。因此,国家数字图书馆既包含有大量的传统图书馆业务自动化的特点,又含有网络环境下数字图书馆服务的最新特征。其主要职能包括:通过计算机技术、网络通信技术、多媒体技术等高新技术,搭建基于网络环境的资源建设系统平台,实现传统文献的数字

化,及各类数字资源的组织、整合、管理和保存;提供公共文化服务的全媒体服务;面向专业机构和决策机构提供专业信息服务的学术性服务;提供展示优秀中华文化、提升我国文化软实力的文化交流平台。

国家数字图书馆工程最早可以追溯到1995年,从那时起国家图书馆就开始跟踪国际上数字图书馆的研发进展。1998年,国家图书馆开始了中国数字图书馆工程的筹备工作。2001年10月,"国家图书馆二期工程暨国家数字图书馆工程"经国务院批准立项,该项目将在国家图书馆新馆内建成"国家数字图书馆国家中心"。2004年11月18日,国家图书馆二期工程初步设计方案正式获得批准,并于当年年底破土动工。2005年10月11日,国家数字图书馆工程的立项及建设论证阶段基本结束,正式进入实施阶段,并于2008年9月国家图书馆百年馆庆时开始对外提供服务[33]。

根据原国家计委的批复,"国家图书馆二期工程暨国家数字图书馆工程"总投资为12.23亿元人民币,其中国家数字图书馆工程投资4.907亿元,该工程的建设分两期进行,第一期为2005年10月至二期新馆开馆,主要围绕硬件基础设施平台与开馆服务项目进行建设;第二期为新馆开馆至2010年初,主要围绕数字图书馆应用系统进行建设。

国家数字图书馆工程投资大、建设周期长、影响面广泛,因此在设计过程中经历了四次重要的方案调整,以便适应信息技术和社会发展的要求。这四次分别是:1999年8月完成的工程立项建议书,2002年3月提交的工程可行性研究报告,2005年6月形成的工程初步设计方案,以及2008年2月最终定稿的工程细化设计方案,共历经了9年时间。

到2008年9月国家图书馆二期新馆开馆时,用于保证用户服务的基础工程,如计算机系统、网络系统、北京本地存储系统、无线网络系统等都已完成;用于开展业务和服务工作的多项业务系统,如:电子资源呈缴系统、文献传递与馆际互借系统、一卡通系统、电子阅览室管理系统、全国联合编目系统、基层资源分发与点播系统、读者注册管理系统、虚拟现实系统、基于数字电视的服务系统、移动数字图书馆集成服务系统等也已建设完成。

此后,国家数字图书馆在完成原定各项系统建设和软件开发任务的同时,又开始了另一项更大范围的业务拓展工作——数字图书馆推广工程。推广工程共分为两个阶段,前一阶段名为"县级数字图书馆推广工程",主要目标是向2800多个已经建成的文化共享工程县级支中心提供总量为1TB的数字图书馆信息资源。第二阶段为"数字图书馆推广工程",其标志是2011年5月,由文化部、财政部联合下发的《文化部、财政部关于实施"数字图书馆推广工程"的通知》文件[34]。

数字图书馆推广工程包括五项主要内容:覆盖各级图书馆的数字图书馆虚拟网、分布式资源库群、数字图书馆服务平台、数字图书馆工作平台和数字图书馆标准规范体系,最终形成"一库,一网,三平台"的基础架构(一库指分布式的公共文化资源库群;一网指以各级数字图书馆为节点的数字图书馆虚拟网;三平台包括了中华文化集中展示平台、开放式信息服务平台和国家文化交流平台)。其目标是利用虚拟网将各级数字图书馆进行连接,并将国家数字图书馆的资源和服务提供给全民,并提出了到2015年时,社会公众可获得资源总量达到10 000TB(10PB),覆盖人群达到手机8亿人、数字电视8000万户、互联网用户4.2亿人。

根据工程建设规划,数字图书馆推广工程在2011—2012年主要进行基础体系搭建,2013年完成全部市级图书馆硬件平台建设,2014年完成应用平台、新媒体服务、重点资源库及全国分布式库群的建设,并于2015年完成建设任务,实现工程确立的总目标。国家数字图书馆工程有力推动国家公共文化服务体系和能力的建设。

9.2.2.2 全国文化信息资源共享工程

全国文化信息资源共享工程(以下简称"文化共享工程")是自2002年起,由文化部、财政部共同组织实施的国家重大文化惠民建设工程。它利用现代信息技术,将中华优秀文化资源进行数字化加工整合,通过互联网、卫星、电视、手机等新型传播载体,依托各级公共文化设施,在全国范围内实现数字资源的共建共享。文化共享工程采取了与国家行政管理体制相对应的层级管理机制,形成了国家、省、地市、县、乡镇、村的六级网络体系,它们分别被称为国家中心、省级分中心、地市级支中心、县级支中心、乡镇基层服务点和村级基层服务点;另外,在城市范围内还分别对应有街道文化中心和社区文化站,其中省、市、县级站点都部署在当地图书馆,乡镇和村以基层文化中心和文化站为节点。

文化共享工程在建设主体、建设理念、服务方式等方面都在很大程度上依托各级图书馆机构,在应用技术、标准体系方面也参考了数字图书馆的技术和标准,因此被看做是一项与数字图书馆紧密相关的实践性数字文化工程。不过,其在资源服务方式、服务活动目标、针对用户群体等方面与大多数数字图书馆项目也存在着明显的差异,不能完全按照数字图书馆的标准与思路来对应。在实践过程中,文化共享工程更多做是强调其对于数字图书馆发展的推动作用。

文化共享工程自启动以来,受到了党和国家的高度重视,连续八年被写入中央一号文件,先后被列入我国《国民经济和社会发展第十一个五年规划纲要》《国家

"十一五"时期文化发展规划纲要》《国民经济和社会发展第十二个五年规划纲要》《2006—2020 年国家信息化发展战略》《国家中长期教育改革和发展规划纲要(2010—2020)》《国家"十二五"时期文化发展规划纲要》《关于贯彻实施〈中国农村扶贫卷发纲要(2011—2010 年)〉重要措施分工方案的通知》等国家集重要规划和指导文件。截至 2010 年,中央财政和各级地方财政已投入专项建设资金 63 亿元,为工程的顺利实施提供了保障。

文化共享工程的建设和发展呈现出三个明显不同的阶段:第一阶段从 2002 年到 2006 年,主要是针对少数重点地区开展以卫星数据广播为主的资源服务;第二阶段从 2007 年到 2010 年,重点推进遍布全国的县、乡、村各级基层服务网点的建设工作,并积极开展多样化的资源服务;第三阶段则是从 2011 年开始,面向"十二五"的发展目标,为全面建设覆盖城乡的公共文化服务体系而努力,重点推进公共电子阅览室的建设工作。

在党中央、国务院的正确领导下,在各级党委、政府的大力支持下,10 多年来,特别是"十一五"期间,文化共享工程建设取得了显著的进展,已初步建立了层次分明、互联互通、多种方式并用的数字文化服务网络。截至 2011 年年底,全国文化信息资源共享工程已建成 1 个国家中心,33 个省级分中心(覆盖率达 100%),2840 个县级支中心(覆盖率达 95%),28 595 个乡镇基层服务点(覆盖率达 83%),60.2 万个村基层服务点(覆盖率达 99%),累计为 9.6 亿人次提供了服务。通过广泛整合图书馆、博物馆、美术馆、艺术院团及广电、教育、科技、农业等部门的优秀数字资源,全国文化信息资源共享工程数字资源建设总量已达到 136TB,整合制作优秀特色专题资源库 207 个。

9.2.2.3　国家科技图书文献中心(国家科技数字图书馆、NSTL)

国家科技图书文献中心(国家科技数字图书馆、NSTL)是一个基于数字技术的科技文献信息服务机构,成立于 2000 年 6 月 12 日。中心按照理、工、农、医四大支柱建设,成员单位包括中国科学院文献情报中心、工程技术图书馆(中国科学技术信息研究所、机械工业信息研究院、冶金工业信息标准研究院、中国化工信息中心)、中国农业科学院图书馆和中国医学科学院图书馆,此外还包括了网上共建单位中国标准化研究院和中国计量科学研究院。

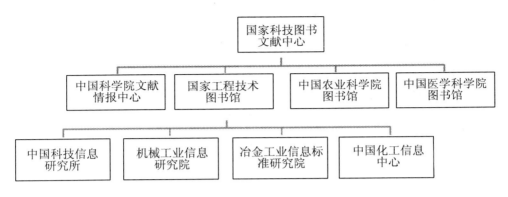

图 9 - 4　NSTL 组成结构

中心的宗旨是："根据国家科技发展需要,按照'统一采购、规范加工、联合上网、资源共享'的原则,采集、收藏和开发理、工、农、医各学科领域的科技文献资源,面向全国开展科技文献信息服务。其发展目标是建设成为国内权威的科技文献信息资源收藏和服务中心;现代信息技术应用的示范区;同世界各国著名科技图书馆交流的窗口。"

国家科技文献资源网络服务系统是由国家科技图书文献中心建设的网络化科技信息服务系统,于 2000 年 12 月 26 日正式开通,是中心对外服务的一个重要窗口,也是我国目前最大的科技信息资源共建共享工程。系统建设的目标是,按照分布加工数据,集中建库,集中检索,分布服务的原则,通过互联网向广大用户提供二次文献检索和一次文献提供服务。目前该系统已与各成员单位之间已建成 1000Mbps 宽带光纤网,实现了与国家图书馆、中国教育网(CERNET)、中国科技网(CSTNET)、总装备部情报所的光纤连接。提供了文献检索、原文提供、联机公共目录查询、期刊目次浏览、专家咨询等服务。

经过十年的建设和发展,中心已经成为我国科技外文印本文献资源最多的科技文献信息机构,初步建成了面向全国的国家科技文献保障基地。拥有各类外文印本文献 26 000 余种,其中外文科技期刊 17 000 余种,外文回忆录等文献 9000 余种。学科范围覆盖自然科学、工程技术、农业科技和医药卫生等四大领域的 100 多个学科和专业[35]。

9.2.2.4　中国科学院国家科学数字图书馆(CSDL)

2001 年 12 月中国科学院启动了国家科学数字图书馆工程,它是中国科学院知识创新工程的重要组成部分和科技现代化的支撑体系,它以数字图书馆机制有效地支持科学研究和知识服务。"十五"期间,国家科学数字图书馆建设的总体目标是:利用五年左右的时间,基本建成国家级的科学数字图书馆,为全院科研人员(包括研究生)提供远程访问的信息资源和服务体系,成为知识经济时代数字化、网络化、智能化国家科技信息体系的重要组成部分。主要任务是:在加强全院文献资源数字化和业务工作自动化基础上,构筑中科院文献信息资源分布式建设与管理体系,建成能够将不受时空限制的信息服务延伸到科研人员桌面的集成服务系统,促进网络环境下的信息传递和知识流动,加速信息的知识增值和知识更新。

截至 2003 年 6 月,CSDL 已经:整合因特网上各学科领域的文献信息资源和服务,建设了化学、资源环境、生命科学、数学物理和图书情报五个学科门户,对各个学科领域网络资源提供权威可靠的导航;购买了 Elsevier,Springer Link,PQDDB(博士硕士论文)数据库,VIP 中文科技期刊全文数据库等 10 多个电子数据库,并对全院用户及相关研究所免费开通使用;同时 CSDL 还相继通过因特网开通了全院科技期刊馆际互借和原文传递服务;全院文献信息参考咨询服务等服务系统,帮助用户获取全院范围内近 80 个研究所图书馆和全国范围内的上万种科技期刊文献的服务。

经过五年的中国科学院国家科学数字图书馆建设工作后,2006 年中国科学院国家科学图书馆正式成立,由中国科学院所属的文献情报中心、资源环境科学信息中心、成都文献情报中心和武汉文献情报中心四个机构整合而成。总馆设在北京,下设兰州、成都、武汉三个二级法人分馆,并依托若干研究所(校)建立特色分馆。国家科学图书馆,也是国家平台国家科技图书文献中心(NSTL)的一部分和中国科学院研究生图书馆[36]。

9.2.2.5　中国高等教育文献保障系统(CALIS)

中国高等教育文献保障系统(China Academic Library & Information System,CALIS)作为国务院批准实施的我国高等教育"211 工程"、"九五"、"十五"总体规划中的三个公共服务系统之一,于 1998 年 11 月正式启动。CALIS 项目的总体目标是:建设以中国高等教育数字图书馆为核心的教育文献联合保障体系,实现信息资源共建、共知、共享,以发挥最大的社会效益和经济效益,为中国的高等教育服务。CALIS 管理中心设在北京大学,另有文理中心(设于北京大学)、工程中心(设于清华大学)、医学中心(设于清华大学)、农业中心(设于北京农业大学)等四个全国文献信息服务中心,以及华东北(设于南京大学)、华东南(设于上海交通大学)、华中(设于武汉大学)、华南(设于中山大学)、西北(设于西安交通大学)、西南(设于四川大学)、东北(设于吉林大学)七个地区文献信息服务中心和一个东北地区国防文献信息服务中心。

从 1998 年开始建设以来，CALIS 管理中心先后主持开发了联机合作编目系统、文献传递与馆际互借系统、统一检索平台、资源注册与调度等系统，编制完成了《中国高等教育数字图书馆技术标准与规范》，形成了较为完整的 CALIS 文献信息服务网络，参加 CALIS 项目建设和获取 CALIS 服务的成员馆已超过 500 家。"十五"期间，"中英文图书数字化国际合作计划（CADAL）"也被列入该公共服务体系建设，项目名称重新确定为"中国高等教育文献保障体系——中国高等教育数字化图书馆（China Academic Digital Library & Information System，CADLIS）"，由 CALIS 和 CADAL 两个专题项目组成，建立了包括文献获取环境、参考咨询环境、教学辅助环境、科研环境、培训环境和个性化服务环境在内的六大数字服务环境，为高等院校教学、科研和重点学科建设提供文献信息保障与服务，成为中国经济和社会发展的重要基础设施。

特别需要提及的是，在工程"十一五"建设目标中除了提出建设"国家级中外文学术资源群存档与服务中心"、"升级高档教育数字图书馆（CADLIS）平台"等工作外，还明确提出了建设"面向高等教育的学术'Google'"，深刻地反映出了搜索引擎对于数字图书馆建设和服务理念的影响[37]。

9.2.2.6 中国社会科学院数字图书馆（CASSL）

2001 年，"数字图书馆的理论、实践与中国社会科学院数字图书馆建设"列为社科院 A 级重点课题。此后，"资源数字化标准问题研究"、"数字化参考咨询服务研究"、"数字化参考咨询服务研究"等一批院级课题相继立项，为数字图书馆项目的启动打下良好基础。2002 年中国社会科学院图书馆投入专项建设经费 1100 万元，引进国内外重要数字化资源，自建"国外中国学研究数据库"、"西方人文社会科学经典文献数据库"、"中国社会科学引文索引数据库"等一批特色数据库；建设了"中国社会科学院著名学者文库"、"中国社会科学院科研成果数据库"、"中国社会科学院 76 种学术期刊全文数据库"等。中国社会科学院在数字图书馆建设中提出"统一平台、统一标准、统一规划、共建共享"的建设思路，先后完成了"全国社科院系统联机编目"、"期刊目次与文献传递系统"、"电子资源跨库检索系统及西文期刊导航系统的开发"、"电子资源远程访问系统的开发"、"图书馆自动化系统的合作开发"等工程项目建设；"数字化资源分布与利用"、"资源数字化标准问题研究"、"基于生命周期的 ERMS 功能与技术架构"等研究课题；现已建成"中国社会科学院书目数据库"、"中国人文社会科学引文数据库"、"国外中国学数据库"等资源数据库，并引进各类中外文数据库 80 多个，基本覆盖了全院各个学科领域。下页图 9 - 5 就是数字图书馆整体的模型框架。

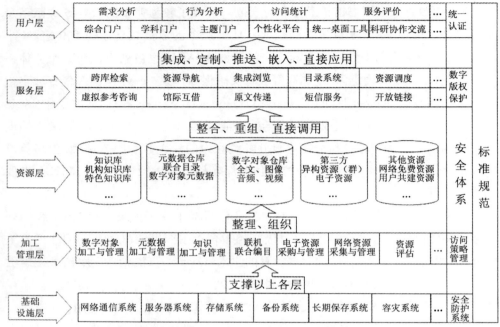

图 9-5 国家社会科学数字图书馆总体结构[38]

9.2.2.7 中国少年儿童信息大世界——网上图书馆

该项目是经文化部批准立项的 2000 年文化科技项目,由深圳少年儿童图书馆牵头,联合北京、天津、重庆、湖南、沈阳、大连、厦门、杭州、广州、武汉、荆州、南宁等全国 14 个少年儿童图书馆共同合作完成。"中国少年儿童信息大世界——网上图书馆"是我国数字图书馆建设和实践工作的重要组成部分。不同于大多的数字图书馆项目,它主要是以少年儿童、家长、教师以及其他少年儿童工作者为服务群体的。它主要是通过网络为用户提供多种健康有益的,融合科学性、知识性、趣味性和引导性为一体的少年儿童信息资源服务。

该项目已于 2002 年 6 月 1 日正式在互联网上发布,免费提供给全国儿童、家长及教师使用,并于 2004 年 8 月通过文化部组织的项目成果鉴定,填补了我国少年儿童网上图书馆的空白。但是,在建设过程中也充分认识到了数字图书馆建设中的技术难度,即使是集全国少儿馆的合力仍然难以有效应对,这也为今后在数字图书馆建设中合理有效地制定目标和技术开发积累了经验[39]。

9.2.2.8　大学数字图书馆国际合作计划（CADAL）

大学数字图书馆国际合作计划（China Academic Digital Associative Library，CADAL）前身为高等学校中英文图书数字化国际合作计划（China-America Digital Academic Library，CADAL）。2002 年 9 月，原国家计委、教育部、财政部下发了《关于"十五"期间加强"211 工程"项目建设的若干意见》的文件中，将"中英文图书数字化国际合作计划（CADAL）"列为"十五"期间"211 工程"公共服务体系建设的重要组成部分。现在，CADAL 与"中国高等教育文献保障系统（CALIS）"一起共同构成了中国高等教育体系的数字化图书馆的框架。

CADAL 项目建设的总体目标是：构建拥有多学科、多类型、多语种海量数字资源的，由国内外图书馆、学术组织、学科专业人员广泛参与建设与服务，具有高技术水平的学术数字图书馆，成为国家创新体系信息基础设施之一。项目一期建设 100 万册（件）数字资源，国家投入 7000 万元，美方合作单位投入约 200 万美金，"十五"期间已经完成。一期建设由浙江大学和中国科学院研究生院牵头，北京大学、清华大学、复旦大学、南京大学等 16 个高校参与建设；建成 2 个数字图书馆技术中心和 14 个数字资源中心，形成一套成熟的支持 TB 量级数字对象制作、管理与服务的技术平台，探索多媒体、虚拟现实等技术在数字图书馆中的应用，为数字图书馆建设与服务的可持续发展奠定了资源和技术基础。2009 年 8 月 14 日，CADAL 项目二期正式立项。二期建设将在一期百万册的基础上，完成 150 万册（件）数字资源，并建立分布式数据中心和服务体系，实现数据安全和全球服务，由国家投入 1.5 亿建设资金，计划在三年内完成。

CADAL 项目建设的数字图书馆，提供一站式的个性化知识服务，将包含理、工、农、医、人文、社科等多种学科的科学技术与文化艺术，包括书画、建筑工程、篆刻、戏剧、工艺品等在内的多种类型媒体资源进行数字化整合，通过因特网向参与建设的高等院校、学术机构提供教学科研支撑，并与世界人民共享中国学术资源，宣传中国的文明与历史，具有重大的实用意义、研究价值和发展前景[40]。

9.2.2.9　清华大学数字图书馆

清华大学的数字图书馆研究与建设工作起始于 1999 年。2001 年，清华图书馆与计算机联合成立了数字图书馆研究所，在图书馆内成立了数字图书馆研究室，以加强相关工程建设、资源数字化及先进技术应用等方面的投入。2006 年，完成了清华大学承担的中美"百万册图书数字图书馆"项目，以及 5 万册图书和学位论文的数字化加工任务[41]；并于 2006—2007 年开始进行手机图书馆的相关研究工作，目前已开通了相关服务，手机注册用户达到 24 249 人[42]。

在数字图书馆资源库建设方面,2001年建成了中国建筑史数字图书馆模型,2004年完成中国数学史数字图书馆模型,2005年完成中国机械史数字图书馆模型,2006年建成中国科技史数字图书馆模型,2008年建成中国水利史数字图书馆模型;并完成了"清华大学教育资源数字图书馆"、"清华文库"、"清华大学学位论文服务系统"等直接服务于教学活动的数字资源库建设工作[43]。

9.2.2.10　中国知识基础设施工程(CNKI)

CNKI源于世界银行1998年提出的国家知识基础设施(National Knowledge Infrastructure,NKI)的概念。1999年6月,清华大学、清华同方共同发起实施了中国知识基础设施工程(China National Knowledge Infrastructure,CNKI)的建设,是一项以实现全社会知识资源传播共享与增值利用为目标的信息化建设项目。在中国政府及各部门的大力支持下,在全国学术界、教育界、出版界、图书情报界等社会各界的密切配合和清华大学的直接领导下,CNKI工程经过多年努力,建成了世界上全文信息量规模最大的"CNKI数字图书馆",建成了完整的以学术研究成果为核心的中国信息资源体系——《中国知识资源总库》,为全社会知识资源高效共享提供最丰富的知识信息资源和最有效的知识传播与数字化学习平台,是现在各类数字图书馆工程重要的知识内容提供和服务平台[44]。CNKI亦可解读为"中国知网"(China National Knowledge Internet)的英文简称。

CNKI工程的建设目标:一是大规模集成整合知识信息资源,整体提高资源的综合和增值利用价值;二是建设知识资源互联网传播扩散与增值服务平台,为全社会提供资源共享、数字化学习、知识创新信息化条件;三是建设知识资源的深度开发利用平台,为社会各方面提供知识管理与知识服务的信息化手段;四是为知识资源生产出版部门创造互联网出版发行的市场环境与商业机制,大力促进文化出版事业、产业的现代化建设与跨越式发展。

CNKI工程是牵动全社会知识信息资源共建共享的浩大信息化工程,广泛涉及全国传统出版物与非出版物、音像电子出版物资源的数字化建设与网络出版、全球互联网资源的专业化整合、多媒体教育教学资源库的研制、信息资源共享技术开发以及网络会议、网络教学等资源交互式应用系统的开发等有关产业、技术、经济、法律诸多领域。它的长期建设构成了庞大的社会化生产与服务产业链。

CNKI工程目前主要拥有两项产业化的知识工程,即:《中国知识资源总库》和中国知网。其中,《中国知识资源总库》是CNKI工程的核心资源建设项目,也是"十一五"国家重大出版工程项目,囊括了中国90%以上的知识信息资源,是目前资源类型完整、内容全面的国家知识资源保障体系,完整地收录了中国期刊、博硕士论文、报纸、会议论文、年鉴、工具书、百科全书、软件、专利、标准、科技成果、政府文件、法律法规及互联网信息总汇等各种知识资源,并与 Springer、Taylor&Francis 和 Wiley 等重大国际出版物整合,形成中外文知识网络服务系统。中国知网则是《中国知识资源总库》的互联网出版与知识服务平台,是最完整的中国知识信息门户网站,服务于 110 多个国家和地区的 17 000 余家机构用户。图 9 – 6 显示的就是《中国知识资源总库》的总体运行机制。

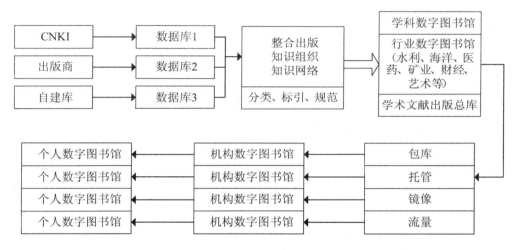

图 9 – 6 《中国知识资源总库》平台运行机制图

参考文献

[1] 常唯,孟连生. 浅析美国数字图书馆研究与建设的历程与趋势. 数字图书馆论坛,2006(6)

[2] clir 官网. http://www.clir.org/dlf/dlf-members

[3] http://www.nsf.gov/news/news_summ.jsp? cntn_id = 103048

[4] http://www.nsf.gov/news/special_reports/cyber/digitallibraries.jsp

[5] How big is the Library? http://nsdl.org/about/faq;刘燕权,谷秀洁. 美国科学数字图书馆(NSDL)2005 – 2006 年资助项目述评. 数字图书馆论坛,2007(10)

[6] Library of Congress Strategic Plan Fiscal Years 2011—2016. http://www.loc.gov/about/strategicplan/strategicplan2011—2016.pdf

[7] 秦丰昌,薛慧彬. 分报告一:美国国会图书馆考察报告. 数字图书馆论坛,2011(1)

[8] http://memory.loc.gov/ammem/index.html

[9] 刘燕权,韩志萍. 美国记忆——美国历史资源数字图书馆. 数字图书馆论坛,2009(7)

[10] http://thomas.loc.gov/

［11］http://en. wikipedia. org/wiki/National ＿ Grid ＿ for ＿ Learning National Grid for Learning.
Connecting the Learning Society. http://www. education. gov. uk/consultations/
downloadableDocs/42＿1. pdf

［12］http://www. peoplesnetwork. gov. uk/about. html

［13］王大可. 数字图书馆. 深圳:海天出版社,2002

［14］http://www. dbpm. cn/news/detail. asp? id＝243&cid＝7

［15］http://www. jisc. ac. uk/whatwedo/topics/digitallibraries. aspx

［16］郑森磊,梁晨. 近10年国外数字图书馆重大项目进展研究. 科技情报开发与经济,2010(21)

［17］法国数字图书馆的发展方向. http://www. culturalink. gov. cn/portal/pubinfo/001/20111125/
d8351e56fb7c423aaae6f398167e075a. html

［18］Gallica——法国国家图书馆的数字图书馆. 国外社会科学,2006(2)

［19］王大可. 数字图书馆. 北京:海天出版社,2002

［20］李颖,石塚英弘,丘东江. 日本数字图书馆概观. 数字图书馆论坛,2006(6)

［21］王渊,牛淑会. 日本数字图书馆的项目与特点. 现代情报,2004(8)

［22］国立国会图书馆指南. http://www. ndl. go. jp/en/aboutus/pdf/pamphlet＿cn2008. pdf

［23］NAITO Eisuke. 日本数字图书馆的发展 1990 － 2004. http://navi. nlc. gov. cn/WEB＿GT/
infoshow. php?id＝4402

［24］屈红军. 苏联解体后俄罗斯图书馆事业研究徐述. 新世纪图书馆,2007(5)

［25］由薇波. 关于俄罗斯图书馆信息化问题浅析. 现代经济信息,2011(12);
尤小明. 俄罗斯图书馆信息化政策的三个阶段. 国外图书馆,2002(2)

［26］肖秋惠,苏晓晔. 俄罗斯电子图书馆研究概述. 江苏图书馆学报,2001(2)

［27］王玉君. 俄罗斯电子图书馆的建设与发展. 西伯利亚研究,2010(4)

［28］http://www. wdl. org/zh/about/

［29］http://www. nlc. gov. cn/old/old/dloff/scientific6/sci＿2. htm;
胡燕菘. 国内数字图书馆研究项目综述. 高校图书馆工作,2005(2)

［30］http://www. nlc. gov. cn/old/old/dloff/scientific6/sci＿3. htm

［31］孙承鉴,刘刚. 中国试验型数字式图书馆的探索与实践. 现代图书情报技术,2001(6);
http://www. nlc. gov. cn/old/old/dloff/scientific6/sci＿7. htm

［32］http://srsp. nlc. gov. cn/publish/out/DetailProduction. jsp?command＝4028b9bd0605－f64f01060
606a9ac0009

［33］申晓娟,齐欣. 国家数字图书馆工程概述. 国家图书馆学刊,2008(3);
申晓娟. 国家数字图书馆工程建设回顾与展望. 数字图书馆论坛,2008(8)

［34］http://www. ndlib. cn/gcjs＿1/201108/t20110818＿47872. htm

［35］图书馆信息中心. 国家科技图书文献中心(NSTL)网站使用方法. http://www. nstl. gov. cn/

［36］http://www. las. ac. cn/;

http://sdb.csdl.ac.cn/

[37] http://project.calis.edu.cn/calisnew/calis_index.asp?fid＝1&class＝1;陈凌,王文清.数字文献服务环境与 CALIS 统一检索平台.上海交通大学学报.2003(9);

李军凯.CALIS 馆际互借与文献传递网的现状与发展.图书馆杂志,2005(10)

[38] 杨沛超.数字图书馆的理论与实践——以中国社会科学院为例.http://library.crtvu.edu.cn/crtvul_att/news_file/20081061255401.ppt

[39] 胡戤.刍议"中国少年儿童信息大世界——网上图书馆"的技术实现.深图通讯,2005(1);

陈一梅."中国少年儿童信息大世界"的共建共享——从 CALIS 看少儿网上图书馆的建设.农业图书情报学刊,2008(8)

[40] CADAL 项目管理中心.CADAL 项目二期工作进展.http://www.cadal.net/xmdtt;

CADAL 项目管理中心.CADAL 项目资源建设进展与计划.http://www.cadal.net/

[41] 张树华,张久.20 世纪以来中国的图书馆事业.北京:北京大学出版社,2008

[42] 张成昱.清华大学在移动数字图书馆的应用实践.http://cio.it168.com/a2011/0324/1170/000001170306_all.shtml

[43] http://webapp.lib.tsinghua.edu.cn:8090/

[44] http://www.cnki.net/gycnki/gycnki.htm

10 数字图书馆建设方案实例

10.1 国家数字图书馆工程

国家数字图书馆工程作为我国政府支持的第一个国家级数字图书馆工程,在我国数字图书馆领域具有重要的影响。第九章中我们已简要地介绍了工程的发展历程,这里我们着重介绍工程的建设思路和技术结构。

国家数字图书馆工程从 2001 年立项到现在始终坚持与国家图书馆二期工程合并推进的方针,因此该工程虽然名为"数字图书馆工程",但所包含的内容却不止于一般意义上的数字图书馆,它还包括了国家图书馆的业务自动化、管理信息化等方面的内容,是一个复合型的图书馆信息化与数字图书馆建设工程①,它在功能定位和体系设计等各方面都直接反映了国家图书馆的职能与定位特点。

国家数字图书馆工程建设的总体目标是:第一,在数字时代继续履行国家图书馆的职能,建设世界上最大的中文数字信息保存基地;第二,建设支持数字资源生命周期管理的技术支撑平台;第三,建设世界上最大的中文数字信息服务基地;第四,构建以国家图书馆为服务中心,以国内各大图书馆为服务节点的数字资源传递和服务体系,构建国家数字图书馆与国内各大公共图书馆数字资源的无缝传递与服务,为其他行业性和地区性数字图书馆系统提供服务支撑[1]。这四个总目标明确地反映出了国家数字图书馆作为图书馆行业的一项综合信息化工程的特点,因此,需要从总体建设思路和工程建设方案两个方向来理解整个工程。

10.1.1 总体思路

国家数字图书馆工程投资大、建设周期长、影响面广泛,仅总体设计方案就经历了四次重大的调整,其建设规模、服务能力、系统划分、技术实现等多个方面都随着工程总体需求的变化而不断更新。不过,终坚持了将数字图书馆系统与传统图书馆服务相融合,建设复合图书馆的理念。明确提出了数字图书馆体系结构由四

---

① "初步设计方案将数字图书馆系统与传统图书馆的关系作为一个重点思考的问题,在技术上提出了将数字图书馆系统与传统图书馆系统融合在一起,建设复合图书馆的思路。"参考:申晓娟. 国家数字图书馆工程建设回顾与展望. 数字图书馆论坛,2008(8)

个要素构成:数字资源建设、数字资源的长期保存与管理、数字资源的发布与服务、数字资源科学的管理体系,并将这些要素与传统图书馆业务服务形成了清晰的对应关系,如图10-1所示[2]。

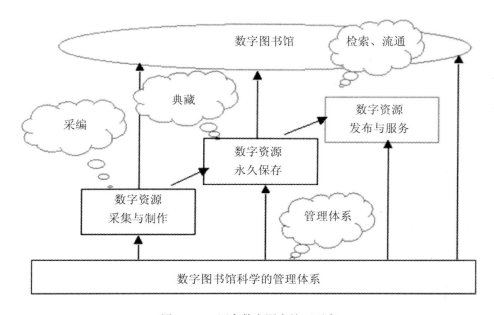

图10-1 国家数字图书馆四要素

这四个要素中,数字资源建设是核心,数字资源发布与服务是目的,数字资源长期保存与管理是基础,数字资源的科学管理体系是保障。从而在基础架构上确立了国家数字图书馆与国家图书馆业务的契合关系,将国家数字图书馆工程完全融入了图书馆学的研究范畴之内。

在明确国家数字图书馆与国家图书馆关系的基础上,国家数字图书馆进一步确定了其服务模式。根据信息时代下用户动态化、服务虚拟化和资源数字化的发展趋势,国家数字图书馆从网络环境、使用方式、服务方式和服务途径等四个方面描述了数字图书馆的服务模式,如下页图10-2[3]。

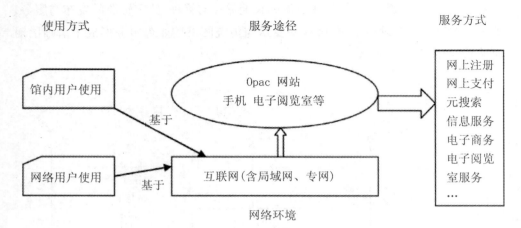

图 10-2　国家数字图书馆服务模式

在这种服务模式下,用户可以通过网络访问数字图书馆资源,也可以来到国家图书馆使用馆内的各项资源。而国家数字图书馆则根据所拥有的数字资源权限差异,形成了因特网、局域网、专网三种不同范围的资源发布和服务环境,其中局域网拥有的版权权力最多,所能访问的资源量也最大。在访问途径上提供了 OPAC、手机、网站、电视等通道,提供的服务方式则既包括了传统图书馆的各类电子化服务,也包括了全新的数字多媒体业务服务。

国家图书馆的特殊性质和关键地位决定了国家数字图书馆的服务群体具有广泛性、特殊性和专业性的特点,主要服务对象涵盖了中央国家领导机关及各级政府,科研院所、企事业单位及研究型用户、社会公众以及业界文献信息机构等四个方面[4]。

针对中央国家领导机关及各级政府,国家数字图书馆主要提供与立法决策工作相关的信息服务,并开展专题信息研究和咨询工作;对于科研院所、企事业单位及研究型用户主要提供深层次、专业化的信息与知识服务,并进行资源方面的深度合作;对于广大社会公众,则是通过多样化的接入手段和服务方式,提供个性化的数字图书馆信息服务,并积极拓展手机、电视等服务方式;针对业界文献机构主要是加强各种图书馆专业服务,如全国联合编目服务、联合馆藏服务、馆际互借服务、联合参考咨询服务、专业人员培训、标准制定与推广等。

10.1.2　工程建设

国家数字图书馆的设计与建设是一项非常复杂的系统工程,其业务功能的复杂性、用户群体的多样性、服务方式的专业性远超一般的信息化系统工程。因此,在工程方案设计之初主要是依据国家图书馆现有的行政架构与管理体制思路,提出了八大中心的建设目标,包括:文献数字化加工中心、数字资源加工中心、数字资源存储管理中心、网络管理中心、数字资源服务中心、系统开发维护中心、数字图书馆发展研究中心、展示与培训中心等[5]。

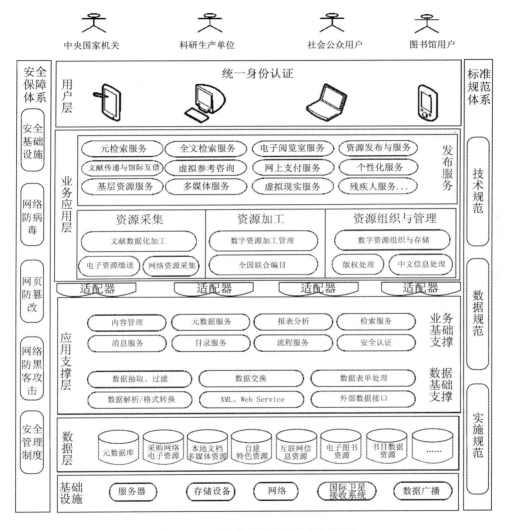

图 10-3 国家数字图书馆总体架构图

后来,随着工程建设的深入,为便于系统总体设计和项目推进,在详细设计方案中转变为根据系统结构和功能进行划分并建设的思路,由此形成了以数字资源生命周期管理为核心理念的全新分层设计架构。从图 10-3[6]中我们可以看到国家数字图书馆的总体架构分为用户层、业务应用层、应用支撑层、数据层和基础设施层,共五个层次。从整体上反映了数字资源从内容的策划到获取和创建、组织描述、保存管理、信息整合,再到提供多样化服务的完整业务过程所需具备的设施基础和功能框架。

下面主要从网络、存储系统、计算平台、应用系统及数字资源建设等几个方面简要叙述。

（1）网络

国家数字图书馆的网络从系统建设角度来看,主要由接入网、本地局域网、无线局域网、双向卫星系统、国际卫星节目接收系统、视频会议系统、数据广播系统、网络安全系统、异地灾害备份网络等九个组成部分。从面向用户服务的角度来看,主要包括有线网络、无线网、手机网关、数字电视。在有线网络接入方面具备了日资源输出量1000GB 的能力,其已有接入链路如下表10 - 1[7]。

表 10 - 1 　国家数字图书馆网络接入情况

接入网络	带宽	接入方式
网通	250Mbps	双绞线
电信	50Mbps	双绞线
教育网	1000Mbps	光纤
科技网	1000Mbps	光纤
广电网	1000Mbps	光纤
歌华有线	1000Mbps	光纤
中央党校	1000Mbps	光纤
CNGI(IPV6)	1000Mbps	光纤

无线网络接入主要是保证到馆读者都能通过 WIFI 接入到图书馆的网络中,从而获得访问馆内数字资源和多网接入的网络优势。手机网关现在主要通过 WAP 网站、短信服务、动态内容分发等方式来提供服务。数字电视主要是通过与有线电视运营商合作,在其数字电视平台上开展图书馆服务,如与歌华有线合作的"国图空间"等。

（2）存储系统

国家数字图书馆存储系统的主要目标是实现海量数字资源的调度、备份、服务、存储和长期保存,在结构上采用了在线、近线、离线三级数据存储的框架,数字资源按照访问级别和保存需求等指标分别存储在不同层级的系统中,并能够根据业务工作要求在不同的存储系统间迁移。

为实现这种设计,在具体实现上采用了 FC-SAN 的存储区域网和高性能磁带库组合的方案。其中,在线存储容量达到了 150TB,主要用于保存数据库、实时产生的书目记录、数字资源发布与服务过程中需要使用的数据,以及数字加工过程中的临时数据等。近线存储采用的是价格相对低廉,性能相对有限的 SATA 盘 SAN方案,并与在线存储共用 FC-SAN 网络,存储容量也达到了 150TB,主要管理那些对于性能以及可靠性要求都不高的数据,如:数字资源发布与服务过程中访问频度较低的数据、数字资源加工后的数据、资源供应商保存的数据、互联网采集到的资源、购买的资源数据等。离线存储主要采用大容量磁带库和光盘库,完成数字资源的长期保存和备份工作,离线存储容量将达到 340TB。

但是,随着存储技术的快速发展,在存储系统建成后,上述系统的实际可扩展容量都大大超过了设计指标,其中磁盘系统(包括在线和近线部分)最大存储能力可达 900TB,磁带库设备容量达到 1240TB。

图 10 - 4   国家数字图书馆 SAN 存储　　　图 10 - 5   国家数字图书馆磁带备份系统

(3)计算平台

国家数字图书馆业务活动中会产生大量的业务数据管理、检索、访问需求,因此其计算平台对于设备提出了严格的高性能和高可靠性要求,并根据具体业务需求的不同形成了针对一般应用的服务器系统和专用业务的计算机集群系统两部分。其中计算机集群是国家数字图书馆实现业务服务的关键系统,主要用于用户服务的数字资源发布与服务。根据设计目标集群系统应具备 2 亿条以上结构化元数据的检索能力,可应对平均 100 000 次/分钟,峰值 10 000 次/秒的检索请求,并可以进行 1 亿页规模的全文检索(按每册 100 页算,相当于 100 万册图书)。

（4）应用系统

根据国家数字图书馆的业务需要,其应用系统主要包括了用户管理系统、资源采集与获取系统、数字资源加工系统、数字资源的发布与服务系统、数字资源的组织与管理系统等部分,以及用于支撑以上业务的版权信息管理、唯一标识符和文津搜索等。

用户管理系统是集用户注册、认证、管理为一体的读者信息综合管理平台,主要负责与数字图书馆用户与各种应用系统间的交互。资源采集与获取系统主要是将各种类型的资料转化为有序的数字资源并进行管理,包括了针对传统文献的数字化加工系统,针对网络资源的采集系统以及用于电子缴送的业务管理系统。数字资源加工系统是将获得的各种数字资源,如数据库、电子图书、电子期刊等进行格式转换、元数据标引处理,使其能够被数字图书馆系统统一管理和使用。数字资源的发布与服务系统分为发布与服务两个环节,在数字资源发布核心的是文津搜索系统和针对基层图书馆服务的数字资源基层服务系统,数字资源服务方面除了传统的文献传递、虚拟参考资源、馆际互借等外,还建设了手机和数字电视的服务。数字资源的组织与管理系统也包含两个方面的内容,一是数字资源的组织管理体系,主要包括对资源安全、资源级别、资源调度、权限控制、元数据与对象数据进行管理;二是建立国家数字图书馆数字资源长期保存体系,包括加工、档案存储、数据管理、访问和发布。版权信息管理系统主要完成各类数字资源的著作权信息建设、维护和管理,搭建能够为全国服务的数字图书馆版权信息库。唯一标识符系统完成对数字资源的唯一标识,从而有效地管理、利用和整合以互联网为应用背景的海量分布式数字资源。文津搜索系统是整合国家数字图书馆元数据信息的统一搜索系统平台[8]。

数字图书馆应用系统的复杂性,必然导致数据和接口的复杂性,系统间的交互和数据通讯都成为系统建设和管理的难点。为应对这种需求,国家数字图书馆建设了应用支撑平台。通过 SOA(Service-Oriented Architecture)的架构,并采用 ESB (Enterprise Service Bus)总线结构将各个业务子系统进行连接,从而实现业务的协同、互访和功能调用,保证了国家数字图书馆内部各个异构系统之间的无缝融合。

（5）数字资源建设

由于国家财政拨款体制的原因,国家数字图书馆工程本身并不包含资源建设经费,也就没有资源建设的内容。不过,为了大致了解国家数字图书馆的数字资源服务能力,这里仍将国家图书馆的数字资源情况列出,供参考。

截至 2011 年底,国家图书馆数字资源总量已达 561.3TB,主要来源为外购数据库 71TB、馆藏特色资源数字化 466.8TB、网络导航和网络资源采集 19.2TB 等五个部分(第五部分是缴送的光盘数字资源,未包含在上述数据中)。其内容单元主要包含:电子图书 142.7 万种/185.3 万册,电子期刊约 5.3 万种,电子报纸约 0.37 万种,学位论文约 353.7 万篇,会议论文约 308.1 万篇,音频资料约 101.6 万首,视频资料约 8.9 万小时(讲座按每场 1 小时计)[9]。

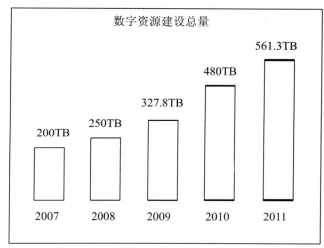

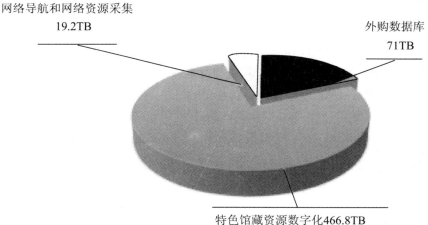

图 10-6　国家图书馆数字资源建设情况

10.1.3　数字图书馆推广工程

数字图书馆推广工程是国家数字图书馆工程的服务扩展,是与全国各级公共图书馆已有图书馆数字化项目进行联合的工程①。它利用虚拟网将各级公共图书馆进行纵向贯通,并通过国家数字图书馆建设的软件平台,将版权信息库、资源唯一标识库等公开共享,从而实现全国各级公共图书馆数据信息的共享和系统的整合。其建设内容主要包括:覆盖各级图书馆的数字图书馆虚拟网、分布式资源库群、数字图书馆服务平台、数字图书馆工作平台和数字图书馆标准规范体系五个主要部分。资源库、工作平台和标准体系在前面已有说明,这里仅就虚拟网和服务平台作简单的介绍。

(1)虚拟网

虚拟网是数字图书馆推广工程的重要组成部分,也是开展各项协同业务的基础条件。主要是在互联网链路的基础上,通过 IPSEC VPN 技术组建虚拟网,以国家图书馆为虚拟网的网络中心,将省、市级图书馆连接,实现公共图书馆网络体系的纵向贯通,从而达到将国家数字图书馆的建设成果在各地图书馆共享的目的。

虚拟网承载的主要功能是图书馆间各类业务系统的数据、实现数据传输的安全、实现数字资源的远程访问和异地共享。其中承载的业务数据包括:服务类数据、生产类数据和交流类数据。服务类数据是指各级数字图书馆的数字资源;生产类数据是指国家图书馆与省、市馆之间的应用系统业务数据,如数字资源组织系统数据;交流类数据是指图书馆间进行业务交流与联系的数据,如视频会议数据等。

对于公众而言,主要是在公共图书馆访问数字资源时,能够利用推广工程的技术平台自动获得联网图书馆的数字资源。在技术层面上,就是通过对其访问的目标地址进行解析,判断访问路径。若访问的是虚拟网资源,则通过 VPN 通道获取国家图书馆的数字资源,否则按原有路径访问。

(2)服务平台

服务平台建设方面,推广工程主要将国家数字图书馆工程建设的各项服务平台,以及其他相关的用户服务平台进行整合,形成一整套的针对各种类型、各种特点用户的信息服务系统,并且着重强调了新媒体服务的应用。这些服务包括了针对手机用户的移动数字图书馆(wap. nlc. gov. cn),针对家庭用户的电视图书馆(数字电视和 IPTV),针对少年儿童群体的少儿图书馆(kids. nlc. gov. cn),与残联等单位合作的残疾人图书馆(dlpwd. nlc. gov. cn),盲人图书馆(www. cdlvi. cn),以及政府公开信息整合平台(govinfo. nlc. gov. cn)等。

---

① 国家数字图书馆推广工程相关内容来源于,国家图书馆网站 http://www. ndlib. cn/、2011 年中国图书馆年会暨中国图书馆学会年中公布的宣传材料等。

10.1.4　几点思考

国家数字图书馆工程作为我国第一个国家级的数字图书馆工程,从 2001 年立项到现在已超过 10 年。其建设规模之大,持续时间之长,在我国图书馆和数字图书馆建设史上都是空前的。它的建设对于我国图书馆事业的发展和数字图书馆理论的实践都具有重要的带动作用,对于我国数字图书馆日后的建设具有重要指导意义。不过,其特殊的性质决定了它本身也是一个矛盾体,值得数字图书馆建设者深入思考。

一、国家数字图书馆工程虽然被定位为一项复合型的图书馆信息化与数字图书馆建设工程,但它并未脱离传统图书馆学的范畴,它的业务基础是国家图书馆的传统业务体系,主要的信息化服务手段都是传统业务的延伸,因此它本质上是图书馆的信息化项目,而不是完全意义上的数字图书馆。

二、国家数字图书馆工程对于我国数字图书馆的建设有着非常重要的示范意义和带动作用。但是,由于前述的原因,事实上将我国数字图书馆的建设方向导向了以图书馆传统业务信息化为主的发展方向,这与互联网时代下公众的需求有着显著的差异。长期来看,将可能会出现需求疲软、发展缓慢的情况,遭遇类似数字电视早期推广过程中的困境。

三、我国数字图书馆工程的一大特点是具有很强的工程实践性,但在理论性和创新性方面普遍不足。这点在国家数字图书馆工程的建设过程中也非常突出。作为一项投资巨大的国家级信息化工程,尽管在工程规划、项目实施、系统建设等方面取得了诸多宝贵的经验,但却未能在数字图书馆理论体系、运行机制等方面实现突破性发展。未来,面对出版、传播和阅读的全面数字化浪潮,现有的理论体系和运行机制是否能够有效应对,仍需各方长期关注。

四、数字图书馆推广工程作为国家数字图书馆工程的后续项目,其核心思想是通过建设覆盖全国公共图书馆的专业服务网络,进而形成全国联动的资源建设和服务体系,是一项投资规模更大、覆盖范围更广的数字图书馆工程项目。但是,从其规划目标来看,该工程仍以传统资源建设和服务理念为核心,并未深入融合到信息时代的网络浪潮之中,国家数字图书馆工程所面对的隐忧在它身上同样存在。

10.2　文化共享工程

尽管在很长一段时间里,从建设主体、服务理念、技术手段等角度来看,我们都将文化共享工程看做是一项与数字图书馆相关的工程,但是相比于国家数字图书馆工程,以及其他常见的数字图书馆建设项目而言,文化共享工程无论在组织结构、运行机制和技术模式上都存在极大的差异。而这其中最为显著的差异就是文化共享工程是一个协作式的服务联合体,在组织结构和技术体系上都是如此。从总体来看,就是由数量庞大且分散的站点与少数技术和业务服务中心所形成的综合服务体系。

由于文化共享工程的覆盖范围涉及全国,所涵盖内容和信息都非常庞大,这里我们主要通过介绍工程的基本业务框架和与之配套的技术架构来说明工程的主要运行机制,并从中了解它作为一项特殊的与数字图书馆建设相关的工程的特点与意义。

10.2.1 基本业务框架

文化共享工程的主体服务思路是:利用信息技术装备,加强遍布全国的各级基层网点的信息服务能力,并以基层站点为核心服务阵地,针对当地群众开展公益性的文化服务。依据这样的思路就形成了,首先在全国范围内实现数字资源的共建共享,然后利用信息网络将资源推送到各级服务站点,再在各级站点内开展服务活动的基本业务框架。与这样的业务框架相配套,就形成了文化共享工程的资源建设、资源传输和资源服务的基本业务流程,如图 10 – 7 所示。

图 10 – 7 文化共享工程基本业务思路

在资源建设方面文化共享工程形成了以文化部全国文化信息资源建设管理中心(以下简称"国家中心")为中心节点的,以全国各省级分中心为骨干,全国范围内广泛参与的数字资源共建共享机制。其基本方法是通过资源采购或自建等方式获得资源素材后,再进行资源的数字化加工、转换以及编目处理,形成一个全国范围内可以普遍使用的数字文化资源目录体系,然后由国家中心向各地推送或由各地根据需要选择下载。同时,由于工程主要针对农民及边远地区弱势群体提供服务,因此在资源形式上比较偏向视频,图文信息方面的比例相对较低。

文化共享工程在业务管理结构上采取了类似行政管理体制的分层指导模式,而其数字资源主要集中在国家中心和省级分中心,资源的应用单位又主要以更为庞大的县级以下节点为主,因此其网路传输工作的主要目标就是,通过各种网络传输途径将选定的信息资源推送到基层服务站点。但是,共享工程资源数据以视频为主的特点使得这种具有广播特点的资源传输业务变成一项极为困难的工作。为此,文化共享工程建设了互联网、政务外网、卫星数据广播网、有线数字电视网络等资源传输通道,以及光盘、硬盘等数字资源递送方式。其基本结构如图10 - 8。

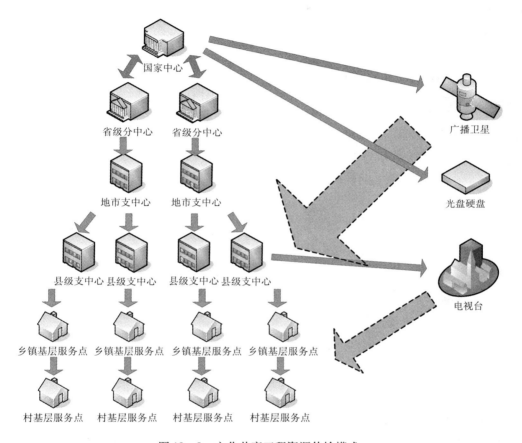

国家中心

省级分中心 省级分中心

地市支中心 地市支中心

县级支中心 县级支中心 县级支中心 县级支中心

乡镇基层服务点 乡镇基层服务点 乡镇基层服务点 乡镇基层服务点

村基层服务点 村基层服务点 村基层服务点 村基层服务点

广播卫星

光盘硬盘

电视台

图 10 - 8　文化共享工程资源传输模式

文化共享工程的服务站点根据其层级的不同,在设备规模和服务能力方面都有较大的差异,以一个县级支中心为例,其投资规模为 68 万元,而一个村级基层服务点的投资仅有 5000 到 6000 元,两者相差一百倍左右。因此站点内的资源服务方式和手段也会有较大的差异,但基本上都遵循了资源先存储再服务的流程,同时也提供了一定的网络带宽接入手段,供用户通过互联网直接访问。随着宽带网络、移动互联网和数字电视网络的普及,IPTV、手机、数字电视等服务模式也开始在工程内被应用,但是工程的基本服务思路并未因此而发生显著转变。

10.2.2 主体技术架构

与共享工程基本业务框架相匹配的是工程的技术架构。如图 10 - 9 所示，共包含八个主要部分，分别是：综合分析、资源建设、工程建设、反馈评估、网络传输、终端服务、标准规范和安全保障[10]。事实上形成了以资源业务流程为核心的技术支撑体系，其中最为关键的就是资源建设、网络传输和终端服务体系。

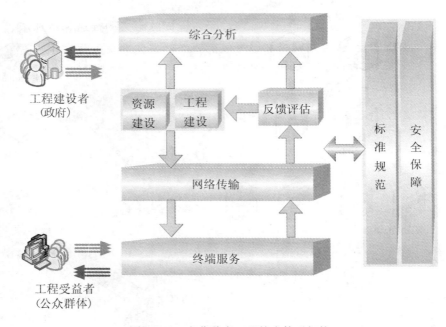

图 10 - 9   文化共享工程技术体系架构

与这种技术框架相对应的是各种匹配的业务系统。在资源建设方面有媒体资源管理系统、资源的联合编目系统；在反馈评估和综合分析方面有工程的运行管理系统；在工程建设方面用于培训的数字学习港；在资源传输方面有卫星传输系统、政务外网传输系统；在终端服务方面有工程网站、政务外网的政务网站、视频直播服务、手机 WAP 服务；根据基层站点的不同还有村级服务系统、县级服务系统等。并且根据各地的具体实践，形成了八大服务模式：卫星模式、互联网模式、政务外网模式、移动终端服务模式、移动播放服务模式、有线/数字电视服务模式、IPTV服务模式、网络镜像模式等。

但是，对于文化共享工程这种层级复杂、应用站点极多的体系，根据业务系统和应用的方式来分析，常常会显得有些凌乱，而且这些系统在实际应用中往往有很多的"特例",从而令人更加难以看清整体的脉络。因此,这里我们将从更为宏观的数据组织和流动来看待文化共享工程的技术思路,这也是本书中用于研究数字图书馆架构的方法。

从文化共享工程的数据流动状态来看,基本包含了三个阶段,即:数据推送、本地存储和本地服务。采用这种框架的基本依据是:现有的互联网无法承担大规模的视频并发流量,也无法提供快速的用户响应,因此将数据资源先推送到基层站点的存储空间中,然后再在站点的局域网环境内提供资源服务。而这正是李幼平院士提出的"播存网格"理论①的基本思想,即通过资源的主动推送和本地服务来降低网络主干线的压力,提高网络和服务效能。虽然文化共享工程在正式文件中并未明确提出过"播存网格"的理论,但实际工程建设中始终都未偏离该理论框架,无论是早期的卫星小站服务模式,还是后来大规模建设和推广的县级支中心的建设。尽管后来出现了 IPTV、数字电视等数据集中管理和服务的模式,但也往往局限在有限的范围内,未能普遍推广。

10.2.3 县级支中心的技术架构

县级支中心是文化共享工程"十一五"期间重点建设的基层服务站点,也是文化共享工程针对基层和农村地区实现信息资源服务的关键节点,已建成的 2840 个县级支中心是文化共享工程基层服务的关键抓手。并且,县级支中心在总体业务服务思路和技术结构等方面都具有显著的代表性,相比省级和地市级分支中心,县级支中心仅在设备规模上有所降低,相对于乡镇站点,县级中心在核心的业务思路上也非常相似,但却更加丰富和灵活。因此对于县级支中心的研究有助于更好地理解文化共享工程各级站点的建设和服务模式,也有助于理解文化共享工程六级网络的运行模式。

(1)拓扑结构

文化部从 2006 年开始推进县级支中心的建设工作,并且连续 5 年下发了关于县级支中心建设的标准方案②,以便各地参照执行。纵观这 5 年的技术方案,在总体建设思路和架构方面基本保持了以多通道数据接收、本地数据存储、本地资源服务为特点的技术框架,调整的内容主要涉及:存储容量(从早期的 3.6TB 存储容

---

① "播存网格"是指先将互联网上的资源经过前端整合,再将数据大规模通过单向广播网推送到客户端,利用其大容量的存储器将用户感兴趣的共享信息存储在本地,从而解决用户访问网络的冲突。资料来源:李幼平. 营造播存网络——为互联网增添次级结构. 计算机世界,2005(9)

② 相关材料可参考:文化共享工程主站社文处长专栏. http://www.ndcnc.gov.cn/libportal/sts/

量,到后期的 3.6TB 可用容量,实际相当于增加了 1TB 的空间)、设备性能(包括 CPU 性能、硬盘容量、显示器大小等),以及设备数量(服务用 PC 机从 20 台增加到 25 台)等。其基本网络拓扑结构如图 10－10 所示。

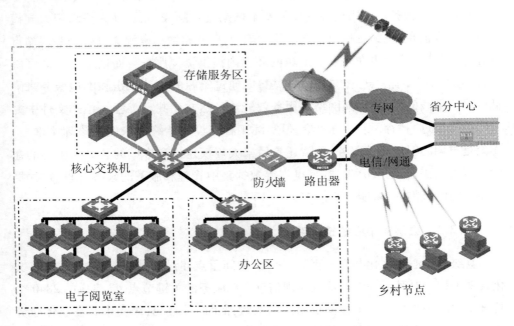

图 10－10　文化共享工程县级支中心拓扑结构图

在该图中,县级支中心可以划分为三个基本功能分区:存储服务区、电子阅览室、办公区。他们分别对应着文化部下发的县级支中心配置方案中的中控室、中心电子阅览室、综合业务加工室。三个功能分区之间通过交换网络实现连通。存储服务区(中控室)中主要用于安放存储设备、服务器等专业设备;电子阅览室用于布置 PC 终端等用户服务设备;办公区(综合业务加工室)主要为工作和管理人员提供服务。这里没有画出县级支中心自建网站和邮件系统。如果要建设对外服务的网站,需要在防火墙上建立 DMZ 区。

县级支中心的外部网络通道主要有三条:卫星、专网(VPN 或政务外网)和互联网。利用卫星接收服务器可以将国家中心通过卫星下发的资源直接导入到本地的存储设备中。通过政务外网或互联网可以实现文化共享工程资源的快速更新,通过互联网还可以实现对乡、村节点的管理维护和数据更新等工作。除以上网络通路外,县级支中心还可以通过移动硬盘、光盘等方式实现数据和资源的更新。尽管我们在前面谈到"美国往事"时,就提到使用光盘等方式分发数字资源是一种非常低效和成本高昂的办法,但是由于共享工程业务和管理结构的特殊性,光盘/硬盘成为了事实上的最主要资源传输手段之一。

(2)软件系统

根据县级支中心的功能定位和业务需求,其软件系统包含两个主要内容:①县级支中心内部服务的软件应用环境;②与外部系统连接的软件系统。

● 县级支中心内部的软件应用环境

文化共享工程县级支中心依托当地的县级图书馆来建设(新疆生产建设兵团的县级支中心建设在当地的团场电视台)的定位,决定了其核心业务需包括文化共享工程和图书馆自动化两大部分。具体到实际的软件系统上就是文化共享工程的资源应用管理系统和图书馆的业务自动化系统,其中资源应用管理系统将根据各地的实际需求,实现一种或多种服务模式。另外,国家图书馆提供的基层资源服务平台,以及县级支中心的办公软件也为系统整体提供了有效的支持。

因此,县级支中心内部的软件体系就是以这些关键应用系统为核心而构建的。如下页图10-11所示,我们可以看到这些系统以统一的数据存储管理和接收机制为基础,同时依靠杀毒、监控、备份等工具软件作为支撑与外部网络相连接(图中最下面的集中数据传输介质),并为用户和管理人员提供了统一的用户界面。而这些软件都以文化共享工程标准规范和数字图书馆的标准规范体系作为基本规范。

● 与外部系统连接的软件系统

县级支中心的软件系统需要与文化共享工程整体技术体系相结合,因此需要考虑与外部系统的关系。这就需要在各种通道的接口和数据规范方面严格遵守相关系统的技术要求,这些要求包括,政务外网资源传输机制、卫星数据接收机制、数据统计管理机制、数据的元数据和对象数据描述机制等。县级支中心的内部系统,通过这些接口系统和协议,将数据资源统一管理和维护,为各个应用系统提供有效的支持。

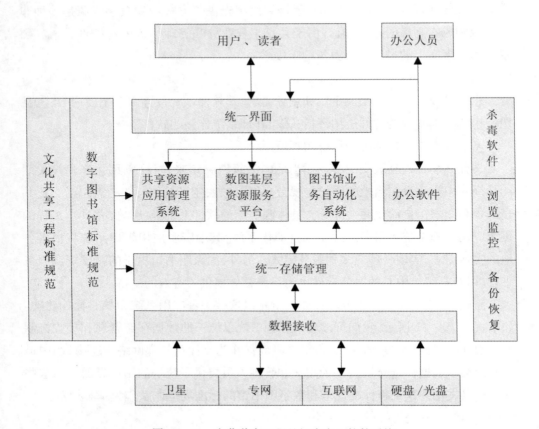

图 10 – 11　文化共享工程县级支中心软件系统

注:基层资源服务平台是由国家图书馆提供的,将国家图书馆建设的数字资源分发给全国省市县各
　　级地方公共图书馆的应用系统。该系统不属于县级支中心的建设内容。

10.2.4　几点思考

文化共享工程是在国民经济快速发展、国家政策向农村大力倾斜的宏观背景下开展的一项以信息技术为依托的全国性文化推广工程,具备显著的均等性和公益性特点。其公益性是指工程提供的是公益服务,不以营利为目标;均等性是指工程目标是利用信息技术弥合城乡差别和东西部差别。其所建设的 2840 个县级支中心,60 多万个乡镇村基层点对于推进公共文化服务体系的建设起到了极为重要的作用,也极大地促进了数字图书馆在全国的发展。但是,作为一项实践性工程,它在许多机制和方法上都值得认真思考。这里主要从业务和技术的宏观框架方面谈几个观点,供大家思考。

一、数字图书馆是网络时代下的信息工程和知识工程,它的现实价值就在于它与互联网形成了紧密的联系。互联网无所不在的特点和超越地域限制的沟通能力既是其迅速成长的根本法宝,也是数字图书馆得以发展的关键因素。从这个角度来说,数字图书馆以及作为实践项目的文化共享工程,也应当为公众提供无所不在的、跨越地域限制的沟通和服务能力,而不是仅仅局限在特定的建筑物内,这也与信息时代人们的需求和思维方式相一致。

但是,文化共享工程长期以来的核心服务模式是远程传输、本地存储、本地服务,事实上排斥了这种沟通方式,将用户行为过渡地限制在指定的环境当中。尽管文化共享工程的各级服务站点都具备一定的互联网接入能力,但是这种接入主要用于用户上网和资源推送,而不是将共享工程的服务与各地的用户形成实效性互动。这种服务模式与当代公众的需求和思维方式存在着很大的差异,因此也就难以被用户真正接受。少数的互联网服务由于服务能力有限也难以被公众广泛认可。

二、数字图书馆是利用信息技术来收集、整理并组织人类信息和知识的工程,这也是它的核心价值和长远目标。而信息与知识的组织对于理论、经验和信息技术都有着极高的要求,需要通过信息、技术、资金和人力的高度集中才能实现服务的提升和优化,而这也正是信息技术的优势所在。

然而,文化共享工程无论在业务还是技术架构方面都非常分散和独立,因此也就难以有效地提升服务能力和水平。比如,仅 2840 个县级支中心所拥有的服务器及存储空间总和就分别超过了 1 万台和 10PB 的空间。这两个数字均超过了前面提到的 Google 集群的规模(2000 年的水平),但是对于县级支中心的一个具体的用户而言,它所能接触到的服务设备资源最多仅有 4 台服务器和 3.6TB 空间。因此,文化共享工程的技术服务能力和业务服务手段始终都成为其发展的短板之一。而工程发展过程中所面对的大多数困难,如:资源传输不畅、基层站点设备无人管理维护、基层服务人员技术能力不足等问题,实质上都是由于这种分散架构所造成并激化的。

三、文化共享工程以视频为主的资源结构是基于这样一个结论:工程所针对的主要是农民群众,他们在文化娱乐方面主要以看视频节目为主,而不是看图文信息。从所能得到各种统计数据来看,这一结论无疑是正确的。但是,这里有一个问题,那就是这种调查数据涵盖的是所有类型的文化休闲活动,也就是说包括了电影、电视、报刊、书籍、录像和电脑上网等,如果单就电脑使用来说这一结论并不准确。

因此,文化共享工程主要以视频为主的服务方式,实质上是让电脑承担了过大的服务范围,是试图用一种技术手段去完成所有服务需求。这也就必然会导致从架构、服务到技术层面的各种困难。因此,突破"文化信息服务"等于"为群众提供视频服务"这一思维惯性,将为文化共享工程今后的发展提供更为广阔的空间。

另外,信息服务的根本在于提供并满足用户的真实需求,这就需要文化共享工程更加深入地了解在今天这样一个信息泛滥的时代下,服务群体的真正需求,也就是信息的内容,而不是信息的形式。即使今后,文化共享工程在进村入户的实践过程中,走向了以电视频道为主的服务模式,其真正的核心仍然是信息服务,而不仅仅是形式上的"视频服务"。

四、信息技术是文化共享工程开展业务服务的承载体,因此文化共享工程对于信息技术装备的应用始终都给予了极高的重视,时刻关注如何将最新的技术手段应用于工程服务。从卫星数据广播开始,网格计算、IPTV、数字电视、P2P、3G通信、直播星、云计算等一系列应用技术成果在共享工程的环境中得到了应用和发展。

但是,我们也要看到这些最新技术的应用并没有改变文化共享工程远程传输、本地存储、本地服务的基本流程,也没能改变工程技术体系的分散结构,更没有改变工程的资源服务思路和信息提供方式,因此其服务能力和服务效果都受到了很大制约。在"信息技术指导思想阶段性与数字图书馆的发展"一节中,我们指出信息技术的发展遵循的是从计算机化到流程再造,再到机构改造的发展过程。从这个角度来看文化共享工程尽管使用了最先进的技术,但其指导思想却长期徘徊在"计算机化"与"流程再造"的过程之间,尚未真正进入"流程再造"阶段,与"机构改造"的层次相差更远。

不过,我们相信文化共享工程作为信息时代下的公共数字文化服务工程,有国家宏观政策和财政的强大支持,有群众的现实需求,有信息技术飞速发展所带来的巨大潜力,也有数字图书馆等信息化工程发展所提供的各项基础保障。它的发展顺应了国家的文化建设和群众文化的需求,通过建设者不断的探索和努力,必将有效地推动工程的进步与国家公共文化服务的发展,成为群众贴身的信息服务。

表10-2 文化共享工程各级分支中心及基层站点投资及配置说明

站点	部署环境	财政投入（万元）	终端数量	服务器	存储容量	展播设备	互联网接口	政务外网	资源加工设备	配套软件	说明
省级分中心	省级图书馆	600～800	PC机100台	15台	30TB	电视2台 投影仪2台	100M	10M	广播级数字摄像机 录像机 视频非线编系统	资源服务 资源管理 网站服务 远程管理 数据备份 资源加工	设备分别部署在中控机房、电子阅览厅、多媒体演示厅、资源加工区等，并具备流动服务功能。
县级支中心	县级图书馆	68	PC机25台	4台	3.6TB	电视2台 投影仪2台	2M	视情况定	数码相机 摄像机	资源管理业务自动化远程管理	设备分别部署在中控机房、电子阅览厅、多媒体演示厅、资源加工区等，并具备流动服务功能。
乡镇基层服务点 城市街道文化中心	乡镇综合文化站城市街道文化中心	5	乡镇PC机4台 街道PC机8台	1台	乡镇1TB 街道2TB	电视1台 投影仪1台	1M	无	无	资源服务 远程管理	设备部署不设分区。
村级基层服务点 城市社区文化站	村文化室（全国农村党员干部现代远程教育工程合建）城市社区文化站	0.5～0.6	村PC机1台 社区PC机4台	无	社区1TB	电视/投影仪	无	无	无	资源服务	提供投影仪、电视、计算机、机顶盒、移动播放器等7种设备配置方案供基层服务点选择。

参考文献

[1]申晓娟,齐欣.国家数字图书馆工程概述.国家图书馆学刊,2008(3)

[2]申晓娟,富平,孙卫.国家图书馆数字图书馆概论.现代图书情报技术,2006(8)

[3-6]李春明,张炜,陈月婷.国家数字图书馆服务及未来发展.数字图书馆论坛,2008(8)

[7]魏大威.国家数字图书馆工程基础支撑硬件系统设计.数字图书馆论坛,2008(8)

[8]国家数字图书馆推广工程系统建设介绍.http://www.ndlib.cn/xtjs2012/201201/t20120113_57991_1.htm

[9]国家数字图书馆推广工程中关于国家数字图书馆数字资源建设情况的说明.http://www.ndlib.cn/szzyjs2012/201201/t20120113_57990.htm

[10]张晓星等.科学构建文化共享工程技术体系.数字图书馆论坛,2007(1)

主要参考文献

1. 国家信息中心. 中国统计年鉴 2009. 北京:中国信息年鉴期刊社,2009

2. 中华人民共和国文化部. 2011 文化发展统计分析报告. 北京:文化艺术出版社,2011

3. 文化部财务司. 中国文化文物统计年鉴. 北京:国家图书馆出版社,2009

4. 中国图书馆学会,国家图书馆. 中国图书馆年鉴 2010. 北京:国家图书馆出版社,2010

5. 王芬林,陈华明,单晶鑫. 中外数字图书馆发展与比较研究. 2004

6. 周宏仁. 信息化论. 北京:人民出版社,2008

7. 洪毅,王长胜. 中国电子政务发展报告(2011). 北京:社会科学文献出版社,2011

8. 张彦博. 公共文化服务的创新与跨越. 北京:国家图书馆出版社,2010

9. 孙玉. 数字家庭网络总体设计. 北京:电子工业出版社,2007

10. 中国高等教育文献保障系统(CALIS)管理中心. 中国高等教育数字图书馆技术规范与标准,2004

11. 比尔·盖茨. 未来之路. 北京:北京大学出版社,1999

12. 弗雷德里克·布鲁克斯. 人月神话. 北京:清华大学出版社,2002

13. C. J. Date. 数据库系统导论. 北京:机械工业出版社,2007

14. 中国计算机协会. 2006 中国计算机科学技术发展报告,2007

15. 中国计算机协会. 2009 中国计算机科学技术发展报告,2010

16. 熊澄宇. 新媒介与创新思维. 北京:清华大学出版社,2001

17. 申晓娟. 2005—2009 年我国数字图书馆发展综述. 数字图书馆论坛,2010(3－4)

18. Ian H. Witten, Alistair Moffat, Timothy C. Bell. 深入搜索引擎——海量信息的压缩、检索与查询. 北京:电子工业出版社,2009

19. John L. Hennessy, David A. Patterson. 计算机系统结构——量化研究方法. 北京:电子工业出版社,2004

20. 张晓林. 数字化信息组织的结构与技术. 大学图书馆学报,2001(4－5)

21. 苏东出. 数字图书馆技术导论. 西安:西安地图出版社,2008

22. 甘利人. 数字信息组织与管理. 北京:科学出版社,2010

23. 张瑞贤. 美国数字图书馆联盟(DLF)的发展及其启示. 图书馆学研究,2007(11)

24. 刘炜. 元数据与互操作. 北京大学研究生课程进修班,2005

25. CALIS 三期专题特色库项目管理组. CALIS 三期专题特色库——建设标准规范,2011

26. 聂华,邵珂等.文献资源数字加工与发布标准研究.现代图书情报技术,2005(9)

27. 赵贻竹等.Google 硬件体系结构分析.计算机工程与科学,2007(9)

28. 王德峰,李东.搜索引擎 Google 的体系结构及其核心技术研究.哈尔滨商业大学学报,2006(2)

29. 李琼等.高可靠磁盘阵列的设计.计算机应用研究,2003(7)

30. 刘东明.移动互联网发展分析.信息通信技术,2010(4)

31. 罗红燕等.MARC、DC、MODS、FRBR 等文献编目元数据比.图书馆学刊,2009(12)

32. 刘刚.近年来国家图书馆的数字图书馆研究与实践.中国图书馆学报,2002(4)

33. 王松林等.军队院校数字图书馆标准规范体系架构.数字图书馆论坛,2008(9)

34. 李军凯.CALIS 馆际互借与文献传递网的现状与发展.图书馆杂志,2005(10)

35. 吴溢华.印前编目与在版编目、联合编目的区别与联系.图书馆建设,2011(10)

36. 李湜清.我国几大联合编目中心现状研究.图书馆,2009(5)

37. 毕强.数字图书馆知识组织体系构建的发展路径.华中师范大学学报,2011(9)

38. 吴晓等.文化共享工程与电子政务外网合作发展的实践与探索.电子政务,2008(6)

39. 李幼平等.共享数字文化的播存技术.数字图书馆论坛,2007(1)

40. 孙卫.数字图书馆资源类型与组织.数字图书馆论坛,2010(3-4)

41. 王庆波等.云计算实践之道.北京:电子工业出版社,2011

42. 董慧.本体与数字图书馆.武汉:武汉大学出版社,2008

43. 王世伟.我国公共图书馆"十二五"发展战略重点.国家图书馆学刊,2010(3)

44. 初景利等.图书馆发展趋势调研报告(二):总体发展趋势.国家图书馆学刊,2010(2)

45. 周佳贵.美国数字信息保存计划——NDIIPP 及其对我国的启示.图书馆工作与研究,2006(1)

46. 史田华.美国 DLI-2 研究主题及进展考察.情报科学,2003(5)

47. 中华人民共和国工业和信息化部统计分析报告.http://www. miit. gov. cn/n11293472/n11293832/n11294132/index. html

48. 数字图书馆标准规范建设.http://cdls. nstl. gov. cn

49. National Digital information Infrastructure and Preservation Program. The National Digital Information Infrastructure and Preservation Program 2010 Report. http://www. digitalpreservation. gov/multimedia/documents/NDIIPP2010Report_Post. pdf

50. IFLA/UNESCO Manifesto for Digital Libraries. Manifesto endorsed by the 36th session of the General Conference of UNESCO

51. UNESCO. Draft Charter on the Preservation of the Digital Heritage. General Conference 32nd session, Paris 2003

52. The Electronic Libraries Programme. http://www. ukoln. ac. uk/services/elib/

53. Christopher A. Lee. States of Sustainability: A Review of State Projects funded by the National Digital Information Infrastructure and Preservation Program (NDIIPP),2012

54. National Digital Information Infrastructure&Preservation Program. Preserving Our Digital Heritage:

Plan for the National Digital Information Infrastructure and Preservation Program. http://www. digitalpreservation. gov/documents/ndiipp_plan. pdf

55. National Digital Information Infrastructure&Preservation Program. Preserving Our Digital Heritage: The National Digital Information Infrastructure and Preservation Program 2010 Report

56. National Science Foundation. National Science, Technology, Engineering, and Mathematics Education Digital Library (NSDL). http://www. nsf. gov/pubs/2003/nsf03530/nsf03530. htm

57. http://nsdl. org/

58. http://www. nsf. gov/

59. http://www. diglib. org/

60. http://www. nzdl. org/

61. http://www. wdl. org/

62. http://www. clir. org/

63. http://memory. loc. gov/ammem/index. html

64. http://www. digitalpreservation. gov/

65. http://www. nstl. gov. cn/

66. http://www. las. ac. cn/

67. http://www. calis. edu. cn/

68. http://www. cadal. net/

69. http://lib. tsinghua. edu. cn/dra/

70. http://www. cnki. net/

71. http://www. nlc. gov. cn/

72. http://en. wikipedia. org

附　　件

附件 1　DLF 在体系结构、保存、藏品、标准等
方面的重要研究项目

项目名称	简要描述及其影响
体 系 结 构 方 面	
灵活的可扩展数字对象和资源库体系结构(FEDORA 项目)	梅隆基金会支持的项目。由美国和英国的八个单位联合进行。它是 Kahn/Wilensky 体系结构在流媒体时代的新发展。FEDORA 体系结构将 XML 与最新的 WSDL 以及 METS 并用,解决了在普通的 Web 浏览器上检索查询传递用 XML 置标后入库的流对象资源的统一管理。DLF 支持将 FEDORA 体系结构作为数字对象资源库的管理系统,并在协同的十个数字图书馆对之作了成功的试验。
图书馆开放源软件(OSS)的确认	2001 年 10 月,DLF 考虑各种各样宣称是由开放源软件(OSS)所构成的系统应如何确认? 如果合适的话,确定用一定的方式,将 OSS 活动移至数字图书馆主流发展,对图书馆所有部门可以带来益处。
参考链接 1999 年 2 月	与国家标准化组织(NISO)和其他组织一道,数字图书馆联合会开发了一个参考链接结构,使大学图书馆能够将文本文档的链接解析成能够访问的内容。采用这种本地化链接结构,将使图书馆经济有效地从提供者手中获得引文和全文内容。
开放档案倡议 (OAI 项目) 2000 年 3 月至 2002 年 10 月	在Andrew W. 梅隆基金会的投资支持下,DLF 帮助开发了一个网络协议(OAI),支撑 Internet 下一代学术门户的服务,推动了数个 Internet 网关服务的开发。 RLG 和 OCLC 认为 OAI 是从根本上改变书目提供和图书馆服务、通过万维网揭示书目记录的一种手段,在美国它为七个项目采用,也是构建美国科学数字图书馆的模块之一。在英国,它被视为一种集成访问高等教育信息的方式。 随着 DLF 对 METS 研究的完成,从 2001 年后,DLF 已停止支持 OAI 项目。

项目名称	简要描述及其影响
数 字 保 存 方 面	
国家数字信息基础设施保存规划（NDIIPP）	2001年6月，DLF与美国国会图书馆（LOC）签订合同，帮助制定美国国会指定LOC进行的"数字信息基础设施保存规划（NDIIPP）"的计划。NDIIPP的专项拨款达1亿美元。
电子学术期刊的保存 2000年1月至9月	2000年初，图书馆与信息资源委员会（CLIR）、数字图书馆联合会和网络信息联盟（CNI）就电子期刊数字档案库的最低要求在一些出版商和图书馆之间达成了一致看法。这种合意直接鼓励了Andrew W.梅隆基金会发起电子期刊归档计划，并资助7个机构进行这方面的开发。
数 字 藏 品 方 面	
学术影像合作（AIC） 1999年1月至2000年8月	本项目由梅隆基金会发起，DLF与ArtStor合作进行，主要开发一个以课程为基础的可升级的数字影像数据库，用于评价艺术史教育，其中也开发了影像在线服务中涉及的技术、组织、政策框架。ArtStor标志着在可视影像资源的开发和传播上获得了重大进步。DLF将继续与ArtStor进行密切合作。
数字图书和连续出版物的注册 2001年4月	数字图书馆联合会开发了一个功能说明和商业案例，目前正在与潜在的内容提供商进行讨论。这种注册的目的是为那些创建数字化图书和连续出版物的机构提供一个空间，供他们记录相关数据（如哪些已经数字化了，哪些正准备进行数字化，哪里可以访问到这些数字化作品，数字化应遵循什么样的规范），防止重复工作。
共享可视资源的编目工具 2001年1月至4月	ArtStor还与DLF合作，共同开发可访问Web的编目工具，以便在创建描述高质量艺术成果的计划中冗余最小。本项目开始于2001年，数字图书馆联合会负责制定功能说明，并对该工具进行市场评估。
学者的因特网网关（SIG）	DLF正在开发少数因特网网关，通过它们，作为某一藏品参加者的用户可存取DLF成员的分布式数字图书馆藏品。该技术框架是用OAI开发的。该项目尚在继续发展中。

续表

项目名称	简要描述及其影响
标 准 与 实 践	
元数据编码与传输标准（METS）	前些年，DLF 对基于 XML 的数字对象的技术性、结构性和管理性的描述机制已初步纳入"美国的形成"项目中；后来，在2001 年，经过 DLF 工作组的提炼和扩展，逐步形成了包容性更强的"元数据编码与传输方案（METS）"，DLF 的参加团体都同意采用 METS 为它们的元数据标准。METS 现由美国国会图书馆负责维护，成员单位已开始在项目中采用实施。
IMLS"建造良好的数字藏品集的框架指南"	在2001 年春夏之交，DLF 论坛集会，对 IMLS 提出的发展一个图书馆可采用的框架，以促进发展良好的（长期的、可互操作的）数字藏品集的文件加以评议，并作出了贡献、评议后，DLF 签署同意推广应用此框架。
印刷品专著和刊物的数字再制品基准	DLF 验明和同意其成员单位认同：在数字化专著和连续出版物时需对原材料进行忠实的再生产。数字再制品基准的焦点很大程度集中在制定重新格式化的技术条件上。
电子资源的管理标准	美国国家标准化协会（NISO）与 DLF 共同认为应开发数据标准集的定义和公共的 XML 式样，包括名称、定义、和认证、存取和租用这些资源相关元素的语义关系。工作在进行中。
图书馆 TEI 文本编码1998 年7 月至1999 年7 月（2001 年1 月 DLF 批准）	20 世纪90 年代初，TEI 为 SGML 的使用制定了文本编码指南，但是，却没有制定相关的实现指南。随着以 TEI 编码文本的不断增加，在 TEI 编码方案的应用方面也发生了很大的变化，影响了 TEI 在可互操作和编码文本交换方面的功能实现。为解决这些问题，DLF 支持制定 TEI 应用指南，特别是用于不同目的的电子文本交换的"最佳实践"。这些应用指南已经被 DLF 批准，在美国和欧洲得到广泛使用。
VRACore 3.0 实现规程2001 年9 月至2003 年9 月	可视资源协会（VRA）已经制定出艺术作品的描述方案框架，但缺少实现规程，给可视资源共享编目工具的开发造成了很大的障碍。数字图书馆联合会支持制定这样的规程，以便获得来自 Getty 研究所的支持。

项目名称	简要描述及其影响
数字参考服务基准 2001 年 8 月至 2002 年 8 月	图书馆和商业机构的数字参考服务都在不断增加,一方面读者要求更多的在线服务,另一方面参考图书馆员也设法更好地满足读者的要求,管理者也希望管理得更好,因此,有必要对这些服务的质量和表现进行评价。DLF 与 OCLC,Syracuse 大学,Florida 州立大学,国会图书馆共同制定了相关标准。
数字影像质量的评价方法	很多机构都在对图书馆、档案馆和博物馆的影像藏品进行数字化,这种工作完全是分散进行的,如果没有统一的指南和最佳实践作指导,这些数字藏品就很难实现可互操作。2001 年 3 月,数字图书馆联合会在波士顿举办论坛,各位到会专家畅所欲言,就讨论的问题深入交换意见。

附件 2　DLI-1 项目内容

项目名称	项目合作单位	项目内容
信息媒体:集成声音、图像和语言理解技术创建和探索数字视频图书馆 经费:480 万美元	卡内基·梅隆大学 微软公司 贝尔大西洋网络服务公司 QED 广播公司 英格兰米尔顿基尼斯的开放大学 温彻斯特 Thurston 中学 费尔法克斯县的公立学校	卡内基·梅隆大学和匹兹堡公共电视广播公司联合创建一个交互式的网上数字视频图书馆系统,允许用户存取、浏览和检索科学与数学方面的录像资料。系统集成了语音、视频、图像与自然语言理解技术,研究还涉及人机交互界面、计价收费、隐私保护与安全等问题。
环境科学电子图书馆:可伸缩的、智能化和分布式电子图书馆原型 经费 400 万美元	加州大学伯克利分校 施乐(Zerox)公司 加州资源管理局 Sonoma 县立图书馆 圣地亚哥政府部门 Plumas 公司 惠普公司	创建一个存放环境信息的数字图书馆原型;开发一种让未经训练的用户可在全球数字图书馆系统中查找,提供所需信息的技术。研究课题包括:自动标引、智能检索和查询处理、支持数字图书馆进行文献分析的新方法、远程浏览的数据压缩和通信工具。

续表

项目名称	项目合作单位	项目内容
智能信息搜索 经费 400 万美元	密歇根大学 IBM 公司 Elsevier 科学出版社 苹果公司 贝尔科尔公司 UMI 国际公司 麦格劳—希尔图书公司 不列颠百科全书教育公司 美国研究图书馆协会 施乐 PARC 纽约史蒂文森高中 Ann Arbor 公共图书馆 伊斯特曼·柯达公司 Ann Arbor 公立学校 纽约市立公共图书馆	开发一个多媒体数字图书馆的测试平台,资源内容涉及地球及空间科学,该原型系统希望被各类读者,包括高中和大学教师、学生和公共图书馆的用户,进行测试和评价。
亚历山大工程:图像和空间参考信息综合服务的分布式数字图书馆初步探索 经费 400 万美元	加州大学圣·巴巴拉分校 纽约州立大学布法罗分校 缅因大学 美国国会图书馆 DEC 公司 施乐公司 USGS 图书馆 Con Quest 公司 环境系统研究所	创建一个对地图、图像和照片资料进行方便存取的数字图书馆,提供新型电子服务。

项目名称	项目合作单位	项目内容
斯坦福综合数字图书馆 经费 360 万美元	斯坦福大学 DIALOG 信息服务公司 惠普实验室 NASA 阿莫斯研究中心 美国计算机学会 贝尔科尔公司 互联技术公司 Interval 研究公司 O'Reilly 合作公司 WAIS 公司 施乐公司	开发用于实现集成数字图书馆的技术,为不断出现的大量网络信息资源提供通用的检索方法,创造一个信息共享的环境。研究重点是创建一个个人收藏与处理传统馆藏、供科学家协同使用的大型数据库相互连接的机制;用户信息界面;信息的发现服务。
构造互联空间:为大学的工程学科建立数字图书馆的基本架构 经费 400 万美元	伊利诺依大学 国家超级计算机中心(NCSA) 亚利桑那大学 威斯康星大学 国家研究创新公司(CNRI) 电子与电气工程师学会(IEEE) 美国计算机学会 美国宇航学会(AIAA) 美国物理学会(APS) 物理学研究所 Soft Quad Data Ware Spy Glass John Wiley & Sons 美国新闻与世界报道 论坛公司 联合技术公司	本项目基于 Grainger 工程图书馆信息中心的丰富收藏,专注于工程类期刊,重点开发语义检索技术,设计可扩展的信息系统,研究人们利用该数字图书馆的社会学评价体系。

附件 3　DLF-2 的重要研究项目

序号	承担单位	项目名称	项目期限	批准经费（美元）
1	亚利桑那大学	高性能数字图书馆分类系统：从信息检索到知识管理	1999/05/01—2002/04/30	499 998
2	加大伯克利分校	学术信息发布及利用的再创造	1999/04/01—2004/03/31	5 000 000
3	加大伯克利分校	将国家工程教育传输系统作为建立科学、数学、工程和技术教育的实验数字图书馆的基础	1998/10/01 - 1999/09/30	399 999
4	加大戴维斯分校	民间文学的多媒体 DL	1999/07/01—2002/06/30	495 317
5	加大洛杉矶分校	楔形数字图书馆倡议	2000/09/01—2002/09/30	650 000
6	加大圣巴巴拉分校	亚历山大数字地球原型		5 400 000
7	卡耐基·梅隆大学	第二代信息媒体：分布式图书馆的适应描述和摘要的集成视频信息提取和合成	1999/05/01—2003/04/30	4 000 000
8	卡耐基·梅隆大学	简化交互式布局与视频编辑和复用	1999/09/01 2002/08/31	不详
9	哥伦比亚大学	看护病人的数字图书馆：多媒体信息的个性化查询和摘要	1999/09/01—2004/08/31	5 002 375
10	哥伦比亚大学	哥伦比亚地平线：地球科学中可持续联机教育资源的模型	1999/12/01 2002/11/30	581 068
11	康奈尔大学	康奈尔大学 Prism 项目：数字图书馆中的信息完整性	1999/05/01—2003/04/30	2 268 608
12	Eckerd 学院	网上鲸影像的数字分析与识别（DARWIN）	2000/05/01—2002/03/15	32 870

序号	承担单位	项目名称	项目期限	批准经费（美元）
13	州立佐治亚大学	图形和可视化教育的数字图书馆研究	1999/10/01—2002/09/30	330 278
14	哈佛大学	可操作的社会科学数字化数据图书馆	1999/07/01—2002/06/30	1 800 000
15	哈佛大学	阿基米德项目：一个开放的机械史数字图书馆的观察实现	2000/09/15—2003/09/30	448 444
16	夏威夷大学	书海文渊经典数字数据库和交互式因特网工作桌	2000/10/01—2003/09/20	349 619
17	伊里诺依大学（芝加哥）	人类运动数字图书馆	2000/09/01—2003/07/31	360 555
18	印第安纳大学（布鲁明顿）	数字图书馆分布式信息过滤系统	1999/06/15—2002/05/31	315 387
19	印第安纳大学	创建数字音乐图书馆	2000/10/01—2005/09/30	3 056 913
20	约翰·霍普金斯大学	数字工作流管理：Lester S. Levy 数字化活页乐谱藏品，第二阶段	1999/04/15—2002/03/31	529 951
21	肯塔基大学	数字图书馆（Athenaeum）：存储，搜索，及编辑人文藏品的新技术	1999/03/15—2002/02/28	499 924
22	马里兰大学	儿童数字图书馆：支持儿童作为研究者的计算工具	2000/01/01—2002/12/031	613 437
23	马萨诸塞大学	文字定位：手写稿索引的编制	2000/10/01—2003/08/31	450 000
24	密歇根州立大学	建立国家口语博物馆	1999/09/01—2004/08/31	3 599 989
25	北卡罗来纳大学（威明顿）	大学生教育用的可复用科学和数学资源数字图书馆	2000/05/15—2002/03/15	1 143 282
26	奥多明尼昂大学	为大学生使用数字图书馆学习科学的资助计划	1998/10/01—1999/09/30	不详

续表

序号	承担单位	项目名称	项目期限	批准经费（美元）
27	俄勒冈医科大学 俄勒冈科学技术研究生学院	跟踪信息空间的步伐：作用于专家问题解答器的文档选择	1999/01/01—2001/12/31	649 997
28	宾夕法尼亚大学	数据源	1999/06/01—2002/05/31	504 988
29	南卡罗来纳大学	用于实验、仿真及归档的软件和数据库	1999/04/01—2003/03/31	1 199 215
30	斯坦福大学	斯坦福 Interlib 技术	1999/04/01—2004/03/31	4 297 585
31	斯坦福大学	斯坦福哲学百科全书	2000/10/01—2003/08/31	528 896
32	斯坦福大学	医学信息安全分布的影像过滤	1999/01/01—2001/12/31	519 594
33	Swarthmore 学院	JOMA 小程序项目：支持大学生教学教材的小程序	2000/07/01—2001/11/30	651 948
34	德克萨斯大学奥斯汀分校	脊椎动物生态学数字图书馆，采用高分辨率的 X-ray CT	1999/06/01—2002/05/31	499 964
35	德克萨斯大学奥斯汀分校	三维中的虚拟框架：作为研究解剖形式和功能平台的数字图书馆	1998/10/01—2000/09/30	287 147
36	Tufts 大学	人文学科数字图书馆	1999/06/15—2004/05/31	2 758 400
37	华盛顿大学	自动化的 WWW 参考图书馆员	1999/01/01—2001/12/31	598 110

附件 4　DLF-2 的附加研究项目

项目名称	项目期限	承担单位	所属专项	批准经费（美元）
国际儿童数字图书馆	2002/09—2007/08	马里兰大学	ITR	6 000 000
MALACH：多语种存取大型口语档案	2001/10—2006/08	Shoah 幸存者可视历史基金会	ITR	7 500 000
考古学和虚拟雕塑用于表现、加工及形状复原的自由形 3D 模型	2002/10—2006/08	布朗大学	ITR	2 018 728
供历史和考古地成型、可视化和分析应用的计算工具	2001/09—2005/09	哥伦比亚大学	ITR	2 000 544
3D 知识：在分布式环境中的采集、表示和分析	1999/09—2002/08	阿里桑那大学	特殊项目	2 100 000
百万图书（印、中）项目	2001/08—2002/07	卡内基·梅隆大学	ITR/IM	500 000
CMNet（中文往事网络）：朝向一个全球数字图书馆中中文学习的美中合作研究	2000/05—2000/09	美：西蒙斯学院 中：北京大学，清华大学，上海交通大学，以及台湾大学、台北清华大学和"中央研究院"	国际数字图书馆项目	430 354